utb 5105

Eine Arbeitsgemeinschaft der Verlage

Böhlau Verlag · Wien · Köln · Weimar
Verlag Barbara Budrich · Opladen · Toronto
facultas · Wien
Wilhelm Fink · Paderborn
Narr Francke Attempto Verlag · Tübingen
Haupt Verlag · Bern
Verlag Julius Klinkhardt · Bad Heilbrunn
Mohr Siebeck · Tübingen
Ernst Reinhardt Verlag · München
Ferdinand Schöningh · Paderborn
Eugen Ulmer Verlag · Stuttgart
UVK Verlag · München
Vandenhoeck & Ruprecht · Göttingen
Waxmann · Münster · New York
wbv Publikation · Bielefeld

Jana Antosch-Bardohn • Barbara Beege
Nathalie Primus

In die Lehre starten

Ein Praxisbuch für die Hochschullehre

Ferdinand Schöningh

Umschlagabbildung: ©istockphoto/691693208

Illustrationen: Ulrike Halvax, www.larika.net

Online-Angebote oder elektronische Ausgaben sind erhältlich unter **www.utb-shop.de**

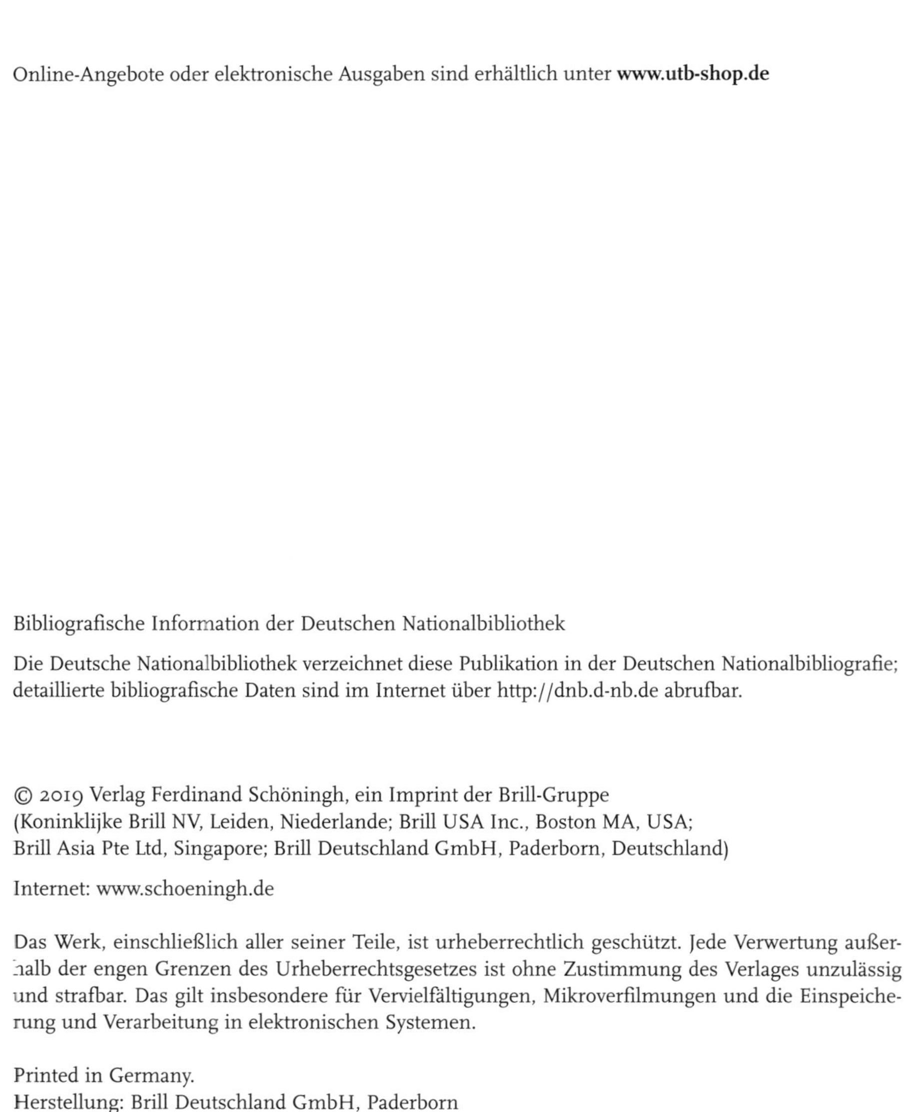

Bibliografische Information der Deutschen Nationalbibliothek

Die Deutsche Nationalbibliothek verzeichnet diese Publikation in der Deutschen Nationalbibliografie; detaillierte bibliografische Daten sind im Internet über http://dnb.d-nb.de abrufbar.

Printed in Germany.
Herstellung: Brill Deutschland GmbH, Paderborn
Einbandgestaltung: Atelier Reichert, Stuttgart

UTB-Band-Nr: 5105
ISBN 978-3-8252-5105-5

Inhalt

1. Generelle Hinweise zu diesem Handbuch

Hochschulabsolvierende, die sich dazu entscheiden, Ihren Weg an der Universität fortzusetzen und als wissenschaftliche Mitarbeiterinnen und Mitarbeiter zu arbeiten, sehen sich in der Regel mit vielen neuen Herausforderungen konfrontiert. Wissenschaftliche Mitarbeiterinnen und Mitarbeiter an Hochschulen haben bekanntermaßen vielerlei Tätigkeiten: Sie lehren, forschen, beraten, prüfen, vertreten ihre Hochschule auf Konferenzen, arbeiten in Ausschüssen, etc. Als junge wissenschaftliche Mitarbeiterin bzw. als junger wissenschaftlicher Mitarbeiter sind die meisten dieser Tätigkeiten neu und ungewohnt. Mitunter muss die Doktorarbeit angegangen werden, andererseits stehen erste Lehraufträge an. Der Umgang mit all den neuen Tätigkeitsfeldern ist herausfordernd und nicht selten starten junge Wissenschaftlerinnen und Wissenschaftler ihre Lehrpraxis intuitiv. Von Ihrer Rolle als Lehrende, als Lehrender wird unter anderem erwartet, dass Sie inhaltliche Expertin, inhaltlicher Experte sind, dass Sie Lehr-/Lernsituationen gestalten können, dass Sie die Studierendengruppe führen können, Studierende beraten und sie beurteilen.

Wenn Sie dieses Buch zur Hand nehmen, stehen Sie vermutlich vor der Aufgabe Ihre erste Lehrveranstaltung zu konzipieren. Vielleicht haben Sie erste Erfahrungen mit der Durchführung von Seminaren oder Vorlesungen sammeln können, sind dabei allerdings „ins kalte Wasser gesprungen" und wollen jetzt mit diesem Handbuch prüfen, wie Sie Ihre Lehre und den Umgang mit Ihren Studierenden optimieren können.

In jedem Fall bietet Ihnen „In die Lehre starten – Ein Praxisbuch für die Hochschullehre" einen Leitfaden zur Konzeption und Durchführung von Lehrveranstaltungen im Hochschulkontext, mit dem Sie Ihre Rolle als Lehrende, als Lehrender reflektiert ausfüllen können. Schritt für Schritt führen wir Sie durch die relevanten Aufgaben, bis Sie Ihr fertiges Konzept in den Händen halten und konkrete Maßnahmen zur Durchführung Ihrer Veranstaltung kennen.

Wir Autorinnen arbeiten seit Jahren als Kommunikationstrainerinnen im hochschuldidaktischen Bereich. Aufgrund dieser Arbeit ist es uns möglich, Ihnen praktische Anwendungstipps zu liefern und unterschiedliche Perspektiven auf die Lehre im Hochschulkontext zu ermöglichen.

Aufbau des Buches

Im ersten Teil dieses Buches „Vorbereitung von Lehrveranstaltungen" erfahren Sie, was Sie vor der Durchführung Ihrer Veranstaltung durchdacht haben sollten. Wir starten mit organisatorischen Rahmenbedingungen, die im Vorhinein geklärt sein sollten, bevor es an die konkrete Arbeit mit den Studierenden geht. Anschließend erfahren Sie, wie Menschen grundsätzlich lernen, um daraufhin ein lernförderliches Seminar oder eine lernförderliche Vorlesung für Ihre Studierenden konzipieren zu können. Zu der Konzeption einer Veranstaltung gehören die Planung der inhaltlichen Abläufe, der Einsatz von interaktiven Lehr-/Lernmethoden und die Gestaltung von Visualisierungen inklusive Vorbereitung des Medieneinsatzes. Wenn Sie mit diesem Handbuch arbeiten, werden Sie am Ende des ersten Buchteiles Ihr persönliches, vollständig ausgearbeitetes Konzept vorliegen haben.

Im zweiten Teil behandeln wir die Durchführung von Lehrveranstaltungen. Wir starten mit dem persönlichen Ausdrucksverhalten und wie Sie als Lehrende sicher auftreten. Weil es sich nicht planen lässt, welche Wortbeiträge Ihre Studierenden äußern werden, erfahren Sie, wie Sie Ihre Studierendengruppe mit Kommunikationstechniken souverän leiten. Es passiert selten, aber hin und wieder läuft ein Seminar nicht so wie gewünscht: Das 9. Kapitel zeigt Ihnen, wie Sie mit schwierigen Situationen umgehen können. Sie erhalten Tipps, um Lernstoff zu reduzieren, Ihre Studierenden zu motivieren, schwerfällige Gruppenarbeiten zu regulieren und schwierige Kommunikationssituationen aufzulösen.

Der dritte Teil rundet Ihre Lehrveranstaltung ab. Sie erfahren, wie Sie Ihre letzte Sitzung gestalten können und wie Sie Ihre Veranstaltung nachbereiten. Außerdem behandeln wir Aspekte zur Prüfung von Lerninhalten.

Aufbau der einzelnen Kapitel

Damit Sie dieses Buch optimal für Ihre Zwecke nutzen können, haben wir jedes Kapitel aus wiederkehrenden Elementen aufgebaut, die Ihnen helfen sollen, sich schnell zurechtzufinden und dieses Buch praktisch zu nutzen.

Jedes Kapitel startet mit relevanten Inhaltspunkten, die im jeweiligen Kapitel behandelt werden, also den Lernzielen. Damit können Sie vor jedem Kapitel individuell entscheiden, welche (Unter-)Kapitel Sie oberflächlicher und welche Sie intensiver durcharbeiten möchten.

Die Inhalte der Buchkapitel präsentieren wir Ihnen kurz und knackig, basierend auf wissenschaftlich fundierten Informationen und so aufbereitet, dass Sie diese praktisch anwenden können. Ergänzt werden die Inhalte durch Übungen, Tipps-&-Tricks-Kästen und Infotafeln, die vertiefende Informationen darstellen.

Am Ende eines jeden Kapitels finden Sie eine Checkliste. Wenn Sie jede Checkliste ausfüllen, erstellen Sie begleitend zur Lektüre des Buches Ihr Lehrveranstaltungs-Konzept und beachten alle relevanten Punkte rund um Ihren Lehrkontext.

Nun wünschen wir Ihnen viel Freude bei der Lektüre dieses Handbuchs und gutes Gelingen bei Ihren Lehrveranstaltungen!

Teil I Vorbereitung von Lehrveranstaltungen

In Teil I dieses Buches behandeln wir Aspekte, die vor dem Beginn der Lehrveranstaltung bedacht werden sollten. Wir erinnern Sie an wichtige Rahmenbedingungen, die Sie bereits vor der Konzeption abklären können (Kapitel 2). Zudem geben wir Ihnen einen kurzen Einblick, wie Menschen lernen und welche Aspekte davon wichtig sind, um Studierenden das Lernen zu erleichtern (Kapitel 3). Anschließend behandeln wir, wie einzelne Lehrveranstaltungs-Sitzungen konkret geplant werden. In Vorlesungen und Seminaren soll einerseits die Vermittlung von Wissen verbessert und andererseits die Aneignung von Wissen unterstützt werden. Beide Ziele werden durch ein didaktisch (Kapitel 4) und methodisch (Kapitel 5) sinnvoll aufgebautes Konzept erreicht. Gute Visualisierungen unterstützen Sie bei der Inhaltsvermittlung (Kapitel 6). Wenn Sie Ihre erste Lehrveranstaltung durchführen, lohnt es sich, einige Zeit für die Konzeption aufzuwenden. Dies wird Ihnen die Durchführung erheblich erleichtern. Außerdem können Sie durchdachte Konzepte in den kommenden Semestern einfach wieder aufgreifen und ggf. optimieren.

2. Rahmenbedingungen klären

In diesem Kapitel erfahren Sie...
- ... welche Rahmenbedingungen abgeklärt werden müssen.
- ... wie eine Analyse der Teilnehmenden vorzunehmen ist.
- ... wie Sie Ihre innere Haltung auf die Lehrsituation ausrichten.

Im folgenden Kapitel zeigen wir auf, welche Informationen Sie sich am besten bereits vor der Konzeption beschaffen und wie Sie sich auf die Studierenden Ihrer Lehrveranstaltung einstellen. Um Ihr Seminar bzw. Ihre Vorlesung bestmöglich auf Ihre Studierenden abzustimmen, ist eine vorherige Teilnehmendenanalyse sowie die Reflexion der inneren Haltung als Lehrende, als Lehrender hilfreich.

2.1 Relevante Informationen beschaffen

Welches Format wollen Sie anbieten? Wo und wann findet die Veranstaltung statt? Wie viele Studierende nehmen daran teil? Sind die Inhalte an andere Veranstaltungen im Curriculum angepasst? Diese und ähnliche Fragen zu den Rahmenbedingungen sollten Lehrende bereits vor dem Start der Lehrveranstaltung klären. Wenn Sie sich für diese Vorklärungen Zeit nehmen, können Sie im Anschluss Ihre Veranstaltung auf der richtigen Informationsbasis effektiv konzipieren. In der Tabelle 1 haben wir für Sie Aspekte aufgelistet, zu denen Sie sich vorab Informationen beschaffen sollten. Sie finden in der Tabelle übergreifende sowie konzeptionelle Klärungspunkte.

Tabelle 1: Grundlegende Informationen zu Ihrer Lehrveranstaltung

Übergreifende Rahmenbedingungen	
Aspekt	**Mögliche Teilaspekte**
Format	Besprechen Sie mit Ihrer zuständigen Professorin, Ihrem zuständigen Professor, ob es sich bei Ihrer Lehrveranstaltung um eine Vorlesung, ein Seminar, einen Workshop, eine Übung etc. handelt. Legen Sie fest, ob die Veranstaltung in einem wöchentlichen Turnus über das gesamte Semester hinweg oder als einmalige Blockveranstaltung angeboten werden soll.
Zeit	Klären Sie mit der Raumbuchungsstelle der Hochschule, an welchem Wochentag und zu welcher Uhrzeit Ihre Veranstaltung stattfinden wird.
Ort	Sprechen Sie mit der Raumbuchungsstelle der Hochschule ab, in welchem Raum die Veranstaltung stattfinden wird. Prüfen Sie, ob der Raum groß genug für die Anzahl Studierender ist.
Studierende	Fragen Sie Kolleginnen und Kollegen mit welcher Teilnehmerzahl Sie rechnen können. Geben Sie im Vorlesungsverzeichnis an, wie und bis wann sich die Studierenden anmelden können. Machen Sie eine Teilnehmendenanalyse (Kapitel 2.2).

Konzeptionelle Rahmenbedingungen	
Aspekt	**Mögliche Teilaspekte**
Ziele der Lehrveranstaltung	Sprechen Sie mit Ihrer zuständigen Professorin, Ihrem zuständigen Professor oder der Lehrstuhlinhaberin, dem Lehrstuhlinhaber ab, welche Hauptziele in Ihrer Lehrveranstaltung erfüllt werden sollen oder ob Sie in der inhaltlichen Gestaltung vollkommen frei sind (auf das Setzen von konkreten Zielen wird im Kapitel 4.1 näher eingegangen).
Inhalte	Eruieren Sie, an welcher Stelle im Curriculum Ihre Lehrveranstaltung steht und worauf sich die Inhalte beziehen. Fragen Sie nach, ob es bezüglich der Inhalte konkrete Vorgaben gibt, an die Sie sich halten müssen. Sprechen Sie sich ggf. ab, welche Inhalte andere Lehrende vorstellen und welche Sie übernehmen müssen (die inhaltliche Planung wird in Kapitel 4.2 behandelt).
Leistungsnachweis	Klären Sie, auf welche Abschlussleistung die Studierenden von Ihnen vorbereitet werden müssen: z.B. Klausur, mündliche Prüfung, Hausarbeit etc. (Kapitel 10.2). Setzen Sie außerdem fest, für welche Aufgaben, die über die Durchführung Ihrer Lehrveranstaltung hinausgehen, Sie zusätzlich verantwortlich sind: z.B. Beratung, Evaluation, Hausaufgaben, Moodle-Plattform etc.

Im folgenden Abschnitt gehen wir auf die Teilnehmendenanalyse näher ein.

2.2 Teilnehmerschaft analysieren

Ein besonderes Augenmerk in der Vorklärung liegt auf der Teilnehmenden-Analyse. Sie hilft sicherzustellen, dass Sie Ihre Inhalte an das Vorwissen der Studierenden anpassen und die Lernenden weder unter- noch überfordert sind. Wer wird mit wie viel Vorwissen und mit welchen Erwartungshaltungen in Ihrer Lehrveranstaltung sitzen?

Sie können und sollten darüber im Vorfeld nachdenken, aber vollständig abschätzen oder gar „kontrollieren“ können Sie diesen Aspekt nicht. Jede neue Gruppe ist zu vergleichen mit einer Wundertüte: Man weiß nie, was darin steckt. Genau diese Tatsache macht das Lehren so spannend, denn Sie können schöne, überraschende und unerwartet bereichernde Momente mit Ihren Studierenden erleben.

Um sich bestmöglich auf Ihre Studierenden einzustellen, hilft Ihnen eine Teilnehmenden-Analyse. Das bedeutet nicht, dass Sie jede Person bei Google eingeben, um alles über sie zu erfahren. Sondern es geht darum, Voranahmen über die Studierenden hinsichtlich ihres Vorwissens, ihrer möglichen Erwartungen, ihrer Einstellung zum Thema und ihrer Stimmungslage zu treffen sowie die Zusammensetzung der Teilnehmenden zu antizipieren. Daraufhin können Sie Ihre Konzeption bestmöglich daran ausrichten. Versuchen Sie sich ein Bild von Ihren Studierenden zu machen und nehmen Sie sich Zeit, anhand der folgenden Fragen Ihre Gruppe im Vorhinein zu analysieren (Tabelle 2).

Tabelle 2: Teilnehmenden-Analyse

Annahmen über die Studierenden	**Konsequenzen für die Lehrveranstaltung**
Vorwissen Was wissen die Studierenden schon über das Thema der Veranstaltung? (z.B. Grundwissen aus der Schule, Vorlesung aus dem ersten Semester etc.)	→ Bekannte Fachbegriffe abfragen bzw. wiederholen
Erwartungen Was erwarten die Studierenden von der Vorlesung/dem Seminar? (z.B. Hilfestellung bei der Lösung von Übungsaufgaben, gute Vorbereitung auf die Zwischenprüfung etc.)	→ Regelmäßig Übungsaufgaben zeigen und mit allen detailliert besprechen, mögliche Klausurfragen vorstellen
Einstellung zum Thema: Wie stehen die Studierenden zu dem Thema der Veranstaltung? (z.B. Das Thema ist sehr komplex, weswegen sie befürchten, es nicht zu verstehen.)	→ Einfache Erklärungen verwenden sowie viele Beispiele und Anwendungsfelder zeigen.
Stimmungslage der Studierenden In welcher Stimmung könnten die Studierenden zum Zeitpunkt der Veranstaltung sein? (z.B. Die Vorlesung findet Freitagmittag statt und die Studierenden könnten unkonzentriert sein.)	→ Interaktive Lehr-/Lernmethoden einsetzen, um die Studierenden aktiv zu halten und Abwechslung in die Vorlesung zu bringen
Zusammensetzung der Studierenden Welche Fächer studieren die Teilnehmenden zusätzlich? Über welches Wissen verfügen sie? (z.B. Einige Teilnehmende studieren Mathematik im Nebenfach)	→ Die Mathematik-Stärkeren können den Mathematik-Schwächeren bei Übungsaufgaben helfen

Auch mit einer guten Teilnehmenden-Analyse ist es während des Semesters sinnvoll, Studierende in der Lehrveranstaltung immer wieder zu fragen, ob das inhaltliche Niveau gut auf sie abgestimmt ist.

Nicht nur das Vorwissen und die Einstellung der Studierenden, sondern auch Ihre Einstellung zu Ihrer Rolle als Lehrperson ist ein entscheidender Erfolgsfaktor im Lehrkontext.

2.3 Innere Haltung reflektieren

Zu den Themen „Rollenklarheit" und „innere Haltung" könnten wir vermutlich ein eigenes Buch schreiben, da wir davon überzeugt sind, dass Menschen von ihren Einstellungen und Überzeugungen maßgeblich beeinflusst sind. Sie wirken handlungsleitend. In jeder professionellen Redesituation haben Sie mit der Arbeit an Ihrer inneren Haltung einen sehr wirksamen Hebel, um zu einem stimmigen Auftreten zu gelangen und somit einen runden Gesamteindruck zu erzeugen. Ähnlich einer viel zu kurzen Lehreinheit zu einem gewichtigen Thema versuchen wir in diesem Abschnitt primär Ihre Aufmerksamkeit auf die Bedeutung des Zusammenhangs der eigenen inneren Haltung und der daraus resultierenden Handlungen zu lenken. Zudem möchten wir einige Denkanstöße anbieten und Sie können diese aufgreifen und darüber reflektieren. Zu guter Letzt geben wir Ihnen einen Einblick in Leitsätze, die für uns seit Jahren in der Erwachsenenbildung und besonders in der Hochschullehre hilfreich sind.

Überzeugung und Klarheit über die eigene Rolle zu haben, heißt zu wissen, was zu meinen Aufgaben als Lehrperson gehört und was nicht. Es bedeutet weiterhin, eine innere Klärung darüber zu haben, wie ich meinen Studierenden begegne und welchen Lernraum ich schaffen möchte. Zudem hilft es, vorab darüber nachzudenken, wie Sie mit potentiellen Doppelrollen oder anderen inneren Rollenkonflikten umgehen wollen.

In unserer Arbeit mit Nachwuchslehrenden tauchen immer wieder folgende Fragen auf: Ich bin nur ein oder zwei Jahre älter als meine Studierenden, wie gehe ich damit um? Soll ich meine Studierenden duzen oder siezen? Ich muss die Studierenden später prüfen und will nicht, dass der Umgang zu locker ist. Wie halte ich die Balance zwischen einer entspannten Atmosphäre, dem miteinander Reden auf Augenhöhe und der nötigen Disziplin? Ich fühle mich immer wieder unsicher, weil ich gar nicht so viel mehr weiß zu dem Thema als die Studierenden, wie soll ich mit dieser inhaltlichen Unsicherheit umgehen?

Für all diese Fragen existieren natürlich keine einfachen Musterantworten. Allerdings gilt für jede Redesituation: Innere Klarheit führt zu äußerer Klarheit. Oder anders ausgedrückt: Wenn Sie innerlich davon überzeugt sind, dass es gut ist, dass Sie derjenige sind, der gerade diese Veranstaltung durchführt, dass Sie wissen, was Ihr heutiges Ziel ist, wo Ihre Grenzen im Umgang mit den Studierenden sind und Sie wissen, in welcher Form Sie die Studierenden bestmöglich unterstützen können, wird nach außen ein so genanntes kongruentes Ausdrucksverhalten sichtbar (vgl. Kapitel 7.3). Stimme, Körper und der sprachliche Ausdruck passen zusammen, Sie wirken mit einem authentischen, überzeugenden, runden Gesamtbild. Klären Sie also immer zunächst für sich bzw. mit sich persönlich, was Sie wirklich wollen.

Eine Technik, die Ihnen dabei helfen kann, sich Ihrer inneren Haltung bewusst zu werden, diese zu explizieren und Antworten auf die oben genannten Fragen zu finden, ist das Formulieren von Leitsätzen. Indem Sie Leitsätze aufschreiben, werden Sie sich über sich selbst klar und konkretisieren Ihre Rollenvorstellung. Die Satzanfänge in Reflexion 1 können die ersten Schritte hin zu mehr Rollenklarheit darstellen.

Reflexion 1: Innere Haltung & Leitsätze
Welche innere Haltung möchten Sie in Ihrer Rolle als Lehrperson einnehmen?
„Ich verstehe mich als ...
... Lernbegleiter."
... Orientierungshelfer."
... Informationsstelle."
...."
...."

„Ich biete den Studierenden ...
...gemeinsames Lernen unter Gleichgesinnten."
...offenen Austausch."
...Struktur und Orientierung."
...."
...."

„Von meinen Studierenden erwarte ich, dass sie...
... gemeinsam in meiner Veranstaltung lernen wollen."
... pünktlich sind und aktiv mitmachen.
... mir so früh wie möglich mitteilen, was sie nicht verstehen."
...."
...."

Formulieren Sie für Sie passende Leitsätze:
„Ich leite meine Studierenden souverän durch das komplexe Thema und biete ihnen Orientierung an."
„Ich unterstütze meine Studierenden in ihrem Lernprozess, fördere aber auch ihre Selbständigkeit."
„Ich setze Lernprozesse in Gang, die meine Studierenden für sich nutzen können."
...."
...."

Wie eingangs angekündigt, möchten wir Ihnen einige unserer Überzeugungen und Leitsätze anbieten, die uns in der täglichen Lehrarbeit helfen:

Menschen wollen etwas lernen und sind entwicklungsfähig.

Menschen handeln aus einer guten Absicht, ich muss nur herausfinden, wozu das gezeigte Verhalten für mein Gegenüber nützlich ist.

In der Lehre mache ich ein Angebot. Ich brauche eigenverantwortliches Handeln meiner Teilnehmenden, die das Angebot selbstbestimmt annehmen oder nicht.

Ich unterstütze meine Studierenden in ihrem individuellen Lernfortschritt und versuche stets, anwendbares Wissen aufzubauen.

Leitsätze helfen dabei, sich der eigene Rolle bewusst zu werden und dieses Bewusstsein zu verinnerlichen. Damit stellen sie die Basis für kongruentes Handeln dar und beugen Rollenkonflikten vor. Wenn Sie sich Ihrer Rolle bewusst sind, können Sie diese gegenüber Ihren Studierenden transparent kommunizieren und rollenbewusst auftreten. Neben den erarbeiteten Leitsätzen werden Sie im Kapitel 8 „Gruppen leiten" hilfreiche Kommunikations- und Gruppenführungstechniken kennenlernen, die Sie in der Ausübung Ihrer Rolle unterstützen.

Die Vorüberlegungen zum Start in die Lehre sind hiermit abgeschlossen. Als nächsten Schritt laden wir Sie ein, in die konkrete Planung Ihrer Veranstaltung einzusteigen.

Empfehlungen zum Weiterlesen

Eder, F., & Scholkmann, A. (2011). *Lehrende als Coaches: Lernbegleitung von Studierenden am Beispiel des Tutoring im problem-based learning* (PBL). Journal Hochschuldidaktik, 22(2), 6-10.

Macke, G.; Hanke, U.; Viehmann, P. (2016): *Hochschuldidaktik: Lehren-vortragen-prüfen-beraten.* Mit Methodensammlung „Besser lehren". Weinheim, Basel: Beltz (Pädagogik).

Reitzer, C. (2014): *Erfolgreich lehren: Ermutigen, motivieren, begeistern.* Berlin: Springer VS.

Thomann, G.; Pawelleck, A. (2013): *Studierende beraten.* Stuttgart: UTB

Checkliste für Kapitel 2

Füllen Sie die Checkliste aus, um die Rahmenbedingungen für Ihre Veranstaltung zu klären. Mit jeder ausgefüllten Checkliste vervollständigt sich Ihr Konzept.

Grundlegende Informationen zu Ihrer Lehrveranstaltung

- Format festlegen ☐
- Zeit und Ort mit Raumbuchungsstelle abklären ☐
- Raumgröße prüfen ☐
- Wichtige Informationen für die Studierenden in das Vorlesungsverzeichnis eintragen lassen ☐
- Hauptziele der Veranstaltung und inhaltlichen Gestaltungsfreiraum am Lehrstuhl abklären ☐
- Leistungsnachweis festlegen ☐
- Erkundigen, welche zusätzlichen Aufgaben, die an Ihre Lehrveranstaltung geknüpft sind, von Ihnen gefordert werden. ☐

Teilnehmenden-Analyse

Vorwissen	
Erwartungen	
Einstellung zum Thema	
Stimmungslage der Studierenden	
Zusammensetzung der Studierenden	

Ihre innere Haltung	
Beschreiben Sie Ihre innere Haltung in der Rolle als Lehrperson.	
Notieren Sie persönliche Leitsätze, die Sie beim Einnehmen einer stimmigen inneren Haltung unterstützen.	

3. Lehren lernen

In diesem Kapitel erfahren Sie...
- ... allgemeine psychologische Mechanismen wie Menschen lernen.
- ... was lehrenden- und lernendenzentrierte Lehre unterscheidet.
- ... was das Lehr-Lern-Dreieck inklusive seiner Verbindungen bedeutet.

„Lehren findet nur dann statt, wenn auch gelernt wird." (Böss-Ostendorf & Senft, 2014, S. 23) Dieser kurze Satz verdeutlicht, dass das Hauptziel jeder Lehre das Lernen der Studierenden ist. Es kommt demnach nicht darauf an, wie viel Stoff die Dozierenden vermitteln, sondern wie viel Stoff die Studierenden behalten. Gute Lehre kann nur dann gegeben sein, wenn Situationen geschaffen werden, in denen die Studierenden gut lernen. Wer also eine Lehrveranstaltung konzipieren möchte, in der die Studierenden viel mitnehmen, sollte diese so aufbereiten, dass das Lernen für die Studierenden erleichtert wird. Daher soll hier zunächst erklärt werden, wie Menschen überhaupt lernen.

3.1 Lernpsychologische Grundlagen kennen

Menschen lernen täglich in unterschiedlichsten Situationen und nicht nur in der Schule oder Universität. Wir lernen beispielsweise, dass unsere Freundin keine Erdbeeren mag und erwerben damit Wissen über sie. Oder wir lernen Stricken, eine neue Fertigkeit. Wir lernen über uns, dass uns die Musik einer bestimmten Band fröhlich stimmt und lernen damit eine Strategie, unsere Emotionen zu regulieren, indem wir die Musik einsetzen, um unsere Stimmung zu verbessern. Und wir lernen morgens fünf Minuten früher aufzustehen, damit wir nicht die Bahn verpassen und erlernen damit eine neue Angewohnheit. Aus kognitionspsychologischer Perspektive bedeutet Lernen eine stabile Veränderung im Gedächtnis oder im Verhalten und passiert beinahe überall und ist jederzeit möglich.

Im Studium wollen die Studierenden Wissen und Fertigkeiten erwerben, die sie für ihren späteren Beruf qualifizieren. Schwerpunkt und Hauptziel der universitären Ausbildung ist sicherlich der Erwerb von Wissen. Wie aber behält eigentlich unser Gehirn die vielen neuen Informationen, die im Studierendenalltag, beispielsweise in Vorlesungen, präsentiert werden?

Selten können wir uns eine Information, die wir nur ein einziges Mal gehört haben, dauerhaft einprägen. Damit Lernstoff im Gedächtnis langfristig gespeichert wird, muss mit den Informationen „gearbeitet" werden. Das bedeutet, dass Lernprozesse immer dann stattfinden, wenn wir uns wiederholt mit einem Sachverhalt auseinandersetzen.

Lernen bedeutet Informationsverarbeitung

Abbildung 1: Gehirn mit neuronalem Netzwerk

Zur Beschreibung von Wissen und Lernprozessen werden in der Literatur häufig Netzwerkmodelle herangezogen. Mit diesen Modellen wird dargestellt, dass in unserem Gehirn ein riesiges Netzwerk mit Knotenpunkten existiert, die Informationseinheiten repräsentieren. Diese Knotenpunkte sind vielseitig miteinander verknüpft und bilden unser Wissen ab. Wissen, welches wir unmittelbar und ohne Probleme abrufen können, ist durch hochaktivierte Informationseinheiten verkörpert, die mit starken Verbindungen verknüpft sind. Immer dann, wenn eine Informationseinheit aktiviert wird, wird sie gestärkt bzw. stärkt sie auch die Informationseinheiten, die eng mit ihr verbunden sind. Aktivieren wir eine Informationseinheit selten oder nie, verblasst sie immer mehr und die Verbindungen werden immer schwächer, bis sie schließlich vergessen werden.

Stellen Sie sich einen Weg vor, der zunächst als Trampelpfad hin und wieder benutzt wird. Häufig genutzte Wege vergrößern sich zu Fahrradwegen, Straßen oder werden sogar zu breiten Autobahnen ausgebaut. Informationen, die über die Autobahn „geschickt" werden, sind stark und stehen schnell zur Verfügung. Im Gegensatz dazu wuchert ein selten benutzter Weg mit Unkraut zu und wird unter Umständen gar nicht mehr benutzt. Lernen bedeutet also, Informationseinheiten häufig zu aktivieren und die Verbindungen zu anderen Informationseinheiten so zu stärken, dass sie vor dem Verblassen bzw. Vergessen bewahrt werden.

Die gängigste Lernmethode ist das Wiederholen des Lernstoffes, bis dieser auswendig gekonnt wird. Das Bild der zu aktivierenden Informationseinheiten zeigt, dass nicht nur das ständige Wiederholen Lernen bedeutet. Damit Informationen bei den Studierenden im Gedächtnis behalten werden und bei Bedarf abgerufen werden können, muss das Wissen mit bereits bestehenden kognitiven Strukturen verknüpft werden. Das bedeutet, dass neue Inhalte dann gelernt werden, wenn sie an bereits bestehendes Vorwissen angebunden werden. Deswegen ist es besonders wichtig, das Vorwissen der Studierenden zu aktivieren und Bezüge zu bekannten Inhalten herzustellen. Reines Auswendiglernen hilft zwar, Inhalte 1:1 wiedergeben zu können, doch erst mit einer tieferen Verarbeitung von Lerninhalten kann neues Wissen flexibel angewendet werden. Tieferes Verarbeiten bedeutet Verknüpfungen und Assoziationen zu bilden, neue Inhalte gut an bereits bestehendes Vorwissen anzubinden und Bezüge zwischen verschiedenen Bereichen herzustellen.

Diese Perspektive des Lernens als Informationsverarbeitung wird auch als kognitivistische Perspektive bezeichnet: Im Fokus stehen die lernende Person und die Verarbeitungsprozesse im Gedächtnis. Eine weitere, sehr verbreitete Perspektive, die sehr gut als Ergänzung zur kognitivistischen Lerntheorie gesehen werden kann, ist die des Konstruktivismus.

Infotafel: Gedächtnismodell nach Atkinson und Shiffrin

Lernen bedeutet aus kognitivistischer Perspektive das Verarbeiten von Informationen. Ein klassisches Informationsverarbeitungsmodell ist das Drei-Speicher-Modell nach Atkinson und Shiffrin. Die drei Speicher sind das sensorische Register, das Arbeitsgedächtnis und das Langzeitgedächtnis.

Abbildung 2: Gedächtnismodell nach Atkinson und Shiffrin

Informationen werden zunächst durch unsere Sinne wahrgenommen und damit im sensorischen Register repräsentiert. Wird bewusst die Aufmerksamkeit auf die Informationen gelenkt, so gelangen sie in das Arbeitsgedächtnis. Informationen im Arbeitsgedächtnis überdauern keinen langen Zeitraum. Wir können unsere Aufmerksamkeit immer nur auf einen Aspekt richten. Wird die Aufmerksamkeit zu lange von der Information weggenommen und ist diese Information noch nicht im Langzeitgedächtnis repräsentiert, so wird die Information vergessen.

Im Langzeitgedächtnis ist schließlich unser gesamtes Wissen gespeichert. Wir können es in unser Arbeitsgedächtnis befördern und das Wissen damit abrufen und reproduzieren. Um Wissen in das Langzeitgedächtnis transportieren zu können, muss sich der Lerner aktiv mit dem Wissen befassen: z.B. wiederholen, elaborieren, tiefer auseinandersetzen, Verknüpfungen bilden, Eselsbrücken bauen, mit Vorwissen vernetzen.

(Kunter & Trautwein, 2013, S. 33)

Lernen bedeutet Wissen zu konstruieren

Lernen unter konstruktivistischer Perspektive basiert auf der Annahme, dass Menschen lernen, indem sie sich ihr Wissen konstruieren. Dabei knüpfen sie an ihre Werte, Überzeugungen, Muster und Vorerfahrungen an. Wissen kann also nicht von einer Lehrperson auf den Lerner übertragen werden, sondern muss von den Lernenden aktiv erworben werden. Konstruktivistisches Lernen bedeutet, dass die Lerninhalte mit Situationen verknüpft und in einen Kontext eingebunden sein müssen, da sie dann leichter behalten werden können. Den Stoff situiert aufzubereiten, also in eine Situation einzubinden, ist eine entscheidende Aufgabe des Lehrenden. Gut situiert aufbereitet ist ein Lehrinhalt beispielsweise, wenn Fallbeispiele aus dem Alltag der Studierenden angebracht werden und die Lernenden selbst aktiv daran arbeiten.

Eine Weiterentwicklung der konstruktivistischen Lerntheorie ist die sozialkonstruktivistische Perspektive. Ihre Vertreter betonen, dass Lernen immer in sozialer Interaktion mit anderen stattfindet. Gemäß dieser Sichtweise sollten Lehrende Lernsituationen schaffen, in denen die Studierenden miteinander in Austausch gelangen. Durch den sozialen Austausch arbeiten die Lernenden automatisch mit den neuen Inhalten. Sie stellen Positionen auf, formulieren Argumente und begegnen diesen mit Gegenargumenten. Sie verwenden neue Inhalte flexibel und erreichen damit eine tiefere Verarbeitung der Lerninhalte. Zahlreiche Möglichkeiten zur sozialen Interaktion mit dem Lernmaterial bieten interaktive Lehr-/Lernmethoden (Kapitel 5).

Sicherlich kennen Sie die Situation, dass Dozierende sich wundern: „Das habe ich doch schon einmal erklärt. Anscheinend hat mir keiner zugehört!“ Sie wissen nun, dass Ihre Studierenden Inhalte dann lernen und gut behalten können, wenn die neuen Inhalte gut mit bereits bestehendem Vorwissen verknüpft werden, sie die Gelegenheit bekommen, sich aktiv und wiederholt mit den Informationen auseinanderzusetzen sowie im sozialen Austausch Gelegenheit bekommen, sich ihr Wissen selbständig zu konstruieren.

3.2 Lernendenzentriert unterrichten

Der vorige Abschnitt hat gezeigt, dass Lehrende durch die Art, wie sie Inhalte vermitteln und den Studierenden Möglichkeiten zur Auseinandersetzung mit dem Stoff geben, entscheidend dazu beitragen, ob Studierende die Inhalte tiefer verarbeiten und damit besser behalten. Sie als Lehrende haben die Aufgabe, die fachlichen Inhalte so aufzubereiten, dass sich die Studierenden damit intensiv beschäftigen und leichter lernen. Um dies zu erreichen, nehmen Sie die Perspektive der Lernenden ein und richten die Menge des Stoffes, die Struktur, die Lernziele und Methoden auf das Lernen der Studierenden aus.

Die Berücksichtigung der Perspektive der Studierenden wird als „lernendenzentrierte“, im Gegensatz zur „lehrendenzentrierten Perspektive“ bezeichnet. Lehrendenzentrierte Perspektive bedeutet, dass sich die Lehrenden bei der Vorbereitung hauptsächlich daran orientieren, wie sie in einer bestimmten Zeit möglichst viele Inhalte vermitteln können und was im Curriculum zuvor festgelegt wurde. Die lernendenzentrierte Perspektive orientiert sich am Ergebnis, d.h., die Lehrenden konzentrieren sich darauf, was die Lernenden am Ende einer Seminareinheit erreicht haben. Das Einnehmen einer lernendenzentrierten Perspektive wird dadurch unterstützt, dass theoretische Inhalte veranschaulicht werden, indem lebensnahe, interdisziplinäre und problemorientierte Beispiele oder Fälle angebracht werden. Unter einer lernendenzentrierten Perspektive wird zudem verstanden, dass eine angemessene Menge an Inhalten geplant wird und keine Überfrachtung von Lerninhalten in Vorlesungen oder Seminaren stattfindet. Wie Sie Ihre Inhalte priorisieren und reduzieren können, erfahren Sie in Kapitel 9.1.

Welche Zusammenhänge unter lernendenzentrierter Perspektive zu beachten sind, bildet das Modell des Lehr-Lern-Dreiecks ab. Das Lehr-Lern-Dreieck stellt das Beziehungsgeflecht zwischen Lerninhalten, Lehrenden und Lernenden dar (Abbildung 3):

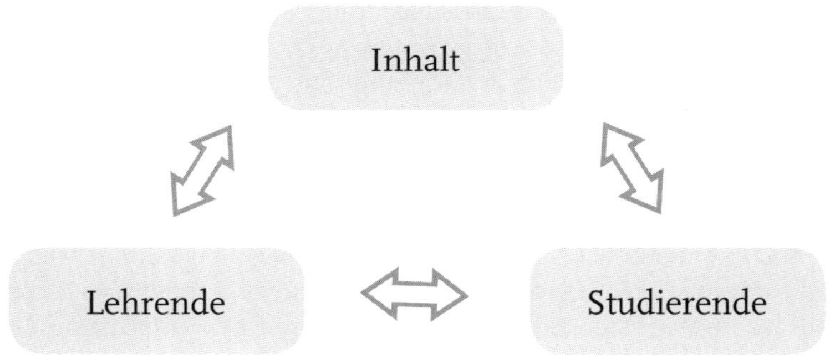

Abbildung 3: Lehr-Lern-Dreieck

Sowohl Lehrende, Lerninhalte als auch Studierende stehen in Beziehung zueinander, wobei die Qualität dieser Beziehungen ständig variiert. Mit dem Lehr-Lern-Dreieck ist gut erkennbar, dass nicht nur der Stoff als Grundlage der Lehrveranstaltung oder etwa nur die Lehrenden in ihrer Rolle als Inhaltsvermittelnde wichtig sind, sondern auch die Studierenden und ihre Beziehung zu Lerninhalt und Lehrenden zentral sind. Es zeigt außerdem, dass Lehrende keinen direkten Einfluss darauf haben, welche Beziehung die Studierenden zu einem fachlichen Thema haben. Hochschuldozierende können nur ihre persönliche Beziehung zu dem Inhalt direkt beeinflussen sowie ihre Beziehung zu den Studierenden. Natürlich erzielen sie damit indirekt eine Wirkung auf die Beziehung der Studierenden zu dem Lernstoff. Finde ich als Lehrende, als Lehrender beispielsweise die Inhalte trocken (Beziehung Lehrende – Inhalt), wird es nur mühsam gelingen, die Studierenden für die Inhalte zu interessieren. Das Lehr-Lern-Dreieck verdeutlicht, dass die Perspektive der Studierenden ganz wesentlich in die Planung einer Lehrveranstaltung einzubeziehen ist.

In Tabelle 3 sind einige Beispiele aufgeführt, die sowohl Gegebenheiten innerhalb der Eckpunkte als auch die Beziehungen zwischen den Eckpunkten verdeutlichen.

Tabelle 3: Lehr-Lern-Dreieck

Beziehung	Beispiel
Lehrende – Inhalt	Die Lehrperson interessiert sich für die Lerninhalte.
Inhalt – Lehrende	Da der Inhalt komplex ist, erfordert dies von der Lehrperson eine gute Strukturierung.
Lehrende – Studierende	Die Lehrperson gibt den Studierenden Zeit, sich kennenzulernen.
Studierende – Lehrende	Die Studierenden trauen sich, in der Lehrveranstaltung Fragen zu stellen.
Inhalt – Studierende	Der Inhalt ist relevant für die Studierenden.
Studierende – Inhalt	Die Studierenden empfinden den Inhalt als sehr schwierig.

Reflexion 2: Lehr-Lern-Dreieck
Formulieren Sie für jede Beziehung des Lehr-Lern-Dreiecks ein weiteres Beispiel in Bezug auf Ihre Lehrveranstaltung.

Sie wissen nun, dass Lehrveranstaltungen zum obersten Ziel haben sollten, gutes Lernen der Studierenden zu ermöglichen. Im Lehr-Lern-Dreieck werden die drei Komponenten „Lehrende“, „Studierende“ und „Inhalt“ sowie ihre Beziehung zueinander dargestellt. Die Reflexion der Komponenten und Beziehungen im Dreieck hilft Ihnen eine lernendenzentrierte Perspektive einzunehmen.

Empfehlungen zum Weiterlesen

Anderson, J. R. (2000): *Learning and memory: An integrated approach.* John Wiley & Sons Inc.

Beck, Henning (2013): *Biologie des Geistesblitzes – Speed up your mind!* Berlin: Springer Berlin.

Böss-Ostendorf, Andreas; Senft, Holger (2018): *Einführung in die Hochschul-Lehre. Ein Didaktik-Coach.* Unter Mitarbeit von Lillian Mousli. 3., überarb. Aufl. Leverkusen: UTB.

Checkliste für Kapitel 3

Füllen Sie die Checkliste aus. Mit jeder ausgefüllten Checkliste vervollständigt sich Ihr Lehrveranstaltungs-Konzept.

Reflektieren Sie anhand der Komponenten des Lehr-Lern-Dreiecks die Situation in Ihrer Lehrveranstaltung:

Lehrende – Studierende: Wie ist meine Beziehung zu den Studierenden?
Warum mag ich die Studierenden?

....

Warum akzeptieren mich die Studierenden?

....

Lehrende – Inhalt: Wie ist meine Beziehung zu dem Thema?
Was interessiert mich an dem Thema?

....

Warum halte ich die Lehrveranstaltung gerne?

....

Studierende – Inhalt: Wie ist die Beziehung zwischen Studierenden und Inhalt?
Welche Interessen haben die Studierenden? Welche Interessen sind direkt mit dem Lernstoff zu verknüpfen?

....

Welchen Nutzen hat das Thema für die Studierenden?

....

Welche Inhalte kann ich von den Studierenden „konstruieren“ lassen?

....

Was motiviert die Studierenden, an dem Thema dran zu bleiben?

....

4. Lehrveranstaltungen konzipieren

In diesem Kapitel erfahren Sie...

- ... warum eine Lernzielorientierung hilfreich ist.
- ... wie die Wissenstaxonomie nach Bloom aufgebaut ist und Sie diese für Ihre Inhalte anwenden können.
- ... wie Sie Sitzungen nach dem +AVIVA+-Schema planen.
- ... wie Sie eine positive Lernatmosphäre in Ihrer Veranstaltung herstellen.
- ... wie Sie einen Ablaufplan mit allen notwendigen Aspekten erstellen, die Sie während der Durchführung berücksichtigen müssen.

Sie müssen kein begnadeter Hochschuldidaktiker/begnadete Hochschuldidaktikerin sein, um fachliche Inhalte nach einem schlüssigen Konzept vermitteln zu können. Halten Sie sich in der Konzeptionsphase an drei grobe Grundschritte: setzen Sie zunächst Ihre Lernziele fest, verteilen Sie die strukturierten Inhalte gleichmäßig über die gesamte Semesterzeit und erstellen Sie für jede Einzelstunde einen Ablaufplan.

4.1 Lernziele setzen

Im vorigen Kapitel haben Sie erfahren, dass eine lernendenzentrierte Perspektive nützlich ist, um eine gute, lernförderliche Lehrveranstaltung zu konzipieren. In diesem Kapitel geht es darum, Lernziele zu setzen. Lernziele sind eine wichtige Grundlage Ihres Konzeptes. Ohne zuvor festgesetzte Ziele kann nicht überprüft werden, ob erreicht wurde, was Sie erreichen wollten. In der hochschuldidaktischen Literatur wird in diesem Zuge von „Lernzielorientierung" gesprochen. Ziele zu setzen hilft Ihnen als Lehrperson sowie den Studierenden. Bevor wir darauf eingehen, welche Arten von Lernzielen es gibt und wie Lernziele optimal formuliert werden, betrachten wir zunächst, warum es notwendig ist konkrete Lernziele festzusetzen:

Abbildung 4: Alice im Wunderland

Sicherlich kennen Sie die Geschichte „Alice im Wunderland" Alice trifft auf ihrem Weg durch das Wunderland die Grinsekatze und fragt sie, welchen Pfad sie einschlagen soll. Die Katze antwortet: „Das kommt ganz darauf an, wo du hin willst.“ Alice antwortet: „Das ist mir ziemlich egal.“ Daraufhin sagt die Grinsekatze: „Dann ist es egal, welchen Weg du nimmst.“

Diese kurze Geschichte verdeutlicht, dass wir ohne ein Ziel nicht wissen können, welchen Weg wir gehen müssen. Mit einem Ziel vor Augen lässt sich eine Aufgabe leichter und effektiver erfüllen. Dies ist auch bei Lehrveranstaltungen so. Das Wissen, mit welchem Ziel welche Lehreinheit durchgeführt werden soll, verhilft Ihnen zu einer schlüssigen Struktur und einem roten Faden. Bei der Konzeption können Sie die Lernziele als Maßstab heranziehen, an dem Sie sich orientieren:

- Anhand von Lernzielen können Sie Inhalte priorisieren.
- Müssen Inhalte aus Zeitgründen reduziert werden, können die Lernziele Anhaltspunkte geben, welche Inhalte unbedingt behandelt werden müssen und welche nicht.
- Festgesetzte Lernziele erleichtern Ihnen die Auswahl von interaktiven Lehr-/Lernmethoden (vgl. Kapitel 5). Wenn das Ziel ist, dass die Studierenden ein Thema nur einmal gehört haben, so genügt es, dieses Thema frontal vorzustellen. Ist das Ziel jedoch, dass die Studierenden den Stoff im Detail verstehen und wiedergeben können, so empfiehlt sich der Einsatz von interaktiven Lehr-/Lernmethoden, die den Studierenden eine aktive Auseinandersetzung mit den Inhalten ermöglichen.
- Zuvor festgesetzte Ziele können überprüft werden. Nach Durchführung der Lehrveranstaltung können Sie also sehen, ob Ihre Ziele erreicht worden sind und liefern damit ein Messinstrument zur Beurteilung Ihrer Veranstaltung.

Hierarchische Zielarten

Wenn Sie Ihre Lernziele definieren, kommt es wieder darauf an, die Perspektive der Studierenden einzunehmen (lernendenzentrierte Perspektive). Die Frage, die sich jede Lehrperson also zu Beginn der Konzeption stellen sollte, ist, was die Studierenden am Ende der Vorlesung bzw. des Seminars wissen und können sollen, also welche Lern-Ziele erreicht werden sollen.

Die Ziele, die Sie für Ihre Veranstaltung setzen, können in einer Zielhierarchie auf unterschiedlichen Niveaustufen (Leitziel, Grobziel und Feinziel) angesiedelt sein: Allen Zielen übergeordnet steht das Leitziel. Darunter finden sich mehrere, breiter formulierte Ziele, die Grobziele. Unter jedem Grobziel stehen mehrere Feinziele. Die Feinziele sind konkret und detailliert formuliert. Ein Leitziel ist dann erfüllt, wenn alle darunter liegenden Grobziele erfüllt sind. Die Grobziele sind wiederum dann erreicht, wenn alle darunter liegenden Feinziele erreicht worden sind.

Es ist sinnvoll, sich zu Beginn des Semesters ein großes übergeordnetes Leitziel zu setzen, beispielsweise: „In diesem Semester sollen die Studierenden empirische Forschungsmethoden kennenlernen.“ Dieses Leitziel gilt für die gesamte Veranstaltung.

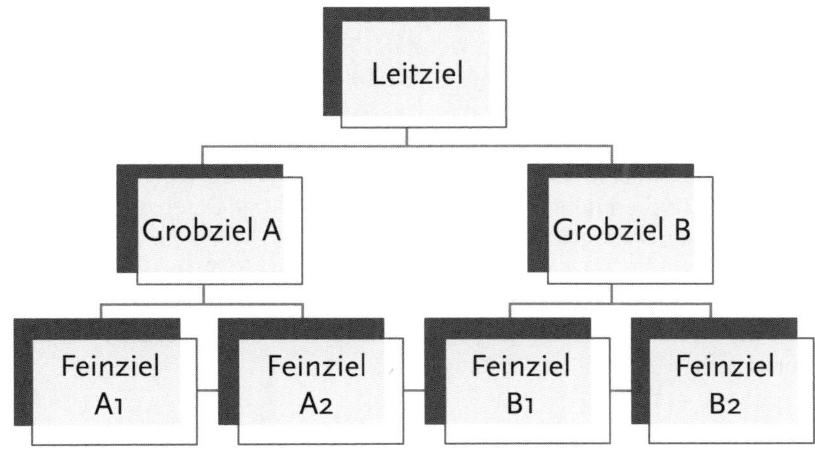

Abbildung 5: Hierarchische Zielarten

Zur Erreichung dieses Leitziels werden kleinere Grobziele gebildet. Diese Grobziele können beispielsweise übergeordnete Ziele zu einer Veranstaltung oder zu einem thematischen Bereich sein, beispielsweise: „Das heutige Ziel ist es, dass die Studierenden lernen, aus einer wissenschaftlichen Fragestellung ein Forschungsdesign abzuleiten." Die Grobziele der jeweiligen Sitzungen können Sie den Studierenden in der ersten Sitzung als Orientierung vorstellen.

Aus diesem Grobziel ergeben sich wieder mehrere untergeordnete Feinziele, die einzelne Unterrichtseinheiten segmentieren, beispielsweise: „Die Studierenden sollen in der ersten Viertelstunde den Unterschied zwischen einem Within-Design und einem Between-Design kennen lernen." Die Feinziele werden möglichst konkret formuliert und können nach Erreichen des Zieles zur Überprüfung abgefragt werden.

Obwohl die Feinziele die detaillierteste Form aller Zielarten sind, sagt dies noch nichts über die inhaltliche Qualität des gesteckten Lernziels aus. Um zu reflektieren, inwiefern die Studierenden jeden Inhalt verarbeiten sollten und um daran die Feinziele ausrichten zu können, empfehlen wir, die berühmte Lernzieltaxonomie nach Bloom als Denkhilfe zu verwenden.

Inhaltliche Ausarbeitung von Feinzielen mit der Lernzieltaxonomie von Bloom

Das zentrale Ziel von Lehrveranstaltungen ist wohl unumstritten, dass die Studierenden Wissen erwerben. Der amerikanische Psychologe Benjamin Bloom hat eine Taxonomie aufgestellt, in der Lernziele in drei unterschiedlichen Dimensionen kategorisiert werden: eine kognitive Dimension, eine affektive Dimension und eine handlungsorientierte Dimension.

Die kognitive Dimension beschreibt, wie tief ein Lerninhalt gewusst oder gekonnt wird, z.B.: „Ich weiß, wann die Weimarer Republik gegründet wurde."

Die affektive Perspektive beinhaltet die Emotionen und Werte, die mit dem Wissen verbunden werden, z.B.: „Mir macht es immer viel Spaß, Quellentexte zur Weimarer Republik zu lesen."

Die handlungsorientierte Dimension bedeutet, inwieweit die festgelegten Ziele das Verhalten der Studierenden beeinflussen, z.B.: „Wichtige Daten der Weimarer Republik liste ich chronologisch auf."

Alle drei Dimensionen treten beim Lernen gleichzeitig auf. Während die Lerner also beispielsweise wichtige Daten der Weimarer Republik chronologisch auflisten, lernen sie, die Daten auswendig zu reproduzieren und sind zugleich sehr interessiert und haben Spaß an der Tätigkeit.

Für das Festsetzen der Feinziele ist es hilfreich, die kognitive Dimension hinsichtlich der Gestaltung von Lernzielen zu überprüfen. Nach der Taxonomie von Bloom und deren Revision von Anderson & Krathwohl (2001) kann Wissen auf den folgenden sechs Stufen verarbeitet werden:

- Kennen
- Verstehen
- Anwenden
- Analysieren
- Bewerten
- Erschaffen

Mit jeder Stufe wird das Wissen tiefer verarbeitet und damit besser gekonnt. Die Taxonomie hilft Ihnen als Lehrende dabei, zu überlegen, welche konkreten Inhalte die Studierenden am Ende der Veranstaltung auf welcher Stufe wissen und können sollen.

Basis und Fundament eines Lerninhalts ist die Stufe der „Kenntnis". Hier haben die Studierenden Wissen über Zahlen, Daten und Fakten zu einem Sachverhalt und können das Wissen in einfacher Form wiedergeben und reproduzieren. Auf der Stufe „Verstehen" können die Studierenden Inhalte mit ihren eigenen Worten erläutern. Den Inhalt konkret anwenden und auf andere Fälle übertragen können Studierende, wenn sie Wissen auf dem Niveau der Stufe „Anwenden" erworben haben. Die nächsthöhere Stufe „Analysieren" beschreibt die Fähigkeit, einen komplexen Inhalt in kleine Teilbereiche zerlegen und Zusammenhänge analysieren zu können. Eine noch intensivere Verarbeitungstiefe eines Inhalts ist das Treffen kritischer Beurteilungen. Die tiefste Verarbeitungstiefe und damit höchste kognitive Wissensstufe ist erreicht, wenn es dem Lernenden gelingt, Wissensbestandteile in neue Strukturen zu integrieren, neue Verknüpfungen zu bilden und damit neues Wissen zu erschaffen.

Tabelle 4: Vereinfachte Darstellung der Wissenstaxonomie von Bloom, überarbeitet nach Anderson & Krathwohl (2001)

Wissensstufe und Verarbeitungstiefe	**Erläuterung**	**Beispiel formuliert als Tätigkeit**
Erschaffen	Verbinden von Informationen zu einem neuen Zusammenhang, Formulierung alternativer Lösungen	Die Studierenden finden im Zuge ihrer Forschungsarbeit neue Lösungswege, um die Reliabilität ihres Fragebogens zu verbessern.
Beurteilen	Beurteilen und Bewerten von Informationen oder der Qualität einer Arbeit, Schlüsse ziehen	Die Studierenden bestimmen, ob die Reliabilität in ihrer Forschungsarbeit genügt und decken Fehler im Prozess auf.
Analysieren	Teileinheiten des Stoffes in Einzelteile zerlegen, Gliedern von Informationen, Beweise finden	Die Studierenden finden selbständig heraus, warum in ihrer Forschungsarbeit die Reliabilität noch ungenügend ist.
Anwenden	Anwenden der Inhalte, Lösen von Problemen in einem anderen Kontext durch Anwenden des erworbenen Wissens	In ihrer Forschungsarbeit berechnen Studierende die Reliabilität des Fragebogens.
Verstehen	Verstehen und Erläutern von Informationen	Studierende erklären anderen Studierenden, was „Reliabilität" bedeutet.
Kennen	Erinnern, Wiedergeben von Fakten und Informationen	Studierende definieren den Begriff „Reliabilität".

Je höher die Stufe, desto tiefer die Verarbeitung des Lernstoffs

Um Lernziele aktiv und handlungsorientiert zu gestalten, hilft es sie so zu formulieren, dass eine Tätigkeit beschrieben wird, die die Studierenden können sollen (zusammenfassen, analysieren, differenzieren etc.). In Tabelle 4 ist pro Wissensstufe ein Beispiel formuliert.

Übung 1: Bloom Taxonomie
Formulieren Sie zu dem Thema „deutsche Grammatik" auf den Stufen der Bloom-Taxonomie jeweils ein passendes Beispiel.

Feinziele SMART formulieren

Die Formulierung von Feinzielen in Form von Tätigkeiten hilft Ziele zu konkretisieren. Damit Lernziele auch wirklich gewinnbringend sind, können beim Formulieren weitere formale Kriterien beachtet werden. Die Zielformulierungsformel „SMART" von Doran (1981) hilft bei der formalen Ausarbeitung der Feinziele. Das Akronym „SMART" steht für die Eigenschaften **s**pezifisch, **m**essbar, **a**kzeptiert, **r**ealistisch und **t**erminiert. In Tabelle 5 wird jede Eigenschaft mit einem kurzen Beispiel erläutert.

Tabelle 5: SMART Feinziele

Eigenschaft	Erläuterung	Beispiel
S – spezifisch	Feinziele sollen so genau wie möglich formuliert werden.	In unserem Beispiel wäre ein eher unspezifisches Ziel „Forschungsdesigns behandeln" und ein spezifisches Ziel „Studierende sollen Between- und Within-Design unterscheiden lernen".
M – messbar	Nur bei einem konkret formulierten Ziel kann im Nachhinein gemessen werden, ob es erreicht worden ist.	In unserem Fall kann anhand eines praktischen Beispiels geprüft werden, ob die Studierenden das richtige Forschungsdesign benennen können.
A – akzeptiert	Das Ziel muss von den Studierenden akzeptiert werden, es muss angemessen und möglichst attraktiv sein, so dass die Studierenden es als „ihr Ziel" anerkennen.	In unserem Kontext wäre ein wenig akzeptiertes Ziel beispielsweise: „Die Studierenden sollen alle statistischen Formeln auswendig wissen." Akzeptiert wäre „Studierende sollen verstehen, welche statistischen Tests sie beim Vergleich von zwei Gruppen heranziehen müssen."

R – realistisch	Das Ziel muss realistisch sein.	So ist es beispielsweise unrealistisch, dass Studierende innerhalb von fünf Minuten lernen, wie sie aus einer wissenschaftlichen Fragestellung ein Versuchsdesign erstellen.
T – terminiert	Gut formulierte Ziele beinhalten, in welcher Zeit sie erreicht werden sollen.	Dies ergibt sich aus den gesetzten Lernzielen der Lehrveranstaltung und der Konzeption der jeweiligen Einheit sowie dem zeitlich strukturierten Ablaufplan. So könnte beispielsweise das Thema „Forschungsdesigns erstellen" für die dritte Sitzung terminiert werden.

Übung 2: SMART-Kriterien
Sie möchten die vorlesungsfreie Zeit nutzen, um mehr Sport zu treiben. Formulieren Sie zu diesem allgemeinen Ziel drei Feinziele nach den SMART-Kriterien.

Es ist nun deutlich geworden, dass Lernziele Lehrenden bei der Konzeption von Nutzen sind. Die Frage, die sich also jeder zu Beginn der Konzeption stellen sollte, ist, was die Studierenden am Ende der Lehrveranstaltung wissen und können sollen, also welche Lern-Ziele erreicht werden sollen. Integrieren Sie in ihre Veranstaltung eine Phase, in der Sie den Studierenden wichtige Ziele vorstellen. Wenn die Studierenden die Ziele kennen, sind sie gut auf den Lernprozess vorbereitet. Kommunizieren Sie, wenn ein Ziel erreicht wurde, denn transparente Ziele helfen den Studierenden, die Inhalte besser einzuordnen und fördern Motivation und Ausdauer.

Wenn Sie Ihre Lehrveranstaltungs-Ziele formuliert haben, befinden Sie sich nun in der optimalen Ausgangslage, um den Ablauf Ihrer Sitzungen gestalten zu können.

4.2 Inhalte anordnen

Als Lehrende gestalten Sie Ihre Lehrveranstaltungs-Sitzung optimal, wenn Sie einerseits den roten Faden behalten und Ihnen andererseits die Studierenden gut folgen können. Die Studierenden sollen aufmerksam bleiben und sich aktiv mit dem Lernstoff auseinandersetzen. Mit dem Formulieren der Feinziele haben Sie bereits die notwendigen Grundvoraussetzungen gelegt. Möglicherweise ist Ihnen vollkommen klar, welche Inhalte in welcher Reihenfolge Sie mit den Studierenden bearbeiten. Einige Lehrende vergessen jedoch, dass das Gestalten einer guten Lernatmosphäre ebenfalls ihre Aufgabe ist.

In diesem Kapitel geht es nun zunächst darum, einen Überblick über die Inhalte zu bekommen, die Sie im gesamten Semester durchnehmen werden. Diese ordnen Sie in einen Semesterplan. Danach können Sie an die Konzeption der einzelnen Sitzungen gehen. Bei der Konzeption der einzelnen Sitzungen stellen wir Ihnen ein Ablaufschema vor, mit dem Sie unter Berücksichtigung einer guten Lernatmosphäre Ihre Inhalte in eine sinnvolle Reihenfolge bringen können.

Den Semesterplan erstellen

Als Lehrende sollten Sie immer einen guten Gesamtüberblick behalten sowie einschätzen, wie viel Stoff Sie in welcher Sitzung behandeln müssen und wie viel Zeit Ihnen zur Vertiefung der einzelnen Inhalte bleibt. Bevor Sie sich in die Konzeption einzelner Sitzungen vertiefen, erstellen Sie deshalb Ihren Semesterplan.

Dazu ist folgendes Vorgehen empfehlenswert:
1. Ziehen Sie den Kalender zu Rate, um die Anzahl der tatsächlich in diesem Semester stattfindenden Sitzungen zu ermitteln.
2. Listen Sie sämtliche Inhaltsbereiche auf, die in Ihrer Lehrveranstaltung im kommenden Semester behandelt werden sollen.
3. Rechnen Sie in der ersten Sitzung einige Zeit zur grundsätzlichen Orientierung ein, also für die Klärung von Organisatorischem, der Festlegung von Seminarregeln und dem Kennenlernen. Konkrete Hinweise, wie Sie das erreichen können, finden Sie im folgenden Abschnitt.
4. Gibt es bestimmte Termine oder Fristen, bis zu denen gewisse Meilensteine erreicht werden sollen? Notieren Sie diese.
5. Die letzte Sitzung im Semester sollte für eine Zusammenfassung, Wiederholung, Fragerunde und Reflexion reserviert werden (vgl. Kapitel 10.1).
6. Wenn Sie sehen, wieviel Zeit Sie effektiv für Ihre Inhalte übrig haben, können Sie nun die Inhalte grob über die Sitzungen hinweg verteilen.
7. Erst jetzt beginnen Sie mit der Ablaufgestaltung der einzelnen Sitzungen.

Gehen Sie in ähnlicher Weise vor, wenn Sie ein **Blockseminar** planen:
1. Listen Sie sämtliche Inhaltsbereiche auf, die in Ihrem Blockseminar behandelt werden sollen.
2. Berechnen Sie, wie viele Stunden Ihnen zur Verfügung stehen.
3. Reservieren Sie die erste Stunde Ihres Blockseminars zur grundsätzlichen Orientierung, also für die Klärung von Organisatorischem, das Festlegen von Seminarregeln und dem Kennenlernen. Konkrete Hinweise, wie Sie das erreichen können, finden Sie im folgenden Abschnitt.
4. Die letzte Stunde des Blockseminars sollte für eine Zusammenfassung, Wiederholung, Fragerunde und Reflexion reserviert werden.

5. Wenn Sie sehen, wieviel Zeit Sie effektiv für Ihre Inhalte übrig haben, können Sie nun die Inhalte grob über die Stunden des Blockseminars hinweg verteilen.
6. Erst jetzt beginnen Sie mit der Konzeption der einzelnen Einheiten Ihres Blockseminars.

Nun geht es daran, die Inhalte so für die Stunde aufzubereiten, dass Sie als Lehrende den roten Faden behalten und auf der anderen Seite die Studierenden gut folgen können, aufmerksam bleiben und optimal lernen können. Im folgenden Unterkapitel wird ein Schema zur Konzeption von Lehrveranstaltungen beschrieben, das Sie bei der Erfüllung dieser Ziele unterstützt: das +AVIVA+-Schema.

Anhand des +AVIVA+-Schemas die Einzelstunden planen

Ob Seminar, Vorlesung, Workshop oder Übung – jede Veranstaltung, die zum Ziel hat, dass Teilnehmende etwas lernen, kann nach dem +AVIVA+-Schema geplant werden. Wir benutzen es seit Jahren auch für unsere Seminarplanung. Es ist ohne Schwierigkeit anzuwenden, leicht einzuprägen und gut auf unterschiedlichste Lehrsituationen übertragbar. Das Akronym +AVIVA+ (angelehnt an Städeli et al., 2010) steht für:

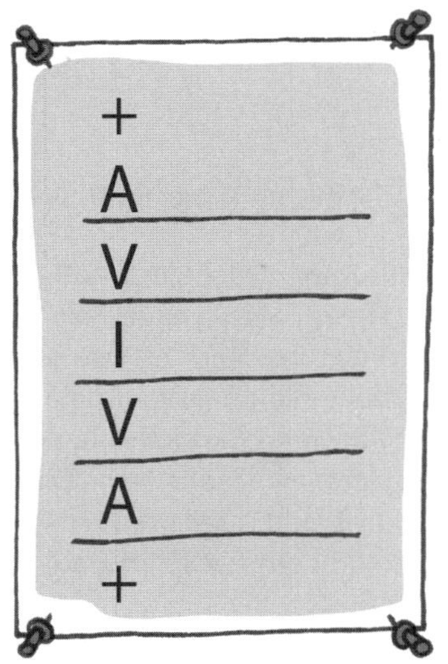

+ (Lern-) Atmosphäre gestalten
A Ausrichten
V Vorwissen aktivieren
I Informieren
V Verarbeiten
A Auswerten
+ (Lern-) Atmosphäre gestalten

Abbildung 6: AVIVA-Schema

Jeder Buchstabe steht für eine Phase in der Lehrveranstaltung. Das „+" mit dem Gestalten einer guten Lernatmosphäre bildet den Rahmen. Im Folgenden werden die einzelnen Phasen des +AVIVA+-Schemas näher erläutert. Im Kapitel 5 finden Sie außerdem für jede Phase geeignete Unterrichtsmethoden.

Die fünf Phasen „A", „V", „I", „V" und „A" werden von einem „+", nämlich der **Gestaltung einer Lernatmosphäre** eingerahmt. Denn eine positive Atmosphäre trägt in jeder Phase Ihrer Lehrveranstaltung dazu bei, dass gut gelernt wird und dass sowohl Lehrende als auch Studierende motiviert bleiben.

Wenn unter den Studierenden eine gute Stimmung herrscht und auch zwischen den Studierenden und Dozierenden, fühlen sich die Studierenden wohler. Unsicherheiten werden abgebaut, sie trauen sich Fragen zu stellen und Wortbeiträge zu bringen. Eine positive Lernatmosphäre ist deswegen die Voraussetzung dafür, dass jede AVIVA-Phase funktioniert.

Zu einem gewissen Anteil können Sie dazu beitragen, dass ein gutes Klima in der Lehrveranstaltung entsteht. Positive Emotionen sind in Lehrveranstaltungen ein Faktor, der Lernen und Leistung stark beeinflusst (siehe Infokasten „Emotionen in der Lehrveranstaltung").

Förderlich für eine positive Lernatmosphäre ist auf der einen Seite die Art des Miteinander-Umgehens, eine respektvolle Beziehung auf Augenhöhe und eine Haltung gegenseitiger Wertschätzung. Auf der anderen Seite trägt zu einer Wohlfühlatmosphäre bei, wenn Sie persönliche Kontakte unter den Studierenden ermöglichen, beispielsweise durch Kennenlern-Methoden und die Förderung des Austauschs untereinander. Regen Sie zum offenen Diskurs an, stellen Sie Fragen, um die Studierenden aktiv einzubeziehen und lassen Sie auch Raum für Pausen und Auflockerungen. Der „+"-Rahmen mit dem Gestalten der Lernatmosphäre wirkt also über alle fünf Phasen des AVIVA-Schemas.

Infotafel: Emotionen in der Lehrveranstaltung

Wie entstehen Emotionen von Lernenden und welche Auswirkung haben sie auf die Lernatmosphäre?

Studierende durchleben in Lehrveranstaltungen mitunter vielfältige Emotionen, beispielsweise „Lernfreude", „Entspannung", „Ärger" oder „Langeweile". Jede Emotion ist durch zwei Merkmale gekennzeichnet: ihre „Valenz", also ob eine Emotion positiv oder negativ ist, und ihre „Aktivierung", also ob eine Emotion hoch oder niedrig aktiviert. Sämtliche Emotionen lassen sich anhand dieser beiden Dimensionen auf einem Vierfelderdiagramm lokalisieren. Die Emotion „Lernfreude" ist beispielsweise positiv-aktivierend, „Entspannung" positiv-deaktivierend, „Ärger" negativ-aktivierend und „Langeweile" negativ-deaktivierend.

Eine wissenschaftliche Theorie zur Erklärung des Entstehens von Emotionen ist die Kontroll-Wert-Theorie nach Reinhard Pekrun (2002). Die Theorie besagt, dass die Hauptursache einer Lernemotion, ihrer jeweiligen Valenz und ihrer Aktivierung die persönlich empfundene Kontrolle sowie der persönlich empfundene Wert eines Lerngegenstandes ist.

Die Kontrolle bestimmt die Emotionsrichtung. Empfinden Lernende in einer Situation eine hohe Kontrolle, so werden positive Gefühle geweckt. Fühlen sie

sich einer Situation praktisch ausgeliefert und haben keine Kontrolle über den weiteren Verlauf, so werden negative Gefühle aktiviert.
In Lehrveranstaltungen bedeutet dies, dass den Teilnehmern ein gewisses Maß an Mitbestimmung eingeräumt werden sollte. Lehrende können Ihre Studierenden beispielsweise fragen, bei welchen Themen sie Schwerpunkte setzen möchten oder wer persönliche Fallbeispiele einbringen kann.
Die zweite Einflusskomponente von Emotionen ist laut Kontroll-Wert-Theorie nach Pekrun der subjektiv empfundene Wert. Dieser beeinflusst die Intensität einer Emotion.
Erachten Studierende den Wert des Themas als persönlich sehr wichtig, so steigt die Aktivierung: Sie fühlen sich hellwach und sind aufmerksam. Empfinden sie das Seminarthema als unwichtig, so sinkt die Aktivierung, die Lernenden fangen an sich zu langweilen.
Sie als Lehrende können auf die Wertkomponente insofern einen Einfluss nehmen, indem Sie die Relevanz und den Nutzen Ihrer Inhalte immer wieder klar verdeutlichen, Beispiele formulieren und Lerntransfermöglichkeiten anbieten.
In einem Zustand positiv-aktivierender Emotionen können sich die Studierenden besser konzentrieren, sie wenden intensivere Lernstrategien an und der Erwerb neuen Wissens wird begünstigt. Die Kreativitätsforschung zeigt, dass in positiv-aktivierenden Zuständen kreativere Leistungen vollbracht werden.
Emotionen sind demnach für das Lernen ein wichtiger Einflussfaktor. Es lohnt sich also für Sie als Lehrende, eine positive Lernatmosphäre zu gestalten und die positiv-aktivierenden Emotionen der Teilnehmenden dadurch zu fördern.
(Pekrun, 2006)

Reflexion 3: Lernatmosphäre
Überlegen Sie sich drei konkrete Möglichkeiten, wie Sie zu Beginn Ihrer Lehrveranstaltung die Lernatmosphäre positiv beeinflussen können.

Die erste Phase jeder Sitzung ist die Phase **A – Ausrichten**. Hier sollen die Studierenden auf die Lehrveranstaltung eingestimmt werden. Stellen Sie sich vor, die Studierenden hetzen gerade aus einer anderen Veranstaltung her, haben den Bus verpasst oder haben im Flur noch einen befreundeten Kommilitonen getroffen. In der Phase „Ausrichten“ lenken wir den Fokus weg von den einzelnen subjektiven Aufmerksamkeiten hin zu unserem Thema. Dabei beachten wir drei Aspekte: Interesse wecken, Beziehung sichern und Orientierung geben.

Interesse an einem Thema zu haben ist der größte motivationale Antrieb zu lernen (vgl. Kapitel 9.2). Ohne Interesse lernt es sich nur sehr mühsam. Deswegen ist die Förderung des Interesses bei den Studierenden gut investierte Zeit. Überlegen Sie, wie Sie die Neugier der Studierenden wecken können und zeigen Sie den Nutzen der Inhalte auf. Wecken Sie Interesse für die Veranstaltung mit einem kurzen Beispiel, den Bezug zu aktuellen Nachrichten, einem lustigen thematisch passenden Abbildung oder einer Abstimmungsfrage an die Studierenden, die mit dem Thema zu tun hat. Ist das Interesse der Studierenden geweckt, hat das Thema ihre Aufmerksamkeit, was eine wichtige Basis für die darauffolgende Phase darstellt.

Reflexion 4: AVIVA-Ausrichten
Überlegen Sie sich zwei Möglichkeiten, wie Sie zu Beginn Ihrer ersten und zweiten Sitzung das Interesse der Studierenden wecken können.

Weiterhin sollte zu Beginn der Veranstaltung die *Beziehungsebene* aufgebaut werden. In der allerersten Veranstaltung ist eine gute Vorstellung wichtig: Wer sind Sie, welchen Hintergrund haben Sie und was hat Sie dazu bewegt, an der Hochschule zu lehren? In späteren Veranstaltungen kann die Frage gestellt werden, ob noch etwas von der vergangenen Sitzung unklar ist. Dies ist auf der einen Seite ein wertschätzendes, beziehungsförderliches Angebot, auf der anderen Seite können die Antworten wichtige Informationen darüber geben, welche Inhalte gut verstanden wurden und welche nicht.

Der dritte Aspekt eines gelungenen Einstiegs ist, *Orientierung* zu geben. In diesem Zuge können auch Regeln für die Zusammenarbeit aufgestellt werden. Formulieren Sie zu Beginn der Veranstaltung zwei bis vier Botschaften, wie Sie sich die gemeinsame Arbeit innerhalb Ihres Seminars vorstellen. Formulieren Sie hierzu den gewünschten Soll-Zustand mit positiven Formulierungen, anstatt Regeln in Form von Verboten vorzugeben:

„Bitte bringen Sie ihre Ideen und Fragen ein." anstatt „Bitte keine Nebengespräche führen." oder „Arbeiten Sie aktiv mit, damit Sie stark von dieser Vorlesung profitieren." anstatt „Verweigern Sie nicht die Mitarbeit."

Tipps & Tricks
Vereinbaren Sie Regeln, die stimmig mit Ihrem Verhalten sind und auch von Ihnen eingehalten werden können.
Ist beispielsweise der Austausch in Ihrem Seminar explizit gewünscht, so ist es wichtig, dass Sie für Austausch auch genügend Raum geben, anstatt selbst zu viel zu reden.

Eine weitere Möglichkeit ist, dass Sie gemeinsam mit Ihren Studierenden in der ersten Sitzung erarbeiten, wie die Veranstaltung ablaufen soll, damit alle Erwartungen erfüllt werden. Regeln, die mit der Gruppe erarbeitet werden, finden mitunter größere Akzeptanz als jene, die vorgegeben werden.

Natürlich sollten beim Ausrichten ebenfalls die Ziele und der Ablauf Ihrer Lehrveranstaltung vorgestellt werden. Des Weiteren sollten Sie auf das Prüfungsformat und die Prüfungsanforderungen eingehen (vgl. Kapitel 10.2). Orientierung ist eine wichtige Voraussetzung für die Aufmerksamkeit der Studierenden!

In der ersten Sitzung, in der die Orientierung für das gesamte Semester geschaffen werden soll, kann die Phase A – Ausrichten durchaus bis zu 45 Minuten in Anspruch nehmen. In den darauffolgenden Einzelsitzungen sollte die Phase ungefähr fünf Minuten dauern.

Sind die Studierenden erst einmal auf das Thema ausgerichtet, so sollte das **Vorwissen** der Studierenden **aktiviert** werden. Im besten Fall haben Sie in einer Teilnehmenden-Analyse das Vorwissen Ihrer Studierenden schon sondiert (vgl. Kapitel 2.2). Wieso ist das Aktivieren von Vorwissen so wichtig?

Infotafel: Neuronales Netzwerk

Im Gehirn befinden sich viele Nervenzellen, die Neuronen. Die einzelnen Neuronen sind vielfältig miteinander verbunden. Die Verbindungen werden Axone genannt. Der Kontaktpunkt zwischen Neuron und Axon ist die Synapse. Sehr vereinfacht ausgedrückt bedeutet Informationsverarbeitung im Gehirn, dass Neuronen aktiviert werden und elektrische Aktivität über Synapsen und Axone an andere Neuronen weitergeleitet wird. Eine Verbindung zwischen zwei Neuronen, die ständig aktiviert wird, repräsentiert stabiles Wissen. Eine Verbindung, die selten aktiviert wird, bedeutet instabiles Wissen. Die Verbindungen werden auch Gedächtnisspuren genannt. Es gibt demnach starke und schwache Gedächtnisspuren. Nimmt eine Gedächtnisspur immer weiter ab, wird sie also nie aktiviert, verblasst die Verbindung immer mehr und die Information wird irgendwann vergessen. Einfach beschrieben werden Gehirnfunktionen und die Aktivierung der Neuronen im Buch „Biologie des Geistesblitzes" von Henning Beck (2013).

Bitte versuchen Sie sich die Aussage der zwei folgenden Sätze zu merken:

„Einerseits ist die Ungenauigkeit Δx des Ortes dabei abhängig von der Wellenlänge des verwendeten Lichtes. Andererseits wirkt die Ablenkung des Lichtquants wie ein Stoß auf das Teilchen, wodurch der Impuls des Körpers eine Unbestimmtheit von Δp erfährt (Comptonstreuung)."

Wenn Sie sich in Physik gut auskennen und Heisenbergs Theorie der Unschärferelation kennen, haben Sie vielleicht kaum Schwierigkeiten damit. Gehören Sie zu dem Großteil der Bevölkerung, der in dieser Domäne nicht bewandert ist, kostet es Sie vermutlich viel Energie, sich den Sinn dieser zwei Sätze zu erschließen und sich einzuprägen.

Vorwissen zu aktivieren ist sehr wichtig beim Lernen neuer Inhalte, denn es ist fast unmöglich, etwas völlig Neues im Gedächtnis zu behalten. Alle neu erlernten Informationen müssen mit alten, bereits bestehenden kognitiven Strukturen verknüpft werden, da sie nur dann wieder abgerufen und letztendlich auch langfristig gespeichert werden können. Um die zwei Sätze zur Unschärferelation zu verstehen, müssen wir unser physikalisches Vorwissen aktivieren. Wenn wir nicht genügend Vorwissen dazu haben, können wir die neuen Informationen nirgendwo anknüpfen. Informationen, die nicht verknüpft werden, bedeuten eine sehr lose oder gar keine Verbindung zwischen den Nervenzellen im Gehirn, in denen Informationen gespeichert werden – sie können demnach nicht wieder abgerufen werden (vgl. Kapitel 3.1).

Im Kontext von Lehrveranstaltungen gibt es zweierlei Arten von Vorwissen, das aktiviert werden kann: Es kann Vorwissen zu einem Thema abgefragt werden, das neu behandelt werden soll, es kann aber auch Wissen wiederholt werden zu einem Thema, das bereits behandelt wurde. Die Wiederholung von Wissen ist die am häufigsten angewendete Strategie, um sich Inhalte zu merken und dem Vergessen entgegenzuwirken.

Die Phase V – Vorwissen aktivieren kann fünf bis zehn Minuten eines Seminars in Anspruch nehmen.

Der Hauptzweck einer Lehrveranstaltung ist die Vermittlung von Wissen. **„I – Informieren"** ist die Phase im +AVIVA+-Schema, in der die Lerninhalte, die von den Studierenden gelernt werden sollen, präsentiert werden.

Häufig wird die Phase des Informierens in Lehrveranstaltungen leider überstrapaziert: Informationen werden frontal 90 Minuten lang ohne Punkt und Komma den Studierenden serviert. Die Aufnahmekapazität unseres Arbeitsgedächtnisses ist jedoch begrenzt. Empirische Studien zeigen, dass die Aufmerksamkeit der Studierenden die ersten zehn Minuten der Lehrveranstaltung am höchsten ist und danach kontinuierlich sinkt. Deswegen wird empfohlen alle 15 bis 20 Minuten zumindest die Art der Darstellung zu wechseln, wenn nicht sogar eine Verarbeitungsphase einzubauen, in der sich die Studierenden aktiv mit dem Stoff auseinandersetzen. Daher empfehlen wir nach einer maximal 20-minütigen Informationsphase eine Verarbeitungsphase anzuschließen.

Infotafel: „Cognitive Overload"

Die Kapazität des Arbeitsgedächtnisses ist begrenzt. Die meisten von uns kennen das Gefühl, wenn wir zu viele Informationen auf einmal verarbeiten müssen und keinen Überblick mehr haben oder blockiert sind. So in etwa macht sich ein „cognitive overload" bemerkbar, ein überfülltes Arbeitsgedächtnis, in dem kein Platz mehr für Denkprozesse vorhanden ist. Eine Möglichkeit der

Entlastung des Arbeitsgedächtnisses ist das Aufschreiben von Informationen oder eine Pause einlegen. Eine weitere Möglichkeit ist die Automatisierung von Prozessen. In der Schule wird beispielsweise das Einmaleins so oft wiederholt, bis Multiplikationsaufgaben „wie aus der Pistole geschossen" gelöst werden können. Auf das Gedächtnis bezogen bedeutet das, dass das Multiplizieren so automatisiert worden ist, dass es nahezu keine Kapazität des Arbeitsgedächtnisses mehr besetzt. (Paas et al., 2004; Sweller et al., 2011)

Eine Alternative zur frontalen Wissensvermittlung durch die Lehrtätigen ist, das Wissen von den Studierenden selbst generieren zu lassen. Oft wird unterschätzt, wie viel die Studierenden bereits wissen. Durch einen Wissens-Austausch der Studierenden untereinander kann jeder mit seinem Vorwissen etwas beitragen und lernt von anderen Kommilitoninnen und Kommilitonen Aspekte, die vorher noch nicht gewusst wurden. Eine Einheit zur Generierung von Wissen bringt nicht nur Abwechslung in den Lernalltag, sie fördert auch die tiefere Verarbeitung der Inhalte und damit die Behaltensleistung, da sich die Studierenden aktiv mit dem Stoff auseinandersetzen müssen.

Infotafel: „Nicht-intentionales Lernen in Lernpausen"

Jüngste Untersuchungen zeigen, dass Studierende auch in Lernpausen unabsichtlich Wissen zu den Lerninhalten erwerben. In diesen Studien erinnern sich Studierende in ihrem Studienalltag immer wieder unwillkürlich an den Lernstoff und gewinnen sogar neue Einsichten zu Lerninhalten. Dieses sogenannte nicht-intentionale Lernen tritt allerdings nur dann auf, wenn sich die Studierenden vorab in Vorlesungen oder Seminaren intensiv mit den Lerninhalten beschäftigt haben. Lehrende können dieses unabsichtliche Lernen durch gute Querverweise zwischen den Lehrveranstaltungen fördern. (Antosch-Bardohn, 2018)

Geeignete Lehr-/Lernmethoden, mit denen Sie Wissen generieren lassen können, finden Sie im Kapitel 5. Falls es nicht möglich ist, das Wissen von den Studierenden generieren zu lassen, sollten spätestens alle 20 Minuten kurze Phasen zur Verarbeitung des neu erworbenen Wissens (**„V" – Verarbeiten**) in die Veranstaltung eingebaut werden.

Infotafel: Fragen generieren bedeutet lernen

Zahlreiche Untersuchungen belegen, dass es sehr hilfreich für den Erwerb neuen Wissens und das Behalten neuen Lernstoffs ist, wenn Lernende Fragen stellen. Das Erzeugen von Fragen verbessert die Verarbeitung von gelernten Inhalten in hohem Maße und fördert damit das Verständnis.

Ebenso ist das Stellen von Fragen, die der Lehrende formuliert, förderlich. Hierbei wird zwischen vorangestellten Fragen und nachgestellten Fragen unterschieden. Vorangestellte Fragen werden vor der Vermittlung des Lernstoffs gestellt, nachgestellte im Anschluss an die Informationseinheit. Der Vorteil von nachgestellten Fragen ist, dass die Lernenden in der Informationseinheit offen bleiben und nicht durch vorangestellte Fragen im Blickwinkel eingeschränkt werden. Vorangestellte Fragen orientieren und lenken die Aufmerksamkeit auf das Wesentliche. (Klauer, & Leutner, 2012, S. 72)

Einmal hören heißt noch lange nicht, dass man etwas weiß. Je tiefer das Verstehen sein soll, desto mehr Zeit sollte zum Verarbeiten eingeräumt werden. Denn je tiefer der Stoff verarbeitet wurde, desto leichter ist es am Ende für die Studierenden, sich den Stoff einzuprägen.

Im Kapitel 4.1 haben Sie gelesen, wie Sie Ihre Feinziele mithilfe der Wissenstaxonomie nach Bloom formulieren. Damit haben Sie bereits definiert, welche Art der Wissensverarbeitung gefordert ist: Sollten die Inhalte so verarbeitet werden, dass sie angewendet werden können, dass Analyse- oder Beurteilungsfähigkeiten entstehen oder dass neues Wissen erschaffen wird? Abhängig davon entscheidet sich, ob beispielsweise über eine Zusammenfassung Inhalte wiederholt werden, Aufgaben mit unterschiedlichen Schwierigkeitsgraden geübt werden oder Anwendungsbeispiele herangezogen werden, um Lerntransfer zu schaffen. Besonders tief verarbeitet wird Wissen, wenn sich die Studierenden in Diskussionen kritisch mit dem neu erworbenen Wissen auseinandersetzen. Auch das Formulieren von Fragen ist eine gute Form, Inhalte tiefer zu verarbeiten und sich den Stoff besser zu merken (siehe Infotafel). Konkrete Ideen, wie die Phase V – Verarbeiten methodisch umgesetzt werden kann, liefert der Methodenkasten im Kapitel 5.

Nach einer Phase des Verarbeitens kann mit der Vermittlung von neuen Inhalten (I – Informieren) fortgefahren werden. Wenn Sie in Ihrer Veranstaltung beispielsweise drei Inputeinheiten planen, würden Sie ein +AVIVIVIVA+-Schema vollziehen. Am Ende einer jeden Sitzung wird die letzte Verarbeitungsphase mit der Phase **A – Auswerten** abgeschlossen.

Am Schluss einer Sitzung sollten Sie ca. fünf bis zehn Minuten investieren, um die Veranstaltung abzurunden. Eine gelungene Abrundung ist eine Kombination vom Festigen der wichtigsten Inhalte, dem Aufzeigen von Perspektiven und dem Sichern der Beziehungsebene, worauf wir nun näher eingehen.

Auf der inhaltlichen Seite kann das behandelte Wissen noch einmal abgefragt werden (siehe Infotafel: Testing-Effekt), die Lernziele überprüft oder eine knackige, aussagekräftige Kernbotschaft als „Take-Home-Message“ präsentiert werden.

Infotafel: Testing-Effekt

Forscher fanden heraus, dass der Lerneffekt, der während eines Wissenstests passiert, größer und nachhaltiger ist, als wenn der Lerner in der gleichen Zeit den Lernstoff selbstgesteuert durcharbeitet. Dieser sogenannte Testing-Effekt hat sich in Wissenserwerbsprozessen als besonders effektives Lerninstrument herausgestellt. Die lernförderliche Wirkung eines Tests beruht auf zwei Hypothesen. Die erste besagt, dass die Lerner bei dem Bearbeiten von Tests eine höhere Anstrengungsbereitschaft zeigen. Dadurch werden mehr Organisations- und Elaborationsprozesse ausgeführt, als beim reinen Durcharbeiten des Lernstoffs. Die zweite Hypothese besagt, dass Lerner in Tests aktiv Wissen generieren müssen. Die aktive Auseinandersetzung mit dem Lernstoff führt zu einer tieferen Verarbeitung der Lerninhalte. (Einstein et al., 2012; Roediger & Butler, 2011, Phelps, 2012)

Geben Sie einen Ausblick, indem Sie besprechen, wie es in der nächsten Stunde weitergeht. Zudem kann der Lernprozess reflektiert werden, also besprochen werden, welche Inhalte die Studierenden gut verstanden haben und bei welchen Aufgaben es Probleme gab. Damit identifizieren die Studierenden Wissenslücken, die noch gefüllt werden müssen. Reflektieren dient dem Aufbau von Metakompetenzen: Wenn sich Studierende über ihr eigenes Lernen bewusst sind, können sie sich weitere Themengebiete schneller selbstbestimmt aneignen. Insofern kann es sehr lernförderlich sein, sich Zeit für diesen Punkt zu nehmen.

Übung 3: AVIVA-Auswerten

Formulieren Sie zu Ihrem Thema eine knackige „Take-Home-Message".

Sichern Sie die Beziehung zu den Studierenden (so wie am Anfang der Sitzung) indem Sie beispielsweise die Mitarbeit der Studierenden loben oder sich Feedback einholen. Auf diese Weise überprüfen Sie, ob Sie Wissen erfolgreich vermittelt haben und Interesse wecken konnten. Fragen Sie nach, welche Inhalte gut verstanden wurden und was verbessert werden könnte. Das gibt den Teilnehmenden das Gefühl, dass sie ernst genommen werden und außerdem erhalten Sie Anregungen zur Verbesserung Ihrer Veranstaltung.

Ideen, wie Inhalte zum Abschluss gefestigt werden können, der Lernprozess reflektiert werden kann und Sie Feedback erhalten, bietet das Kapitel 5 zu interaktiven Lehr-/Lernmethoden.

Getreu dem Motto „Der Anfang prägt, das Ende haftet." haben Sie es in der Hand, wie Ihre Veranstaltung in Erinnerung behalten wird!

Das +AVIVA+-Schema bietet ein leicht anwendbares Phasenmodell zur Konzeption der Sitzungen unter Berücksichtigung lernförderlicher Aspekte. Zur Erinnerung: Das „+" steht für das Gestalten einer positiven Lernatmosphäre und bildet den Rahmen um alle fünf Phasen. Das Akronym steht für A – Ausrichten, V – Vorwissen aktivieren, I – Informieren und A – Auswerten.

Übung 4: AVIVA-Schema
Erklären Sie ein einfaches Thema (z.B. „So brate ich ein Spiegelei") anhand des +AVIVA+-Schemas.

Wenn Sie Ihre Lerninhalte nach dem +AVIVA+-Schema geordnet haben, sind Sie bereit Ihren Ablaufplan zu erstellen.

4.3 Ablaufplan erstellen

In den hochschuldidaktischen Seminaren, die wir anbieten, sehen wir immer wieder die Situation, dass Lehrende viel Stoff für ihre Veranstaltung planen und dann mitten in der Sitzung merken, dass sie nicht fertig werden und relevante Inhalte weglassen müssen. Damit dies nicht passiert, hilft ein guter Überblick über sämtliche Inhalte, die im Laufe der Stunde behandelt werden sollen und die angedachte Zeit für jede Phase.

Mithilfe eines Ablaufplanes lassen sich die geplanten Themen pro Sitzung übersichtlich darstellen. Ihr Ablaufplan ist Ihr Feinkonzept und wird Sie wie ein roter Faden durch die Veranstaltung führen. Ablaufpläne sind Zeitpläne, die auf einen Blick ersichtlich machen, welcher Inhalt an welcher Stelle präsentiert wird, welche Fragen gestellt, welche Materialien benötigt werden und wie viel Zeit zur Verfügung steht. Nach dem Lesen von Kapitel 5 und 6 werden Sie noch hinzufügen, welche interaktiven Lehr-/Lernmethoden und welche Visualisierungstechniken Sie an welcher Position einsetzen werden.

Integrieren Sie in Ihren Ablaufplan folgende Informationen:

- Titel der Veranstaltung
- Uhrzeit: So müssen Sie im Seminar nicht nachrechnen, wieviel Zeit Sie noch übrig haben, sondern wissen immer, ob Sie sich im Zeitplan befinden
- Dauer der einzelnen Einheiten
- Phase nach dem +AVIVA+-Schema
- Überschrift der einzelnen thematischen Einheiten
- Lernziele (vgl. Kapitel 4.1)
- Inhaltliche Stichworte: Damit Sie mit einem Blick erfassen können, was unbedingt gesagt werden muss.
- Wichtige Fragen, die Sie stellen wollen

- Lehr-/Lernmethode bei Übungseinheiten
- Materialien und benötigte Medien
- Puffer: Planen Sie in Ihren Lehrveranstaltungen einen Zeitpuffer ein, da Sie nur ungefähr vorhersagen können, in welchem Umfang Ihnen die Studierenden Fragen stellen und wie viel Zeit die Studierenden bei interaktiven Einheiten benötigen. Es bietet sich an, immer eine kleine Einheit zu planen, die zur Not weggelassen werden kann. Damit bleiben Sie bei der Durchführung flexibel und müssen nicht am Ende womöglich aus Zeitgründen den Abschluss oder die Auflösung weglassen.

Ein Beispiel für einen Ablaufplan:

Tabelle 6: Ablaufplan

Seminar zu empirischen Forschungsmethoden					
Uhrzeit	*Dauer*	*Phase + Inhalt*	*Details*	*Ziele*	*Materialien*
12:15	5	A – Begrüßung	Begrüßung, Ablauf der heutigen Sitzung, Ziele	Einstimmen	
12:20	10	V – Wiederholung	Mit Fragen zur letzten Sitzung	Inhalte wiederholen	Fragezettel
12:30	15	I – Between-Design	Inputeinheit per Video mündlich ergänzen	Between-Design kennenlernen	Video, Laptop
12:45	40	V – Between-Design anwenden	Studierende anhand einer Forschungsfrage Design erstellen lassen	Between-Design erstellen	Forschungsfrage auf Tafel
13:25	5	**Pause/Puffer**			
13:30	5	I – Within-Design	Unterschiede zu Between-Desing im interaktiven Dialog erarbeiten	Unterschiede Between-Within-Design kennen	
13:35	15	V – Within-Design	Frage an Studis: „Welche Forschungsfragen erfordern die Erstellung eines Within-Designs?"	Within-Design festigen	Antworten auf Flipchart notieren
13:40	5	A – Abschluss	Zusammenfassung, Ausblick auf nächste Woche		
13:45	ENDE				

Die erforderlichen Angaben eines Ablaufplanes zwingen Sie zu einer genauen Vorbereitung. Außerdem behalten Sie mit einem Ablaufplan im Seminar den Überblick und können auf unerwartete Entwicklungen flexibel reagieren. Drucken Sie sich ihr fertig erstelltes Feinkonzept aus. Wenn Sie Ihren Ablaufplan auf eine DIN-A5-Karteikarte kleben, so haben Sie ihn wie eine Moderationskarte immer griffbereit zur Hand. Mit einem detailliert ausgearbeiteten Ablaufplan können Sie gut vorbereitet Ihre Lehrveranstaltung starten.

Tipps & Tricks
Dokumentieren Sie Ihre Echtzeit-Abläufe, damit Sie bei der nächsten Veranstaltung auf Ihre Erfahrungswerte zurückgreifen können.

Empfehlungen zum Weiterlesen

Brinker, Tobina; Stelzer-Rothe, Thomas (2008): *Kompetenzen in der Hochschullehre. Rüstzeug für gutes Lehren und Lernen an Hochschulen.* 2., aktualisierte. Aufl. Rinteln: Merkur-Verl. (Das Kompendium).

Reitzer, C. (2014): *Erfolgreich lehren: Ermutigen, motivieren, begeistern.* Berlin: Springer VS.

Städeli, Christoph; Grassi, Andreas; Rhiner, Katy; Obrist, Willy (2013): *Kompetenzorientiert unterrichten. Das AVIVA-Modell.* 2. Aufl. Bern: hep, der Bildungsverlag.

Checkliste für Kapitel 4

Füllen Sie die Checkliste aus. Mit jeder ausgefüllten Checkliste vervollständigt sich Ihr Konzept.

Definieren Sie Ihre Lernziele.
Was ist das Leitziel Ihrer Veranstaltung?

....

Welche Grobziele setzen Sie?

....

....

Formulieren Sie die Lernziele der ersten Sitzung und orientieren Sie sich dabei an den Wissensstufen:

Stufe nach Bloom	Welches Wissensniveau sollen die Studierenden bei welchen Inhalten erlangen?
Erschaffen	
Beurteilen	
Analysieren	
Anwenden	
Verstehen	
Kennen	

Führen Sie den SMART-Check durch: Sind die Ziele spezifisch, messbar, akzeptiert, realistisch und stehen in einem zeitlichen Rahmen?

Erstellen Sie Ihren Semesterplan.
An folgenden Tagen finden meine Sitzungen statt:

....

Welche groben Inhalte sollen im Laufe des Semesters durchgenommen werden?

. . . .

Räumen Sie in der ersten Sitzung Zeit für die Klärung von Organisatorischem, der Festlegung von Seminarregeln, dem Kennenlernen und Aufbauen einer guten Seminaratmosphäre ein.
Reservieren Sie in der letzten Sitzung im Semester Zeit für eine Zusammenfassung, Wiederholung, Fragerunde und Reflexion.
Verteilen Sie die Lerninhalte nun grob über die Sitzungen hinweg.

Seminar im Wintersemester				
Leitziel:				
1. Sitzung	**2. Sitzung**	**3. Sitzung**	**(...)**	**Letzte Sitzung**
Start mit Orientierung	...			
Inhalt				
Inhalt				Abschluss mit Zusammenfassung, Fragen, Reflexion

Nehmen Sie sich nun die erste Sitzung im Detail vor:
Strukturieren Sie alle Inhalte nach dem +AVIVA+-Schema.

+: Lernatmosphäre gestalten

So läuft das Kennenlernen ab: . . . .

Ich denke an Pausen oder Auflockerungen: . . . .

Weitere Ideen, eine förderliche Lernatmosphäre zu gestalten: . . . .

Folgende Regeln stelle ich auf: . . . .

So werde ich die Regeln einführen: . . . .

Betrachten Sie noch einmal Ihre Teilnehmenden-Analyse aus Kapitel 2.2. Hatten Sie Aspekte bezüglich der Stimmungslage Ihrer Studierenden notiert? Welche wollen Sie hier wieder aufgreifen? . . . .

A – Ausrichten

So wecke ich das Interesse für die Inhalte: ....

So sichere ich die Beziehungsebene:. ....

So gebe ich Orientierung:

....

V: Vorwissen aktivieren

Aus der Teilnehmenden-Analyse (Kapitel 2.2) erwarte ich folgendes Vorwissen:

....

Folgendes Vorwissen muss aktiviert werden: ....

Diese Inhalte möchte ich wiederholen (lassen): ....

I: Informieren

Am besten nicht mehr als 20 Minuten am Stück reine Inhaltsvermittlung! Inhalte, die vermittelt werden müssen: ....

....

....

....

V – Verarbeiten

Folgende Inhalte müssen tiefer verarbeitet, also besser gekonnt werden: ....

....

....

A – Auswerten

Inhaltlich abrunden per Kernbotschaft: ....

....

Perspektive geben: Wie geht es nächste Woche weiter? ....

....

Beziehung sichern, Feedback einholen:

....

....

Erstellen Sie sich nun Ihren Ablaufplan.

Sitzung ____________					
Uhrzeit	*Dauer*	*Phase + Inhalt*	*Details*	*Ziele*	*Materialien*
Pause					
ENDE					

Vergessen Sie nicht Zeitpuffer und Kürzungsmöglichkeiten einzuplanen!

5. Lehr-/Lernmethoden einsetzen

In diesem Kapitel erfahren Sie...

- ... wie Sie die Systematisierung des Münchner Methodenkastens für Ihre Veranstaltung nutzen können.
- ... welche interaktiven Lehr-/Lernmethoden es gibt und wie diese durchgeführt werden.
- ... wie Sie Studierende dazu bringen bei Gruppenarbeiten gut mitzuarbeiten.
- ... wie Sie einen Ablaufplan mit Lehr-/Lernmethoden erstellen, in dem alle notwendigen Aspekte stehen, die Sie bei der Durchführung Ihrer Veranstaltung berücksichtigen müssen.
- ... welche Leitfragen Sie sich stellen sollten, wenn Sie Online-Module einsetzen möchten.

In diesem Kapitel geht es um den Einsatz von interaktiven Lehr-/Lernmethoden. Wie schon im Kapitel 3 näher erläutert wurde, wird aus konstruktivistischer Perspektive neues Wissen nicht einfach vom Lernenden übernommen, sondern es wird auf individuelle Weise je nach persönlichen Erfahrungen und Vorwissen neu zusammengesetzt. Wissen wird also konstruiert. In der Lehre wird die Konstruktion von Wissen besonders gefördert, wenn es anhand von interaktiven Lehr-/Lernmethoden vermittelt wird. Interaktive Lehr-/Lernmethoden zielen nämlich darauf ab, die Lernenden, also die Studierenden, in den Prozess der Wissensvermittlung aktiv einzubeziehen, sozialen Austausch zwischen den Studierenden zu ermöglichen und das neue Wissen in eine Situation einzubetten.

Je aktiver die Lernenden während des Lernvorgangs mit dem Wissen arbeiten, desto besser prägt sich das Gelernte ein. Lehr-/Lernmethoden schaffen Situationen, in denen sich jeder Studierende aktiv mit dem Lerninhalt auseinandersetzen muss. Laut Erkenntnissen aus der Lehr-/Lernforschung fördert das Lernen in Gruppen dabei nicht nur den Wissens- und Kompetenzerwerb, es erhöht auch die Motivation der Studierenden, steigert das Durchhaltevermögen und verändert die Einstellung zum Thema positiv.

Menschen lernen leichter kooperativ, also in sozialem Austausch mit anderen, als isoliert. Interaktive Methoden fördern die Zusammenarbeit der Studierenden untereinander. Durch den sozialen Austausch müssen sich die Studierenden ständig geistig „bewegen“, d.h. Positionen aufbauen, verändern, verwerfen, Hypothesen bilden und formulieren. Dadurch wird das Gelernte schon im Lernprozess besser und flexibler vernetzt. Außerdem steigert der Austausch untereinander die Motivation der Studierenden.

Menschen lernen situiert, d.h., sie verknüpfen den Lernstoff mit einer bestimmten Situation. Dies kann durch ein gutes Beispiel oder praktische Anwendungsbereiche gefördert werden. Die inhaltliche Verknüpfung mit konkreten Situationen

Abbildung 7: Lernumgebung

hilft, den Lernstoff besser zu behalten. Des Weiteren wird auch die Situation der Lernumgebung mit dem Lerninhalt verknüpft. So merken sich die Studierenden beispielsweise, dass der Mathematikprofessor die Einführung der komplexen Zahlen per Overhead-Folie präsentiert hat. Möglicherweise wissen Sie auch noch, in welcher Situation Sie das Kapitel mit dem +AVIVA+-Schema gelesen haben. Der Einsatz von interaktiven Lehr-/Lernmethoden schafft sowohl eine inhaltliche Situierung als auch eine starke Situierung der Lernumgebung durch die intensive Beschäftigung mit dem Lernstoff.

Starke Gründe sprechen also für den Einsatz von interaktiven Lehr-/Lernmethoden. Dies soll jedoch nicht bedeuten, dass Methoden zum Selbstzweck werden sollen. Jede Methode muss ein konkretes Lernziel verfolgen (z.B. tiefere Verarbeitung eines bestimmten Lerninhaltes, orientiert an der Bloomtaxonomie). Pures Faktenwissen kann durchaus frontal vermittelt werden, da dies die effektivste Form der Wissenspräsentation ist. Wie bereits im Kapitel 4.2 „Die inhaltliche Planung" beschrieben, sollten Phasen des Informierens jedoch spätestens nach ca. 20 Minuten von Phasen des Verarbeitens abgelöst werden. Wie diese Abwechslung konkret aussehen kann, erfahren Sie in den nächsten Kapiteln.

Die folgenden Seiten liefern Ihnen eine strukturierte Übersicht, die Ihnen hilft, zu den Inhalten Ihrer Lehrveranstaltung passende interaktive Lehr-/Lernmethoden auszuwählen und ergebnisreiche Gruppenarbeiten durchzuführen.

5.1 Münchner Methodenkasten nutzen

Als etablierter Trainingsanbieter führen wir unter dem Namen „Sprachraum" seit 2006 an Universitäten hochschuldidaktische Kurse durch und unterrichten Hochschuldozierende im Einsatz von interaktiven Lehr-/Lernmethoden. Schnell ist uns aufgefallen, dass es bei der Vielzahl an interaktiven Lehr-/Lernmethoden für die Dozierenden nicht immer leicht zu erkennen ist, welche Methoden zielführend sind. Daher haben wir einen zweidimensionalen Baukasten erstellt, in dem interaktive Lehr-/Lernmethoden übersichtlich eingeordnet werden können: den „Münchner Methodenkasten". Die Anwendung des Münchner Methodenkastens ist einfach und intuitiv. Er führt den Benutzer anhand von zwei Dimensionen zur gewünschten Lehr-/Lernmethode:

Die vertikale Dimension stellt die Phasen des +AVIVA+-Schemas dar. Die horizontale Dimension beschreibt die Sozialformen. Als Sozialform wird die Art der

Zusammenarbeit von Lehrenden mit den Studierenden in Lehrveranstaltungen bezeichnet. Es werden die folgenden fünf Sozialformen unterschieden:

- Einzelarbeit: Die Studierenden beschäftigen sich allein mit einem bestimmten Inhalt.
- Partner-/Gruppenarbeit: Die Studierenden arbeiten paarweise oder in kleinen Gruppen an einer gestellten Aufgabe.
- Plenum interaktiv: Die/der Lehrende führt einen interaktiven Dialog mit den Studierenden im Plenum.
- Plenum frontal: Die/der Lehrende hält einen Frontalvortrag vor den Studierenden.

Sorgen Sie bei Ihrer Methodenauswahl für Abwechslung in den Sozialformen. So ist es beispielsweise nach einiger Zeit langweilig für die Studierenden, wenn ständig Methoden in Einzelarbeit eingesetzt werden. Durch eine immer wieder unterschiedlich zusammengestellte Gruppe, wird die Lernatmosphäre gefördert, die Aufmerksamkeit bleibt länger erhalten und die Durchmischung selbst heterogener Gruppen wird gewährleistet.

In der Konzeptionsphase können Sie zunächst überlegen, in welcher Phase des +AVIVA+-Schemas eine Lehr-/Lernmethode eingesetzt werden soll. Orientieren Sie sich an Ihren Lernzielen, die Sie in Kapitel 4.1 formuliert haben. Möchten Sie Inhalte wiederholen, suchen Sie sich eine Methode aus der Phase „Vorwissen aktivieren" aus. Möchten Sie, dass neue Inhalte angewendet werden, so greifen Sie in den Baukasten zur Phase „Verarbeiten".

In der folgenden Tabelle sind zur Erinnerung die Phasen des +AVIVA+-Schemas dargestellt mit den jeweils typischen Zielen:

Tabelle 7: AVIVA-Phasen

Phase	Dazugehörige Ziele
+	• Kennenlernen und Gruppengefühl stärken • Auflockerung
A	• Auf das Thema einstimmen/sensibilisieren • Über Lernziele und Ablauf informieren
V	• Vorwissen erfragen • Inhalte wiederholen
I	• Inhalte präsentieren • Wissen generieren
V	• Wissen anwenden • Wissen analysieren • Wissen beurteilen • Wissen erschaffen

A	• Wissen abfragen • Lernprozess reflektieren • Feedback einholen

Als zweiten Schritt entscheiden Sie sich für eine Sozialform. Sind die zwei Entscheidungen getroffen (Phase und Sozialform), finden Sie im Münchner Methodenkasten geeignete Lehr-/Lernmethoden, die Sie dann mit den Inhalten Ihrer Veranstaltung füllen können.

Tipps & Tricks
Als aufmerksamer Leser haben Sie bestimmt gesehen, dass die vier Ziele der Phase „Verarbeiten" die vier komplexeren Verstehenstiefen der Bloom-Taxonomie repräsentieren (Kap.4.1). Wenn Sie also Lernziele gemäß der Bloom-Taxonomie formuliert haben, dürfte es Ihnen leicht fallen, passende interaktive Lehr-/Lernmethoden zu finden.

Der Münchner Methodenkasten bietet zudem freie Felder an. Wenn Sie neue Methoden kennenlernen, können Sie diese im Methodenkasten ergänzen, so dass sich jeder Anwender mit der Zeit einen individuellen Lehr-/Lernmethodenkasten zusammenstellen kann.

Die im Münchner Methodenkasten nummerierten Methoden werden im Kapitel 5.2 näher erläutert. Es werden zudem Hinweise gegeben, wie die einzelnen Methoden in Großgruppen umzusetzen sind.

Tabelle 8: Münchner-Methodenkasten

PHASEN		**SOZIALFORMEN**			
+AVIVA+	**Ziele**	**Einzelarbeit**	**Partner-/ Gruppenarbeit**	**Plenum interaktiv**	**Plenum frontal**
+ (Lern-) Atmosphäre gestalten	**Kennenlernen, Gruppengefühl stärken**	Eine wahre, eine gelogene Aussage über sich vorstellen. Die anderen raten, was gelogen war.	Interview zwischen zwei Personen. Danach stellt eine Person die andere vor.	Blitzlicht (02)	
				Bodenaufstellung (03)	
				Netzwerkübung (12)	
	Auflockerung	Thematisch passendes Kreuzworträtsel (siehe Zusatzmaterialien)		„Deutschland sucht den Superexperten" (04)	

<table>
<tr><th colspan="2">PHASEN</th><th colspan="4">SOZIALFORMEN</th></tr>
<tr><th>+AVIVA+</th><th>Ziele</th><th>Einzelarbeit</th><th>Partner-/ Gruppenarbeit</th><th>Plenum interaktiv</th><th>Plenum frontal</th></tr>
<tr><td rowspan="3">A Ausrichten</td><td>Auf Thema einstimmen/ sensibilisieren</td><td>Vorab Texte zum Lesen geben</td><td>Murmelgruppe (11): Erfahrungen zu dem Thema?</td><td></td><td>Fall vorstellen, Beispiel nennen</td></tr>
<tr><td rowspan="2">Ziele/ Ablauf und Regeln klären</td><td rowspan="2"></td><td rowspan="2"></td><td>Blitzlicht als Erwartungsabfrage (02)</td><td rowspan="2">Ziele, Ablauf und Regeln vorstellen</td></tr>
<tr><td>Regeln über einen interaktiven Dialog (08) aufstellen</td></tr>
<tr><td rowspan="7">V Vorwissen aktivieren</td><td rowspan="4">Vorwissen erfragen</td><td rowspan="2">Fragebogen ausfüllen lassen</td><td rowspan="2">Murmelgruppe (11)</td><td>Kartenabfrage (10)</td><td></td></tr>
<tr><td>Zurufliste (21)</td><td rowspan="3"></td></tr>
<tr><td rowspan="2"></td><td rowspan="2"></td><td>Interaktive MindMap (07)</td></tr>
<tr><td>Blitzlicht (02)</td></tr>
<tr><td rowspan="3">Inhalte wiederholen</td><td rowspan="2">„Denkpause“: Jeder hat fünf Minuten Zeit, sich die Unterlagen d. letzten Stunde durchzusehen</td><td rowspan="2">Studierendengruppe stellt Inhalte der letzten Stunde vor</td><td>Wissenswettbewerb in zwei Teams</td><td rowspan="3"></td></tr>
<tr><td>Interaktive Fragerunde durch Lehrenden geleitet (07)</td></tr>
<tr><td>Wiederholungsfragen im Stillen beantworten lassen. Anschl. besprechen</td><td>Interview zwischen zwei Personen über den Inhalt d. letzten Stunde</td><td>Glückstopf (06)</td></tr>
</table>

<table>
<tr><th colspan="2">PHASEN</th><th colspan="4">SOZIALFORMEN</th></tr>
<tr><th>+AVIVA+</th><th>Ziele</th><th>Einzelarbeit</th><th>Partner-/ Gruppenarbeit</th><th>Plenum interaktiv</th><th>Plenum frontal</th></tr>
<tr><td rowspan="6">I
Informieren/ Konstruieren</td><td rowspan="4">Inhalte präsentieren</td><td rowspan="2">Text zum Lesen austeilen</td><td rowspan="2">Text austeilen, Partner erklären sich Inhalte gegenseitig</td><td>Interaktiver Dialog (08)</td><td>Vortrag</td></tr>
<tr><td>Sandwich-Methode (15)</td><td rowspan="3">Inhalte an passendem Anschauungsobjekt erklären</td></tr>
<tr><td rowspan="2">Halbfertige Arbeitsblätter austeilen</td><td>Zirkeltraining (20)</td><td>Vernissage (19)</td></tr>
<tr><td>Kurzpräsentation im Team vorbereiten lassen</td><td></td></tr>
<tr><td rowspan="2">Wissen generieren</td><td>Rechercheauftrag bearbeiten lassen</td><td>Snowballing (16)</td><td>Modell miteinander entwickeln</td><td rowspan="2"></td></tr>
<tr><td></td><td>Think-Pair-Share (17)</td><td>Vernissage (19)</td></tr>
<tr><td rowspan="8">V
Verarbeiten</td><td rowspan="2">Wissen anwenden</td><td rowspan="2">Übungsaufgaben bearbeiten lassen</td><td>Übungsmaschine (18)</td><td>Transferfragen stellen</td><td rowspan="2">Präsentation von Anwendungsfällen</td></tr>
<tr><td>Lerntempo-Duett(10)</td><td></td></tr>
<tr><td rowspan="2">Wissen analysieren</td><td>Lerntempo-Duett (10)</td><td>Zirkeltraining (20)</td><td rowspan="2">Interaktive MindMap (07) erstellen lassen</td><td rowspan="2"></td></tr>
<tr><td></td><td>Snowballing (16)</td></tr>
<tr><td rowspan="2">Wissen beurteilen</td><td>One-Minute-Paper (13)</td><td>Klausurfragen formulieren</td><td>+/- Fragen (01)</td><td></td></tr>
<tr><td>Spickzettel schreiben</td><td></td><td>Diskussion (05)</td><td rowspan="3"></td></tr>
<tr><td rowspan="2">Wissen erschaffen</td><td rowspan="2"></td><td>Snowballing (16)</td><td rowspan="2">Kartenabfrage (09)</td></tr>
<tr><td>Think-Pair-Share (17)</td></tr>
</table>

PHASEN		SOZIALFORMEN			
+AVIVA+	**Ziele**	**Einzelarbeit**	**Partner-/ Gruppenarbeit**	**Plenum interaktiv**	**Plenum frontal**
A Auswerten	**Wissen abfragen**	Probetest	Übungsmaschine (18)	Glückstopf (06)	
			Gruppe fasst vergangene Stunde kurz zusammen	Studierende stellen sich gegenseitig (Prüfungs-) Fragen.	
	Lernprozess reflektieren	Lerntagebuch führen	Lerngruppen bilden	Blitzlicht (02)	Lehrende präsentiert seine Perspektive
	Feedback einholen	One-Minute-Paper (13)		Punktabfrage (14)	
	Abschließen				Dank, Abschied

5.2 Lehr-/Lernmethoden anwenden

Mit dem Münchner Methodenkasten wird Ihnen als Lehrende ein intuitiver Zugriff auf Lehr-/Lernmethoden je nach Phase und gewünschter Sozialform ermöglicht. Im folgenden Kapitel werden die Lehr-/Lernmethoden konkret beschrieben. Sicherlich haben Sie im Methodenkasten die eine oder andere Methode entdeckt, die Sie noch nicht kannten. Auf den nächsten Seiten finden Sie alphabetisch aufgeführt die Erklärung zu 21 interaktiven Lehr-/Lernmethoden. Neben dem Ablauf werden positive Effekte erläutert, die die Methode mit sich bringt. Außerdem ist ein kurzes Beispiel angeführt, wie die Methode eingesetzt werden kann. Weiterhin werden Materialanforderungen, die jeweilige Anwendbarkeit auf große Gruppen und der Zeitbedarf ausgeführt.

Tipps & Tricks
Lehr-/Lernmethoden für unterwegs: die App MobiDics bietet ein großes Repertoire an Methoden mit detaillierter Beschreibung, Anwendungshinweisen und fachspezifischen Tipps. Durch Suchkriterien wie z.B. +AVIVA+-Phase, Sozialform, Gruppengröße, verfügbare Zeit etc., können Lehrende schnell und einfach eine Methode für ihre Lehrveranstaltung herausfiltern. Hochschuldozierende können sich kostenlos für die App registrieren lassen. Weitere Informationen finden Sie unter www.mobidics.org.

01) +/- Fragen

Abbildung 8: +/- Fragen

Ablauf: Jeder Studierende denkt sich zwei Fragen aus: eine, die sie bzw. er beantworten kann (Plus-Frage) und eine zweite Frage, die sie oder er nicht beantworten kann (Minus-Frage).
Ein Studierender fängt an seine Minus-Frage vorzustellen. Ein Studierender, der diese als Plus-Frage hat, beantwortet die Frage und fährt mit seiner Minus-Frage fort.
Effekte: Wissenslücken werden identifiziert. Etwas nicht zu wissen, ist erlaubt. Die Schwelle Fragen zu stellen, wird heruntergesetzt.
Beispielfrage: „Formulieren Sie bitte zu dem Thema SWOT-Analyse eine Frage, die Sie beantworten können sowie eine weitere Frage, die Sie nicht beantworten können."
Material: Die Studierenden benötigen nur ein Blatt Papier und einen Stift.
Großgruppe: Für die Anwendung in Großgruppen geeignet.
Zeitaufwand: In kleinen Gruppen kann man die Methode so lange durchführen, bis jeder seine Minus-Frage angebracht hat. In großen Gruppen sollte die Methode nicht länger als 15 Minuten andauern. Übrige Minus-Fragen können eingesammelt werden und in der nächsten Sitzung als Einstieg verwendet werden.

02) Blitzlicht

Ablauf: Alle Studierenden geben zu einer Fragestellung ein kurzes Statement ab, das nicht bewertet wird. So erhalten alle gleichberechtigt die Gelegenheit, ihren Beitrag zu kommunizieren und ein schnelles Gruppenmeinungsbild wird eingeholt. Als Fragestellung ist im Prinzip alles möglich, was in wenigen Sätzen zu

beantworten ist: Vom persönlichen Erfahrungshintergrund, über das Generieren von Ideen bis hin zum Feedback zur Sitzung.
Effekte: Die Meinung der Studierenden ist gefragt, das kommt gut an!
Beispielfrage: „Welche Erwartungen haben Sie an die heutige Sitzung?"
Material: Kein Material erforderlich.
Großgruppe: Für die Anwendung in Großgruppen geeignet. Es wird lediglich eine beliebige Hörsaalreihe ausgewählt, in der das Blitzlicht durchgeführt wird.
Zeitaufwand: Bei einer Gruppe bis 15 Personen wenige Minuten. Bei größeren Gruppen kann man das Blitzlicht z.B. nur bei einer Tischreihe durchführen.

03) Bodenaufstellung

Abbildung 9: Bodenaufstellung

Ablauf: Es wird eine Frage gestellt. Daraufhin werden die Studierenden gebeten, sich im Raum mittels einer imaginären Linie (z.B. von der Tür bis zum Fenster) so zu positionieren, dass ein Ende 0% (ich stimme gar nicht zu – ich habe gar keine Erfahrung o.Ä.), das andere Ende 100% (ich stimme absolut zu – ich bin Experte o.Ä.) repräsentiert. Danach werden einige Studierende exemplarisch befragt, warum sie sich an ihrer Position aufgestellt haben.
Effekte: Meinungsbilder werden sichtbar und direkt wahrnehmbar. Die Studierenden werden motiviert, ihre Meinung zu vertreten bzw. Stellung zu nehmen. Außerdem kommen sie auch mit Kommilitoninnen und Kommilitonen in Kontakt, mit denen sie eventuell nicht so viel zu tun haben. Besonders anschaulich ist es, wenn eine zweite passende Frage gestellt wird, eine neue Haltung eingenommen werden soll und der Unterschied in den Positionen gesehen wird.
Beispielfrage: „Wie hoch schätzen Sie Ihr Vorwissen zu dem Thema ‚Interkulturelle Kommunikation' ein?"
Material: Hilfreich sind zwei Schilder mit 0% und 100%, die am Ende der gedachten Linie aufgehangen werden.
Großgruppe: Für die Anwendung von bis zu ca. 50 Personen je nach Platz im Raum geeignet.
Zeitaufwand: Fünf Minuten, bei mehreren Fragen und mit exemplarischen Einzelstatements zehn bis 15 Minuten.

04) Deutschland sucht den Superexperten

Ablauf: Alle Lernenden sollen aufstehen. Die/der Lehrende stellt geschlossene Fragen, die mit „ja“ oder „nein“ bzw. „richtig“ oder „falsch“ zu beantworten sind. Wenn eine Frage laut Lernenden mit „Ja“ beantwortet werden soll, dann sollen sie die Arme nach oben heben, wenn die Antwort „Nein“ lautet, so sollen sie die Arme vor dem Körper kreuzen.
Alle Lernenden, die die Frage korrekt beantwortet haben, dürfen stehenbleiben. Alle, die nicht korrekt geantwortet haben, müssen sich hinsetzen. Es werden so viele Fragen gestellt bis nur noch ein Lernender stehenbleibt, der Superexperte.
Effekte: Die Methode motiviert und lockert auf. „Nicht“-Wissen wird nicht bestraft, Wissen wird belohnt. Die Methode ist besonders effektvoll bei sehr großen Gruppen.
Beispielfrage: „Die Binomische Formel lautet $a^2=b^2+c^2$. Richtig oder falsch?“
Großgruppe: Für die Anwendung in Großgruppen geeignet. Je größer die Gruppe, desto wirkungsvoller der Effekt!
Material: 10 bis 15 vorbereitete geschlossene Fragen (siehe Kapitel 8.1) unterschiedlichen Schwierigkeitsgrades, die eindeutig mit „ja“ oder „nein“ zu beantworten sind.
Zeitaufwand: Fünf Minuten.

Abbildung 10: Superexperte

05) Diskussionen und Varianten

Abbildung 11: Fishbowl-Diskussion

Ablauf: Die Grundform der Diskussion läuft so ab, dass sich Studierende über eine bestimmte Fragestellung austauschen. Konkrete Hinweise, die bei der Vorbereitung und Leitung von Diskussionen beachtet werden müssen, finden Sie im Kapitel 8.2 Protokollieren Sie die Diskussionsergebnisse mit.
Beliebt sind folgende Diskussionsvarianten:

- Fish-Bowl
  Fish-Bowl ist eine strukturierte Diskussion. Eine kleine Gruppe aus fünf bis sieben Personen diskutiert im Innenkreis sitzend. Die übrigen Studierenden hören im Außenkreis stehend zu. Ein Stuhl im Innenkreis bleibt frei. Jeder Studierende im Außenkreis, der mitdiskutieren möchte, darf sich setzen. Dafür muss derjenige links von dem „frisch besetzten" Stuhl aus dem Innenkreis in den Außenkreis. Vorteile der Fish-Bowl-Variante: Jeder darf selbst entscheiden, wann er sich als Diskutant an der Diskussion beteiligen möchte. Außerdem werden Vielredner automatisch „herausgeworfen". Durch die ständig wechselnden Diskutanten wechseln auch die Themenaspekte schneller.
- Podiumsdiskussion
  Die Studierenden überlegen sich zunächst zu einer Fragestellung Argumente. Stellvertretend diskutieren vier bis sechs Studierende die unterschiedlichen Argumente. Die anderen Studierenden bleiben Zuhörer.
- Sechs-Hüte-Diskussion
  Bei dieser Diskussionsvariante nehmen die Studierenden unterschiedliche Perspektiven ein. Die klassischen Perspektiven, also „Hüte", sind nach dem Erfinder Edward de Bono folgende sechs Positionen:
  - Weiß: objektive Sichtweise
  - Rot: emotionale Sichtweise
  - Schwarz: negative Sichtweise
  - Gelb: positive Sichtweise
  - Grün: kreative Sichtweise
  - Blau: schlussfolgernde Sichtweise

Die Studierenden argumentieren unter einer bestimmten Perspektive. Nach einiger Zeit wird die Perspektive gewechselt, so dass die Studierenden unterschiedliche Sichtweisen einnehmen können. Die/der Lehrende kann sich auch eigene Perspektiven einfallen lassen. Beispiel aus den Religionswissenschaften: Die Stu-

Abbildung 12: Sechs Hüte

dierenden diskutieren aus Sicht der unterschiedlichen Religionen über das Leben nach dem Tod. Hut 1 = Judentum, Hut 2 = Buddhismus, Hut 3 = Christentum etc.
Effekte: Diskussionen eigenen sich am besten, um neue Wissensinhalte kritisch zu überprüfen und zu hinterfragen.
Beispiel: „Welche Auswirkungen können Vorurteile und Stereotypen auf die interkulturelle Kommunikation haben?"
Material: Flipchart, Tafel oder Whiteboard zum Dokumentieren der Ergebnisse.
Großgruppe: Für die Anwendung in Großgruppen geeignet. Der Hörsaal wird in vier Quadranten unterteilt und die Studierenden argumentieren je nach Quadrant unter unterschiedlichen Perspektiven.
Zeitaufwand: 15 bis 30 Minuten.

06) Glückstopf

Abbildung 13: Glückstopf

Ablauf: In einem Topf/Säckchen/Umschlag o.Ä. befinden sich Zettel mit Fragen bzw. Begriffen. Einige Zettel enthalten keine Fragen, sondern sind mit dem Begriff „Glückslos" beschriftet. Die Lernenden ziehen einen Zettel und beantworten die Frage bzw. erklären den Begriff. Zieht man ein „Glücklos", muss man keine Frage beantworten.
Effekte: Die Methode schafft eine lockere Atmosphäre. Die Inhalte werden spielerisch wiederholt.
Beispielfrage: „Was ist der Unterschied zwischen intrinsischer und extrinsischer Motivation?"
Material: Ca. sieben vorbereitete, schnell zu beantwortende Fragen und ca. drei Glückslose und ein Topf/Säckchen/Umschlag/Box.
Großgruppe: Für die Anwendung in Großgruppen geeignet. Die sieben Fragen werden allerdings zufällig im Raum verteilt. Nach ca. zehn Fragen mit kurzen Antworten endet die Wiederholungsrunde.
Zeitaufwand: Fünf bis zehn Minuten.

07) Interaktive Mind-Map

Ablauf: Ziel der interaktiven Mind-Map ist es, zu einem Thema die Ideen, Meinungen oder Vorerfahrungen der Studierenden zu sammeln. Die/der Lehrende schreibt einen Begriff in die Mitte der Tafel, die Studierenden nennen per Zuruf dazugehörige Wörter, die mind-map-artig hinzugefügt werden. So wird auf ein Thema eingestimmt, Vorwissen abgefragt, an Vorwissen angeknüpft und gleichzeitig assoziatives Denken geübt.

Gegen Ende der Übung kann die/der Lehrende die Mind-Map mit fehlenden Inhalten anreichern.

Eine interessante Variante ist es, eine Mind-Map zu Beginn der Lehrveranstaltung und am Ende der Lehrveranstaltung zu konstruieren und beide Mind-Maps miteinander zu vergleichen. So ist der Wissenszuwachs visuell sichtbar.

Effekte: Die/der Lehrende kann bestens an das Vorwissen der Studierenden anknüpfen.

Beispielfrage: „Was fällt Ihnen alles zu ‚Methoden der Biochemie' ein?"

Material: Whiteboard oder Tafel.

Großgruppe: Für die Anwendung in Großgruppen geeignet.

Zeitaufwand: Zehn Minuten.

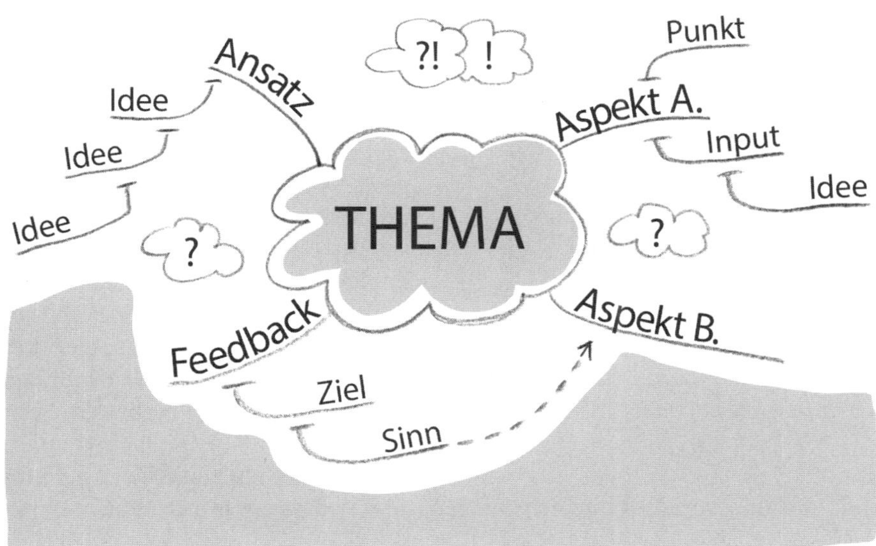

Abbildung 14: Interaktive MindMap

08) Interaktiver Dialog

Ablauf: „Interaktiver Dialog" bedeutet, dass Inhalte von den Lehrenden nicht einfach frontal und monologisch vermittelt, sondern im Gespräch mit den Studierenden erarbeitet werden.
Effekte: Die Studierenden werden aktiv an der Erarbeitung der neuen Inhalte beteiligt und können die neuen Informationen auf diese Weise leichter verknüpfen und besser behalten. Zudem bleibt die Aufmerksamkeit länger erhalten.
Beispiel: „Heute geht es um die Standardabweichung. Was fällt Ihnen für ein Beispiel ein, in welchen Fällen die Standardabweichung besonders wichtig ist? (...) Richtig. Das Prüfen der Mittelwerte liefert uns nämlich manchmal nicht ausreichend Informationen. Was glauben Sie, könnte der Unterschied zur Varianz sein? (...)"
Material: Kein Material erforderlich.
Großgruppe: Für die Anwendung in Großgruppen geeignet.
Zeitaufwand: Je nach Umfang des Inhalts kann man bis zu 20 Minuten einen interaktiven Dialog mit den Studierenden führen.

09) Kartenabfrage

Abbildung 15: Kartenabfrage

Ablauf: Die Tafel wird mit einem Thema oder einer Fragestellung versehen. Die Lernenden erhalten einen kleinen Stapel Kärtchen. Dann überlegen sie sich möglichst viele Ideen zu der Fragestellung und notieren einen Aspekt pro Karte. Danach werden die Karten an die Tafel geheftet. Anschließend erfolgt eine Aussprache unklarer Formulierungen. Die Karten können dann im Gruppenprozess sortiert werden und eventuell per Punktabfrage (Lehr-/Lernmethode 14) bewertet werden.
Effekte: Es gehen keine Ideen verloren und aufgrund von Mehrfachnennungen wird sichtbar, was besonders wichtig erscheint.
Beispiel: „Notieren Sie bitte alle Aspekte, die für das Wissenschaftliche Arbeiten wichtig sind."
Material: Kärtchen, Pinnwand mit Nadeln, Whiteboard mit Magneten oder Tafel mit Klebestreifen.
Großgruppe: Für die Anwendung in Gruppen bis ca. 40 Personen geeignet.

Zeitaufwand: Ca. zehn Minuten für die Kartenabfrage. Das Sortieren der Karten kann sehr zeitaufwendig werden.

10) Lerntempo-Duett

Ablauf: Die Studierenden erhalten Arbeitsblätter mit Übungsaufgaben, die sie in ihrem eigenen Tempo bearbeiten. Sobald die Studierenden die erste Übungsaufgabe gelöst haben, stehen sie auf und warten, bis ein weiterer Studierender fertig ist und aufsteht. Beide bilden dann ein Lerntempo-Duett und besprechen gemeinsam ihre Lösung. Anschließend bearbeiten sie in Einzelarbeit die nächste Aufgabe.
Effekte: Die Studierenden können ihr eigenes Lerntempo beibehalten und stehen nicht unter Zeitdruck bzw. es entstehen keine Leerlaufzeiten. Bei heterogenen Gruppen kommen Studierende mit dem gleichen Wissensniveau in ein Team.
Beispiel: Mathematikaufgaben.
Material: Vorbereitete Arbeitsblätter.
Großgruppe: Für die Anwendung mit bis zu ca. 40 Studierenden geeignet.
Zeitaufwand: Je nach Umfang der Übungsaufgaben.

Tipps & Tricks
Das Sortieren von Karten kann sehr zeitaufwendig werden, wenn Studierende sich selbst Oberbegriffe überlegen müssen. Sie können den Prozess beschleunigen, indem Sie Kategorien vorgeben und die Studierenden die Karten diesen Kategorien zuordnen lassen.

11) Murmelgruppe

Ablauf: Die/der Lehrende stellt eine Frage an die Studierenden. Diese Frage wird in Zweiergruppen mit der direkten Nachbarin oder dem direkten Nachbarn kurz diskutiert. Danach werden Antworten im Plenum besprochen. Wenn die Gruppe sehr groß ist und die Zeit knapp, genügt es, wenn drei bis vier Paare ihre Ergebnisse dem Plenum mitteilen. Bei kleineren Gruppen (bis zu zwölf Studierende) sollten alle Murmelpaare gehört werden.
Effekte: Durch die Aufforderung zum Zweier-Austausch werden die Studierenden aktiviert, sie werden offener und kommunikationsbereiter. Die Bereitschaft, vor dem versammelten Plenum eine Frage zu beantworten oder sich an einer Diskussion zu beteiligen, steigt.
Beispiel: „Welche grundsätzlichen Unterschiede finden Sie, wenn Sie die Argumentationslinien von Locke und Hobbes vergleichen? Tauschen Sie sich dazu bitte kurz mit Ihrem Sitznachbarn aus."
Material: Kein Material erforderlich.

Großgruppe: Für die Anwendung in Großgruppen geeignet.
Zeitaufwand: Das „Murmeln“ kann etwa eine Minute dauern, das Besprechen der Antworten je nach Komplexität der Fragestellung drei bis zehn Minuten.

12) Netzwerkübung

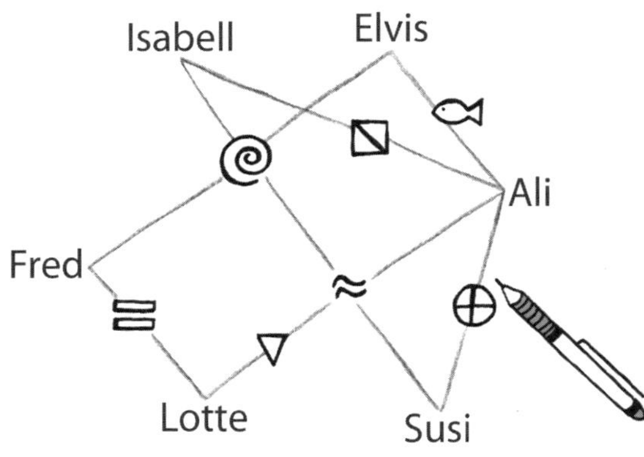

Abbildung 16: Netzwerkübung

Ablauf: Die Netzwerkübung ist eine Kennenlern-Übung. Auf einer Tafel notiert jeder Studierende seinen Namen. Dann folgt die Aufgabe, dass jeder Teilnehmende mit jedem anderen sprechen muss und möglichst schnell eine Gemeinsamkeit finden soll. Diese Gemeinsamkeit wird an der Tafel in Form einer Verbindung zwischen beiden Namen und eines aussagekräftigen Symbols visualisiert. Ergebnis ist ein kunterbuntes wirres Netzwerk und jeder Studierende kann eine Verbindung zu jedem Kommilitonen aufweisen. Im Anschluss an die Netzwerkrunde können Sie eine Vorstellungsrunde durchführen, in der jeder Studierende eine besondere Verbindung zu einem Kommilitonen nennt.
Effekte: Die Studierenden lernen sich untereinander in kürzester Zeit kennen. Außerdem trägt die Übung zu einer guten Seminaratmosphäre bei.
Material: Tafel mit Stiften.
Großgruppe: Für die Anwendung mit bis zu ca. 30 Personen geeignet.
Zeitaufwand: Bei einer Gruppe von bis zu zehn Studierenden werden für die Übung ungefähr zehn bis 15 Minuten benötigt. Bei einer größeren Gruppe kann man entweder zwei Netzwerke parallel laufen lassen oder ankündigen, dass jeder innerhalb von zehn Minuten mit so vielen Kommilitonen wie möglich sprechen muss und nach zehn Minuten die Übung beendet ist. Lassen Sie zum Abschluss noch fünf bis sechs Personen ihre interessantesten Verbindungen nennen.

13) One-Minute-Paper

Ablauf: Die Studierenden beantworten auf einem Blatt Papier zwei Fragen zur Veranstaltung. Die Zettel werden anschließend eingesammelt.
Effekte: Auf der einen Seite reflektieren die Studierenden den Lernprozess. Auf der anderen Seite erhält die/der Lehrende eine Rückmeldung und kann zu Beginn der nächsten Veranstaltung ggf. Wissenslücken auffüllen.
Beispiel: „Bitte beantworten Sie auf einem Blatt Papier die folgenden zwei Fragen:
1. Was nehme ich aus der heutigen Sitzung als wichtigste Erkenntnis mit?
2. Was habe ich heute nicht verstanden?"

Material: Papier und Stift.
Großgruppe: Für die Anwendung in Großgruppen geeignet.
Zeitaufwand: Eine Minute zur Beantwortung des One-Minute-Papers. Je nach Gruppengröße etwas mehr Zeit für die Lehrende, den Lehrenden zur Auswertung nach der Sitzung.

Abbildung 17: One-Minute-Paper

14) Punktabfrage

Ablauf: Auf einem vorgegebenen Raster dürfen alle Teilnehmenden eine festgesetzte Anzahl von Punkten für die persönlichen Favoriten kleben. Wichtig ist, die Studierenden gleichzeitig punkten zu lassen, um eine gegenseitige Meinungsbeeinflussung zu verringern.
Effekte: Eine thematische Gewichtung wird sichtbar und damit eine Entscheidung im Sinne der Gruppe möglich.
Beispiel: „Wie hat Ihnen die Sitzung heute gefallen? Bitte geben Sie einen Punkt ab auf den zwei Dimensionen: interessant vs. langweilig sowie hilfreich vs. überflüssig."
Großgruppe: Für die Anwendung in Großgruppen geeignet. Die Studierenden können ihre Punkte beim Verlassen des Hörsaals auf die Tafel kleben.
Material: Flipchart und Klebepunkte oder eine Tafel, auf die mit Kreide Punkte gezeichnet werden.

Abbildung 18: Punktabfrage

15) Sandwich-Methode

Abbildung 19: Sandwich-Methode

Ablauf: Diese Methode läuft nach dem Sandwich-Prinzip – Boden, Belag, Deckel – ab. Zunächst stellt die/der Lehrende kurz ein Problem vor. Die Studierenden suchen dazu erste Lösungsansätze (Boden). Anschließend erklärt die/der Lehrende theoretische Inhalte, die zur Lösung des Problems helfen (Belag). Zum Schluss beschäftigen sich die Studierenden wieder mit dem Problem, wenden das soeben erworbene Wissen an und lösen die Aufgabe mit dem neu erworbenen Wissen als Hintergrund (Deckel).
Effekte: Die Aufmerksamkeit der Studierenden wird durch die Problemorientierung verstärkt, der theoretische Input kann von den Teilnehmenden direkt an das Vorwissen angebunden werden und neu erlernter Stoff wird sofort angewendet.
Beispiel: „Was glauben Sie, sind die Gründe, warum die Bauten des Münchner Königsplatzes genau in der Form angeordnet sind?"
Großgruppe: Für die Anwendung in Großgruppen geeignet.
Material: Kein Material erforderlich
Zeitaufwand: Je nach Länge der Input-Einheit ca. 10 bis 20 Minuten

Tipps & Tricks
Viele Methoden sind auch miteinander kombinierbar! So kann beispielsweise bei der Durchführung der Sandwich-Methode eine Murmelgruppe eingebaut werden, damit die Studierenden erste Lösungsansätze miteinander diskutieren können.

16) Snowballing

Ablauf: Eine Problemstellung wird zunächst in Zweiergruppen bearbeitet. Anschließend gehen die Zweiergruppen zu Vierergruppen zusammen. Dort tauschen sie sich gegenseitig über ihre Ergebnisse aus, strukturieren diese und erstellen eine gemeinsame Visualisierung. Dann erfolgt die Präsentation der Ergebnisse im Plenum. Zu einem Oberthema können auch verschiedene Teilaspekte von unterschiedlichen Gruppen erarbeitet werden.

Effekte: Mit dieser Methode wird das bereits bestehende Wissen der Studierenden hervorragend genutzt. Durch die Abwechslung in der Sozialform ist die Methode besonders flexibel.
Beispiel: „Bitte überlegen Sie sich mit Ihrem Sitznachbarn Umweltschutz-Maßnahmen. Die Paare auf der rechten Seite überlegen sich, wie jeder Einzelne zum Umweltschutz beitragen kann, die Gruppen in der Mitte nehmen die Perspektive der Industrie ein und die Tandems auf der linken Seite überlegen sich, welche Maßnahmen die Politik zum Umweltschutz ergreifen kann. Sie haben in der Zweiergruppe fünf Minuten Zeit. Danach bilden Sie mit einem Team, dass das gleiche Thema bearbeitet hat, eine Vierergruppe. Strukturieren Sie dann bitte Ihre Ergebnisse und visualisieren Sie diese auf einem Flipchart."
Material: Flipchart-Papier bzw. Blätter, auf denen visualisiert werden soll.
Großgruppe: Für die Anwendung in Gruppen von bis zu ca. 40 Teilnehmenden geeignet.
Zeitaufwand: Je nach Ausführlichkeit der Präsentationen 30 bis 60 Minuten.

17) Think – Pair – Share

Ablauf: Diese Methode läuft in den drei Phasen „Think", „Pair" und „Share" ab.
In der Think-Phase denken die Studierenden im Stillen über eine bestimmte Fragestellung nach.
Anschließend diskutieren die Studierenden paarweise über ihre Antworten (Pair).
In der dritten Phase tauschen sich immer zwei Paare untereinander aus.

Abbildung 20: Think-Pair-Share

Effekte: Think-Pair-Share ist die klassische Methode kooperativen Lernens, die mehrere positive Lerneffekte vereinbart. Durch die Einzelarbeit hat jeder die Möglichkeit, seine eigenen Ansichten einzubringen. Der anschließende Austausch führt zum Bilden von Hypothesen, Argumentieren und der Konstruktion neuen Wissens. In der Vierergruppe werden schließlich die Ergebnisse nochmal reflektiert. Besonders hilfreich ist der Austausch in der Vierergruppe, wenn die Studierenden dabei den Ansatz des jeweils anderen Paarmitgliedes vorstellen. Dabei merken sie, ob sie sich richtig verstanden haben.
Beispiel: „Bitte entwerfen Sie zu folgender Forschungsfrage zunächst jeder für sich ein Forschungsdesign. Anschließend besprechen Sie Ihre Lösung mit Ihrem

Sitznachbarn und korrigieren mögliche Fehler. In einem dritten Schritt stellen Sie bitte Ihre Lösung einem anderen Team vor."
Material: Papier und Stift.
Großgruppe: Für die Anwendung in Großgruppen geeignet. Am Ende sollten Sie als Lehrende die wichtigsten Inhalte im Plenum zusammentragen.
Zeitaufwand: Je nach Komplexität der Fragestellung 15 bis 45 Minuten.

18) Übungsmaschine

Abbildung 21: Übungsmaschine

Ablauf: Die/der Lehrende bereitet fünf Fragen vor. Die Studierenden sitzen sich paarweise gegenüber. Auf der einen Seite sitzen die Fragensteller, gegenüber sitzen die Antwortgeber. Der/die Lehrende gibt jedem Fragesteller eine vorbereitete Frage und stellt sicher, dass die Fragesteller die richtige Antwort wissen. Dann startet die Übungsmaschine.
Die Fragesteller stellen ihre Fragen und sobald die Antwortgeber die Frage beantwortet haben, rücken sie einen Stuhl weiter und bekommen die nächste Frage gestellt. Nach fünf Fragen werden die Seiten gewechselt.
Effekte: Die Übungsmaschine geht schnell und bietet auf eine lockere Weise effektive Übungsmöglichkeit. Anstatt mit Fragen kann die Übungsmaschine auch als Ideensammlungs-Maschine angewandt werden.
Beispiel: Das Thema ist Weiners Attributionstheorie.
Frage 1: „Formulieren Sie ein Beispiel zu einer Verhaltensinterpretation, in der die interne Attribution niedrig ist."
Frage 2: „Formulieren Sie ein Beispiel zu einer Verhaltensinterpretation, in der die interne Attribution hoch ist."
Frage 3: „Formulieren Sie ein Beispiel zu einer Verhaltensinterpretation, in der die externe Attribution niedrig ist."
Frage 4: „Formulieren Sie ein Beispiel zu einer Verhaltensinterpretation, in der die externe Attribution niedrig ist."
Frage 5: „Was ist der Unterschied zwischen Konsensus, Distinktheit und Konsistenz?"
Material: Vorbereitete Fragen.
Großgruppe: Für die Anwendung in Großgruppen geeignet. Die vordere Reihe dreht sich zu hinteren Reihe um, aber nicht die Studierenden wechseln Plätze, sondern die Fragen werden weitergereicht.
Zeitaufwand: Zehn Minuten.

19) Vernissage

Ablauf: Im Raum werden vier bis fünf Poster verteilt, die mit Unterüberschriften zu einem Thema versehen sind. Die Studierenden dürfen frei im Raum umherlaufen und ihre Gedanken und Ideen auf die Poster schreiben. Anschließend fasst die/der Lehrende die wichtigsten Punkte zusammen und ergänzt fehlende Aspekte. Die Poster bleiben im Laufe der Stunde hängen, so dass immer wieder auf die Inhalte zurückgegriffen werden kann.
Als Variante zu Referatsseminaren können Sie auch eine Posterkonferenz veranstalten. Die Studierenden erstellen selbständig ein Poster zu einem Inhaltsaspekt. Alle Poster werden dann wie in einer Vernissage aufgehangen. Die Arbeitsgruppen präsentieren ihr Poster, die anderen Studierenden stellen Fragen dazu.
Effekte: Die Studierenden können in ihrem eigenen Tempo vorgehen und die für sie wichtigen Punkte festhalten. Die/der Lehrende sieht, welche Aspekte den Studierenden besonders wichtig sind und welche Inhalte ihnen noch fehlen.
Beispiel: „Zu dem Über-Thema ‚Lerntheorien' hängen vier Flipcharts mit den Überschriften ‚Behaviorismus', ‚Sozial-Kognitivismus', ‚Kognitivismus' und ‚Konstruktivismus' im Raum. Gehen Sie bitte herum und notieren die Merkmale der jeweiligen Lerntheorie auf die Poster."
Material: (Flipchart-) Poster, dicke Stifte für die Studierenden.
Großgruppe: Für die Anwendung in Großgruppen geeignet, wenn die Studierenden in einer Pause die Möglichkeit haben, die Plakate mit Inhalten zu füllen.
Zeitaufwand: 20 bis 30 Minuten.

20) Zirkeltraining

Ablauf: An verschiedenen Lernstationen erarbeiten sich die Studierenden selbständig Inhalte oder lösen Aufgaben. Nach einer gewissen Zeit rotieren die Gruppen zur nächsten Station.
Effekte: Die Studierenden können sich mit mehreren Bereichen intensiv in der Kleingruppe beschäftigen bzw. unterschiedliche Arten von Aufgaben üben.
Beispiel: „Sie bekommen nun an jeder Station einen juristischen Fall präsentiert, zu dem Sie bitte in der Dreiergruppe eine Argumentationskette

Abbildung 22: Zirkeltraining

skizzieren. Sie haben pro Fall 15 Minuten Zeit und rotieren dann bitte weiter zur nächsten Station."
Material: Inhalts- oder Aufgabenblätter für die Lernstationen, evtl. zur besseren Orientierung eine Übersichtsgrafik, die den Ablauf des Zirkeltrainings erklärt.
Großgruppe: Je nach Raumgröße für die Anwendung in Gruppen von bis zu ca. 60 Studierenden geeignet.
Zeitaufwand: Je nach Inhalt der Lernstationen 30 bis 60 Minuten.

21) Zuruf-Liste

Ablauf: Die Studierenden antworten per Zuruf auf eine Fragestellung. Alle Ideen werden auf dem Flipchart notiert. Anschließend können die Zurufe als Poster visualisiert werden.
Effekte: Mit der Zurufliste kann spontan auf eine Fragestellung der Lernenden eingegangen werden. Die Methode wirkt prozessorientiert und die Studierenden fühlen sich wertgeschätzt.
Beispiel: „Welche Auswirkungen hat der Versailler Vertrag auf die Verfassung der Weimarer Republik?"
Material: Flipchart, Tafel oder Whiteboard.
Großgruppe: Für die Anwendung in Großgruppen geeignet.
Zeitaufwand: Fünf bis zehn Minuten.

Sie haben nun eine Vielzahl an interaktiven Lehr-/Lernmethoden kennengelernt, die für unterschiedlichste Themenbereiche flexibel einsetzbar sind. Seien Sie mutig, die Methoden bezüglich Gruppenbildung, der Zeit und der Ergebnissicherung abzuwandeln, so dass die Methode genau zu Ihren Inhalten und Ihrer Teilnehmendenzahl passt. Konkrete Hinweise, was Sie bei der Vorbereitung und Durchführung beachten sollten, damit interaktive Lehr-/Lernmethoden erfolgreich verlaufen, finden Sie im folgenden Kapitel.

5.3 Gruppenarbeiten durchführen

Nun kennen Sie bereits eine Vielzahl an interaktiven Lehr-/Lernmethoden. Es gibt allerdings hin und wieder Vorbehalte, dass interaktive Lehr-/Lernmethoden nicht immer den gewünschten Erfolg erzielen und bei manchen Studierenden nicht nur positiv wahrgenommen werden. Die häufigste Ursache hierfür ist, dass den Studierenden oft nicht klar ist, warum eine Methode eingesetzt wird (vgl. Kapitel 9.3). Zudem kann durch unzureichende Orientierung die Durchführung auch mal aus dem Ruder laufen. In diesem Kapitel erfahren Sie wichtige Aspekte, die zum Gelingen einer Lehr-/Lernmethode beitragen, damit sowohl Sie, als auch Ihre Studierenden die Methode als zielorientierte, lehrreiche Einheiten erleben.

Im folgenden Abschnitt wird beschrieben, welche Kriterien Sie bei der Auswahl einer interaktiven Lehr-/Lernmethode prüfen sollten und wie Sie Ihre Studierenden dazu bringen, bei einer Übung gut mitzuarbeiten.

Die richtige Lehr-/Lernmethode auswählen

Um die Lehr-/ Lernmethode auszuwählen, die am besten in Ihr Konzept passt, reflektieren Sie vorab:

- Welches *Ziel* wollen Sie mit dem Einsatz jeder einzelnen Lehr-/Lernmethode erreichen? Stimmen Ihre Lernziele mit den Effekten, die die Methode bringen soll, überein? (Kapitel 4.1)
- In welcher *Phase* des +AVIVA+–Schemas wollen Sie eine Lehr-/Lernmethode einbauen? (vgl. Kapitel 4.2)
- In welcher *Sozialform* soll die Methode ablaufen? Führen Sie Lehr-/Lernmethoden durch, in denen die Sozialformen variiert werden. Ungünstig ist es beispielsweise, wenn ein Seminar nur aus Lehr-/Lernmethoden in Einzelarbeit besteht (vgl. Kapitel 5.1).

Nun wählen Sie eine konkrete Methode aus. Überdenken Sie, welche Voraussetzungen für den Einsatz der Methode erfüllt sein müssen, also welches Vorwissen die Studierenden haben sollten, wieviel Zeit Ihnen zur Verfügung steht und wieviel Zeit die Lehr-/Lernmethode benötigt. Wenn die Lehr-/Lernmethode komplex ist, dann visualisieren Sie den Ablauf der Methode, um Orientierung zu schaffen.

Lehr-/Lernmethoden an Ihre Gegebenheiten anpassen

Haben Sie den Mut Lehr-/Lernmethoden abzuwandeln und zu variieren, so dass sie zu Ihrem Lehrkonzept passen. Lehr-/Lernmethodenkompetenz bedeutet, eine Methode so an Rahmenbedingungen, Inhalt und Studierende anzupassen, dass sie ihr Ziel optimal erfüllt. Wenn Sie z.B. für eine Murmelgruppe Zweiergruppen bilden wollen, Sie aber eine ungerade Anzahl an Studierenden haben, so bilden Sie eben eine Dreiergruppe. Wenn Sie bei einem One-Minute-Paper drei Fragen statt einer stellen wollen, tun Sie das. Dauert es dann drei Minuten anstatt einer Minute, dann ist das eben in Ihrem Fall so. Oder wenn Sie beim Think-Pair-Share die Partnerergebnisse an die ganze Gruppe geben möchten, formen Sie die Share-Phase in eine Plenumsphase um und lassen alle Kleingruppen präsentieren. Die Methode muss IHREN Zweck erfüllen!

Möglichkeiten der Gruppenbildung

Es lohnt sich, die Art der Gruppenbildung von vornherein zu überlegen. Eine klare und deutliche Einteilung der Gruppen schafft Orientierung. Überlegen Sie sich also immer im Vorhinein wie viele Gruppen à wie viele Personen gebildet werden sollen und auf welche Weise Sie die Gruppen einteilen. Im Folgenden haben wir einige Möglichkeiten der Gruppenzusammenführung aufgelistet:

Zweiergruppen:
- Austausch mit dem Sitznachbarn
- Ungerade Sitzreihen drehen sich nach hinten um

Dreier- bis Fünfergruppen:
- Beim Hereinkommen Gruppennummern verteilen
- Sitzreihen mit Farben markieren
- Zusammenführung nach Geburtsmonaten
- Kleine Gummibärchentüten definieren Gruppenzugehörigkeit

Zwei große Gruppen:
- Linke Hörsaalseite vs. rechte Hörsaalseite
- Sitzplatznummerierungen nutzen: gerade vs. ungerade Sitzplätze
- Geschlecht: männlich vs. weiblich
- Augenfarbe: braun vs. grün/blau

Lehr-/Lernmethoden anleiten

In einem unserer Seminare erzählte uns einmal eine Dozierende, dass bei der Anwendung der Think-Pair-Share-Methode ein kleines Chaos bei der Gruppenbildung entstand. Nach der Phase der Zweiergruppen sollten die Studierenden in Vierergruppen zusammenkommen. Leider war den Zweiergruppen unklar, zu welcher Vierergruppe sie sich zusammenschließen mussten. Als die Gruppen dann endlich alle eingeteilt waren, hatten einige Gruppen die Aufgaben schon fertig bearbeitet und wollten weitermachen, während andere noch gar nicht angefangen hatten. Die Lehrende fragte uns welche Maßnahmen sie im Vorhinein hätte ergreifen können, um dieses Chaos zu vermeiden.

Interaktive Lehr-/Lernmethoden müssen klar verständlich angeleitet werden. Gehen Sie dabei Schritt für Schritt vor und überfrachten Sie die Studierenden nicht mit zu viel Information auf einmal. Damit die Studierenden die Instruktionen gut verstehen, empfiehlt sich folgendes Vorgehen:

Tabelle 9: Lehr-Lernmethoden anleiten

Schritt	**Ziele**	**Beispiel**
1. Aufmerksamkeit sichern	Übung ankündigen. Die Studierenden bitten, so lange aufmerksam zuzuhören, bis ein Zeichen zum Beginn der Übung gegeben wird.	„Wir starten nun eine Gruppenarbeit zur Wiederholung der Inhalte zum Aufbau des menschlichen Muskelapparats. Ich werde die Übung zuerst erklären und Sie dann in Gruppen einteilen, bevor wir starten.“
2. Ziel nennen	Ziele und Hintergrund der Übung nennen, Relevanz herausarbeiten, warum die Übung durchgeführt wird.	„Diese Übung soll Sie dafür sensibilisieren, dass die Muskeln in einem komplexen System zusammenarbeiten und bei jeder Bewegung eine Reihe von Muskeln aktiv werden.“
3. Ablauf erklären & eventuell visualisieren	In der zeitlichen Reihenfolge die einzelnen Schritte der Übung erklären. Je nach Komplexität den Ablauf visualisieren. Dabei das Material zeigen und erklären, wie damit gearbeitet werden soll. Vergessen Sie nicht zu erklären, wie die Studierenden ihre Ergebnisse festhalten sollen.	„Auf den Folien, die Sie erhalten, sehen Sie eine Bewegung, die Sie bitte nachahmen. Arbeiten Sie in der Gruppe heraus, welche Muskeln bei dieser Bewegung aktiv werden. Insgesamt werden Sie fünf Bewegungen analysieren, wir werten am Ende jeder Folie aus, was Sie herausbekommen haben.“
4. Zeitrahmen abstecken	Genaue Anweisungen hinsichtlich der zur Verfügung stehenden Zeit geben.	„Sie haben pro Folie fünf Minuten Zeit.“
5. Fragen klären	Sicherstellen, dass alle die Übung verstanden haben.	„Welche Fragen haben Sie zu dieser Übung?“

6. Gruppen bilden	Bei Gruppenarbeiten die Zusammensetzung der einzelnen Gruppen klären. Gruppen zusammenführen. Festlegen, wer beginnt, falls die Übung das vorsieht.	„Sie arbeiten in Zweiergruppen. Die Studierenden, die in den ungeraden Reihen sitzen, drehen sich nun bitte nach hinten um."
7. Startsignal geben	Orientierung geben.	„Bitte beginnen Sie nun mit der ersten Folie."
8. Methode durchführen	In diesem Beispiel: Wissen generieren.	Ein Gefühl für die Bewegungsabläufe im Muskelapparat bekommen.
9. Ergebnisse auswerten	Ergebnisse der einzelnen Gruppen in das Plenum bringen und gegebenenfalls korrigieren.	Jeweils eine Zweiergruppe stellt eine Folie mit ihren Ergebnissen vor. Die anderen Studierenden dürfen ergänzen.

Studierenden die Mitarbeit erleichtern

Damit der Einsatz von Lehr-/Lernmethoden erfolgreich ist, müssen die Studierenden natürlich gut mitarbeiten. Ein häufig genannter Einwand gegen den Einsatz von Lehr-/Lernmethoden und Gruppenarbeiten ist die Befürchtung, dass Studierende nicht mitarbeiten und qualitativ minderwertige Ergebnisse in der Gruppenarbeit produziert werden. Eine gute Mitarbeit liegt nicht nur in der Verantwortung der Studierenden. Lehrende können einiges dazu beitragen, die Mitarbeit der Studierenden zu fördern. Folgende Prinzipien müssen erfüllt sein, damit Arbeiten in Gruppen auch wirklich erfolgreich verlaufen und qualitativ gute Ergebnisse erzielt werden: Präzision, gegenseitige Abhängigkeit, Verpflichtung zum Bericht, Hilfestellung durch Sie als Lehrende und eine bunte Mischung.

- Die Aufgabenstellung muss **präzise** formuliert werden. Hilfreich ist es, wenn die Aufgabenstellung visualisiert wird, so dass sich die Studierenden rückversichern können, ob sie das richtige Ziel verfolgen.
- Sind die Gruppenmitglieder **gegenseitig abhängig**, so fördert das die Partizipation jedes einzelnen Studierenden. Erreicht werden kann dies beispielsweise durch das Verteilen verschiedener Rollen (z.B. Fragensteller, Protokollant, Beobachter, Kritiker etc.). Bei mehr als fünf Personen in einer Gruppe empfiehlt es sich zudem, einen Gruppensprecher zu ernennen, der verantwortlich für

den Gruppenprozess ist und damit sicherstellt, dass die Aufgabe bearbeitet wird.

- Die Mitarbeit wird gefördert, wenn Sie die Gruppenmitglieder zu einem **Bericht verpflichten**, d.h., die Studierenden einer Gruppe müssen im Anschluss an die Arbeitsphase im Plenum ihre Ergebnisse vorstellen. Bei einer großen Gruppe, in der viele Kleingruppen parallel arbeiten, genügt es sich von jeder Gruppe nur ein bis zwei wichtige Aspekte berichten zu lassen. Stellen Sie bereits zu Beginn ganz klar, wie Sie sich die Visualisierung der Ergebnisse vorstellen (z.B. als Flipchart-Poster, Stichpunkte auf einem Tablet, drei Ideen auf je einem Kärtchen etc.).
- Die/der Lehrende muss nicht ständig neben der Gruppe sitzen und die Arbeitsphase überwachen, Sie sollten jedoch jederzeit für Fragen erreichbar sein, um gegebenenfalls **Hilfestellung** leisten zu können. Gehen Sie von Kleingruppe zu Kleingruppe und prüfen Sie, ob die Übung wie gewünscht umgesetzt wird. Bei Bedarf können Sie nachsteuern. Das selbständige Arbeiten der Kleingruppen steht allerdings im Vordergrund, d.h., Sie bleiben verfügbar, halten sich jedoch im Hintergrund.
- Achten Sie darauf, dass sich nicht bei jeder Methode die Gruppen auf gleiche Weise zusammensetzen, sondern immer wieder eine bunte **Mischung** entsteht. Wechselnde Gruppenzusammensetzungen bzw. Sozialformen fördern den Austausch von heterogenen Gruppen und fördern eine positive Lernatmosphäre, da sich die Studierenden untereinander besser kennenlernen können und Cliquenbildungen vermieden werden. Außerdem ist so gewährleistet, dass die Leistungsstärke der Gruppen immer wieder unterschiedlich ist und sich keine „guten" oder „schwachen" Gruppen etablieren.

Sollten Sie bei Ihren Studierenden dennoch einmal Widerstand gegen eine Ihrer Lehr-/Lernmethode erleben, finden Sie im Kapitel 9.2 Ideen, wie Sie diesen Problemen begegnen können.

Lehr-/Lernmethoden auswerten

Ist die Übung abgeschlossen, stellt die/der Lehrende in einer Auswertungsphase sicher, dass das jeweilige Ziel der Übung erreicht wurde. Die/der Lehrende führt das Gespräch. Für den Einstieg bieten sich folgende Fragen an:

- „Was ist Ihnen während der Übung aufgefallen?"
- „Welche Fragen sind während der Übung aufgekommen?"
- „Wie ist es Ihnen mit der Aufgabe gegangen?"
- „Wie sicher fühlen Sie sich nach dieser Übung nun in diesem Themengebiet?"

Auswertungsphasen zeitlich zu planen ist gar nicht so einfach. Je nach Gruppe und Methode besteht mal mehr, mal weniger Gesprächsbedarf. Behalten Sie gerade in der Auswertungsphase die Zeit im Blick. Liefern Sie, falls notwendig, inhaltliche Ergänzungen. Dazu ist es empfehlenswert, zu Übungen wenn möglich eine Musterlösung anzufertigen, welche Ergebnisse am Ende erreicht werden sollen. So lässt sich in der Auswertungsphase schnell feststellen, welche Aspekte bei den Ergebnissen durch die Lehrende, den Lehrenden noch ergänzt werden müssen. Geben Sie Feedback auf die Ergebnisse. Schließen Sie die Methode ab und leiten Sie in die nächste Aktivität über (z.B. Transferüberlegungen oder nächstes Thema). Wichtige Ergebnisse können Sie auch abfotografieren und den Studierenden später zukommen lassen.

5.4 Lehr-/Lernmethoden in den Ablaufplan integrieren

Als letztes müssen Sie nun noch die Lehr-/Lernmethoden in Ihren Ablaufplan integrieren. Fügen Sie pro Methode die Fragestellung, die Art der Gruppenbildung, benötigte Materialien und Medien ein. Denken Sie daran, dass es häufig schwierig abzuschätzen ist, wie viel Zeit die Durchführung der Methode tatsächlich benötigt. Planen Sie deshalb genügend Puffer ein.

In Tabelle 10 sehen Sie ein Beispiel für einen Ablaufplan mit den Methoden „Übungsmaschine" und „Snowballing".

Tabelle 10. Lehr-/Lernmethoden im Ablaufplan integriert

Seminar zu empirischen Forschungsmethoden						
Uhrzeit	*Dauer*	*Phase + Inhalt*	*Lehr-/ Lernmethode*	*Details*	*Ziele*	*Materialien*
12:15	5	A – Begrüßung		Begrüßung, Ablauf des heutigen Tages, Ziele	Einstimmen	
12:20	10	V – Wiederholung	Übungsmaschine	Mit sechs Fragen zur letzten Sitzung	Inhalte der letzten Stunde wiederholen	Fragezettel
12:30	15	I – Between-Design	Videofilm	Inputeinheit per Video mündlich ergänzen	Between-design kennenlernen	Video, Laptop
12:45	40	V – Eigenes Design erstellen	Snowballing	1) Erklärung Methode und Bildung von 12 Zweiergruppen (5 Minuten) 2) Between-Design in Partnerarbeit erstellen (10 Minuten) 3) in 6 Vierergruppe verbessern (10 Minuten) 4) 3 Exemplare im Plenum vorstellen lassen (15 Minuten) Ergebnisse abfotografieren!	Between-design erstellen	Forschungsfrage auf Tafel; Flipchartpapier für Gruppen

13:25	5	Pause/Puffer				
13:30	5	I – Within-Design	Interaktiver Dialog	Unterschiede zu Between-Desing erarbeiten	Unterschiede Between-Within-Design kennen	
13:35	15	V – Within-Design	Fragerunde	Frage an Studis: „Welche Forschungsfragen erfordern Erstellung eines Within-Designs?"	Within-Design festigen	Antworten auf Flipchart notieren
13:40	5	A – Abschluss		Zusammenfassung, Ausblick auf nächste Woche		
13:45	ENDE					

Sie sollten nun ein fertiges Lehrveranstaltungs-Konzept in der Hand halten. Möglicherweise erkennen Sie jetzt, dass Sie aufgrund eines ausgewogenen studierendenzentrierten Verhältnisses von Theorie- und Übungseinheiten weniger Inhalte vermitteln können, als ursprünglich geplant. Daher wird im folgenden Kapitel gezeigt, welche virtuellen Lernergänzungen existieren, die Sie dabei unterstützen können, Inhalte auszulagern oder außerhalb Ihrer Präsenzveranstaltung zu vertiefen.

5.5 Virtuelle Lernergänzungen

Heutzutage erhalten Online-Lernangebote einen immer größeren Stellenwert. Es gibt gute Gründe, zusätzlich zu Präsenzveranstaltungen auch Online-Module bereitzustellen. Der sinnvolle Einsatz kann die Vermittlung von Wissen verbessern und zum Lernen motivieren. Dabei sollten Sie jedoch darauf achten, dass die Werkzeuge, die online angeboten werden, die Präsenzphasen gut unterstützen und nicht die Motivation der Studierenden minimieren, die Lehrveranstaltungen weiter zu besuchen. Zudem besteht die Gefahr, dass eine Online-Plattform in einem Datenfriedhof endet, der nicht genutzt wird.

Viele Universitäten haben eine zentrale Online-Plattform, die eine Vielzahl an Tools zur virtuellen Lernergänzung bereitstellt (z.B. Moodle). Informieren Sie sich an Ihrer Hochschule, welches System bereits etabliert ist, bevor Sie viel Arbeit in die Neukonzeption von virtuellen Lernumgebungen stecken.

Eine große Herausforderung besteht sicherlich darin, Präsenz- und Onlinephasen optimal aufeinander abzustimmen. Bei der Konzeption von Online-Lernergänzungen sollten Sie vorher überlegen, welche Lerninhalte in Präsenzphasen behandelt werden müssen und welche Lerninhalte online ausgelagert werden können. Klare Abmachungen mit Studierenden, welche Aufgaben von ihnen erwartet werden, sind dringend notwendig.

Besonders Lerntätigkeiten zur tieferen Verarbeitung des Lernstoffes, wie beispielsweise die Bearbeitung von Arbeitsaufträgen, Wiederholungen und Zusammenfassungen sind dazu geeignet auf ein Online-Portal verlegt zu werden. Zur Unterstützung von Lernprozessen existieren mittlerweile viele hilfreiche Werkzeuge. Im Folgenden werden Tools aufgelistet, die als Online-Lernergänzung angeboten werden können.

Anwendungen

Anwendungen, wie beispielsweise Lernprogramme oder Apps, sind Programme mithilfe derer Fertigkeiten geübt werden können (z.B. Duolingo zum Erlernen von Sprachen). Ideal ist es, bereits fertige Anwendungen einzusetzen, denn das Erstellen einer Lernanwendung ist häufig sehr aufwendig. Www.learningapps.org ist eine Web-Anwendung, mit der eigene, interaktive kleine Webanwendungen zu erstellen sind. Ist ein Lernprogramm erst konstruiert bzw. eine App passend eingerichtet, so ist der Nutzen sehr hoch.

Blog

Mit Blogeinträgen lassen sich organisatorische Informationen sammeln, relevante Links zu Onlinehilfen darstellen, Tipps und Tricks an die Gruppe liefern. Es können zudem Erfahrungsberichte aus der Gruppe in einem Blog ausgetauscht werden.

Chat

Chats eignen sich zum Beantworten von Fragen mit direktem Feedback, für Diskussionen und zum Erfahrungsaustausch. Ein Chat ist ein synchrones Werkzeug, d.h., ein Chat findet zu einem bestimmten festgelegten Zeitpunkt statt. Der Vorteil ist, dass Sie als Lehrende unmittelbares Feedback geben können. Der Nachteil ist die zeitlich weniger flexible Auseinandersetzung mit den Lerninhalten.

Diskussionsforen

Online-Diskussionen lassen sich ohne zeitliche Begrenzung zu Pro- und Kontradiskussionen durchführen, es können Klausurfragen oder Leitfragen zu bestimmten Themen gesammelt werden, Fallbeispiele können besprochen oder das Diskussionsforum kann als Themenspeicher verwendet werden.

Dokumentencontainer

Online-Plattformen als Dokumentencontainer dienen dazu, zusätzliche Arbeitsunterlagen bereitzustellen, Gruppenarbeitsergebnisse zu sammeln und zu dokumentieren, Fotodokumentationen abzulegen, zusätzliches Übungsmaterial anzubieten, Klausurfragen zu parken, Lerntagebucheinträge zu sammeln oder aber schriftliche Aufträge gegenseitig per Peer-Feedback verbessern zu lassen.

Dokumente können Sie in Online-Speicher wie beispielsweise Moodle, Dropbox, Evernote oder Google Drive ablegen.

Frequently Asked Questions

In sogenannten FAQs finden die Studierenden ohne großen Aufwand Antworten auf häufig gestellte Fragen. Die Erstellung von FAQs kostet Sie als Lehrende(r) zwar einige Zeit, auf die Dauer erleichtern FAQs Ihnen jedoch die mühselige Arbeit, immer auf die gleichen Fragen antworten zu müssen. Eine Variante ist, dass Sie jede Frage, die Sie von den Studierenden per E-Mail erhalten, in dem öffentlichen FAQ-Portal beantworten und das Frage-Antwort-Forum erst im Laufe der Zeit angereichert wird.

Infotafel: Flipped Classroom

„Flipped Classroom", hin und wieder auch als „Inverted classroom" bezeichnet, ist ein spezielles Unterrichtskonzept und bedeutet „Umgekehrtes Klassenzimmer". Üblicherweise wird die Theorie im Unterricht vermittelt und zu Hause in Eigenarbeit geübt. Bei diesem Konzept erarbeiten sich die Lernenden theoretische Inhalte bereits vor der Präsenzveranstaltung selbständig. Die Lehrveranstaltung wird dann zur Vertiefung und Übung der Inhalte benutzt. Ursprünglich wurde der „Flipped Classroom" in den USA entwickelt. Die Vorteile des Konzeptes sind, dass die Lernenden sich die Inhalte zeitlich flexibel und in ihrem eigenen Tempo erarbeiten können. Die wertvolle Präsenzzeit kann für Lernprozesse verwendet werden, in denen auf einem höheren Wissensniveau gearbeitet wird. Für die Erarbeitung der theoretischen Inhalte eignen sich vor allem Lehr- bzw. Erklärvideos, aber auch gut aufbereitetes Lesematerial. (Kück, 2014)

Glossar/Lexikon/Wiki

Über diese Online-Lernergänzung können Studierende gemeinschaftlich Inhalte erstellen und bearbeiten. Den Studierenden kann von der Lehrperson der Auftrag erteilt werden, Begrifflichkeiten zu definieren bzw. Wiki-Einträge zu Themenbereichen zu erarbeiten. Eine Variante ist, dass Studierende nach jeder Präsenzveranstaltung Fragen zum Inhalt generieren und diese ausführlich schriftlich per Wikieintrag beantworten. Dies fördert die Wiederholung der Inhalte, die Reflexion des individuellen Lernprozesses und ist zudem hilfreich für die Vorbereitung auf die bevorstehende Prüfung.

Webinar

Webinare lassen sich synchron oder asynchron realisieren. Synchrone Videokonferenzen bieten Studierenden eine Plattform, um zu einem bestimmten festgelegten Zeitpunkt online Fragen zu stellen oder Inhalte zu vertiefen. Die Lehrperson veranstaltet das Webinar und führt durch die Onlinesitzung.

Asynchrone Onlinekurse bestehen beispielsweise aus Vorlesungsausschnitten oder Übungskursen, die zeitlich flexibel und eigenständig von den Studierenden bearbeitet werden können. Sie können Studierenden den Auftrag geben, Vorlesungsausschnitte anzusehen oder Onlinehilfen zu einem Thema zu recherchieren. Ebenso hilfreich sind sogenannte Screencasts. Ein Screencast ist ein Video, bei dem lediglich der Bildschirminhalt inklusive Ton aufgezeichnet wird.* Sie als Lehrende(r) können also Ihren Inputvortrag aufnehmen und den Studierenden zur Verfügung stellen. Diese Vorgehensweise eignet sich auch wunderbar für die Umsetzung des „Flipped-Classroom“-Unterrichtskonzepts (siehe Infotafel S. 79).

Folgende Leitfragen sind bei der Konzeption von Online-Lernergänzungen vorab zu überdenken:

- Welche Lerninhalte sollte ich ausschließlich in Präsenzphasen behandeln, welche Inhalte lassen sich gut in ein E-Learning-Modul auslagern?
- Welchen Mehrwert sollen die virtuellen Einheiten bieten?
- Welchen Aufwand bin ich für die zusätzliche Betreuung einer virtuellen Plattform bereit zu tragen?
- Welchen zusätzlichen Aufwand erwarte ich mir vonseiten der Studierenden? Welche Aufgaben sollen die Studierenden zu Hause bearbeiten? Inwiefern sollen sie in der virtuellen Lernplattform aktiv werden?
- Mit welchen virtuellen Werkzeugen fühle ich mich technisch kompetent?

* Gute Erklärvideos, wie Screencasts zu erstellen sind, sind auf Youtube zu finden.

Reflexion 5: Leitfragen zum Einsatz von online-Lernergänzungen
Sie planen E-Learning-Module in Ihre Veranstaltung einzubauen? Beantworten Sie dazu die oben formulierten Leitfragen.

Eine Herausforderung bleibt bei der Einbindung von E-Learning-Modulen, wie die Studierenden dazu verpflichtet werden können, die Online-Angebote aktiv mitzugestalten. Förderlich ist hierbei, die Angebote vorher im Detail mit den Studierenden zu besprechen und klare Abmachungen zu treffen. Erläutern Sie in einer Präsenzveranstaltung, wie das Online-Portal zu Ihrer Lehrveranstaltung zu benutzen ist. Fragen Sie sich vorab, welche Anweisungen die Studierenden benötigen, damit sie die Online-Lernergänzungen optimal nutzen können. Eine weitere nützliche Maßnahme ist, in Präsenzveranstaltungen Arbeitsschritte aufzugreifen und weiter zu besprechen, die online vonstattengegangen sind. Sie können die Selbstverantwortung für die Beteiligung auch vollständig an Ihre Studierenden abgeben und nutzen Ihre Online-Plattform „nur" als Dokumentencontainer für freiwillige Zusatzaufgaben, Klausurfragen, Fotodokumentationen etc.

Übung 5: Anweisung zu einer Online-Lernergänzung
Formulieren Sie zu Ihrem Online-Lernangebot eine klare Anweisung, so dass die Studierenden auf der virtuellen Lernplattform aktiv werden können.

Empfehlungen zum Weiterlesen

Arnold, P., Kilian, L., Thillosen, A., & Zimmer, G. M. (2018). *Handbuch E-Learning: Lehren und Lernen mit digitalen Medien*. Bielefeld: wbv.

Baumann, Martin; Gordalla, Christoph (2014): *Gruppenarbeit*. Konstanz: UVK.

Maier-Häfele, K., & Häfele, H. (2005). *101 e-le@rning Seminarmethoden*. Bonn: ManagerSeminare Verlags GmbH.

Macke, Gerd; Hanke, Ulrike; Viehmann, Pauline (2016): *Hochschuldidaktik. Lehren, vortragen, prüfen*; [CD-ROM: mit Methodensammlung „Besser lehren"]. Weinheim, Basel: Beltz.

Rózsa, J. (2016): *Aktivierende Methoden für den Hochschulalltag. Lernen und Lehren nach dem CORE-Prinzip*. Heidelberg: SRH Hochschulverlag.

Zumbach, J. (2010): *Lernen mit neuen Medien: instruktionspsychologische Grundlagen*. Stuttgart: Kohlhammer Verlag.

Checkliste für Kapitel 5

Füllen Sie die Checkliste aus. Mit jeder ausgefüllten Checkliste vervollständigt sich Ihr Konzept.

Betrachten Sie sich zunächst Ihren Ablaufplan. In welchen Phasen des +AVIVA+-Schemas möchten Sie interaktive Lehr-/Lernmethoden einsetzen? Welche Lehr-/Lernmethoden haben Ihnen zugesagt und könnten das Ziel der jeweiligen Phase erfüllen? Befüllen Sie die Tabelle:

Phase	**Ziel**	**Inhalt**	**Bevorzugte Sozialform**

Füllen Sie zu jeder Lehr-/Lernmethode, die Sie einsetzen wollen, die folgende Tabelle aus:

Lehr-/Lernmethode:	
Präzise formulierte Aufgabenstellung:	
Visualisierung von Aufgabenstellung und Ablauf der Methode (vgl. auch Kapitel 6):	
Rollenverteilung der Gruppenmitglieder:	
So sollen die Studierenden ihre Ergebnisse festhalten:	

So werden die Ergebnisse ins Plenum gebracht:	
Vorzubereitende Unterlagen (Infotexte, Kärtchen, Ablauf etc.):	

Integrieren Sie anschließend jede Methode in Ihren Ablaufplan! Vergessen Sie dabei nicht einen zeitlichen Puffer einzukalkulieren.
Prüfen Sie nun, auf welche Inhalte oder vertiefenden Übungen Sie möglicherweise aus Zeitgründen verzichten müssten. Welche dieser Elemente möchten Sie als virtuelle Lernergänzung anbieten?

....

Reflektieren Sie die folgenden Fragen, bevor Sie mit der Konzeption der virtuellen Lernergänzung starten:

- Welche Lerninhalte lassen sich gut in ein E-Learning-Modul auslagern?

....

- Welchen Mehrwert soll die virtuelle Einheit bieten?

....

- Welchen Aufwand bin ich für die zusätzliche Betreuung einer virtuellen Plattform bereit zu tragen?

....

- Welchen zusätzlichen Aufwand erwarte ich mir vonseiten der Studierenden? Welche Aufgaben sollen die Studierenden zu Hause bearbeiten? Inwiefern sollen sie in der virtuellen Lernplattform aktiv werden?

....

- Mit welchem virtuellen Format fühle ich mich technisch kompetent?

....

Bereiten Sie die virtuelle Lernergänzung vor und formulieren dann eine klare Anweisung, wie die Webanwendung von den Studierenden zu nutzen ist:

....

....

6. Medieneinsatz vorbereiten

In diesem Kapitel erfahren Sie...
- ... welche Vor- und Nachteile unterschiedliche Medien mit sich bringen.
- ... welches Medium Sie in welcher +AVIVA+-Phase unterstützen kann.
- ... was Sie bei der Gestaltung von Visualisierungen beachten sollten.
- ... was Sie vor Ihrer Lehrveranstaltung im Hinblick auf die Mediennutzung prüfen sollten.

Unabhängig davon, ob Präsentationen gehalten, Gruppenarbeiten durchgeführt oder Ergebnisse dargestellt werden: Es gibt viele verschiedene Situationen, in denen Medien in Lehrveranstaltungen einzusetzen sind. Die Inhaltsvermittlung in Ihrer Veranstaltung können Sie durch die Wahl eines passenden Mediums, wie beispielsweise Tafel, Flipchart, Pinnwand oder Power Point gezielt unterstützen. Die Art und Weise, wie Inhalte auf Papier, auf einer Leinwand oder auch plastisch im Raum sichtbar gemacht werden, wird als Visualisierung bezeichnet. Damit die Visualisierung den gewünschten Effekt erzielt, sollten Sie vor der Erstellung die allgemeingültigen Ziele von Visualisierungen vor Augen haben:

- **Komplexe Inhalte verständlicher machen:** Bilder, Grafiken oder kurzgefasste Textinformationen helfen, um komplexe und schwierige Inhalte zu vermitteln und begreifbar zu machen.
- **Behaltensprozesse erleichtern:** Durch die visuelle Darstellung werden mehr Sinne angesprochen und Inhalte können besser behalten werden.
- **Ergebnisse sichern:** Häufig müssen nach Gruppenarbeiten Ergebnisse weiter bearbeitet werden. Eine rein mündliche Sammlung würde dies erschweren.
- **Wichtige Aussagen hervorheben:** Das Herausarbeiten von wesentlichen Punkten erleichtert das Lernen. Eine Visualisierung verdeutlicht den Lernenden die Priorisierung.
- **Zusammenhänge verdeutlichen:** Gerade bei komplexen Inhalten fällt es den Lernenden schwer, die Zusammenhänge zu erkennen und zu verstehen. Hilfestellung bietet eine anschauliche Visualisierung.
- **Erklärungsaufwand verkürzen:** Anhand einer Visualisierung können komplexe Inhalte in kürzerer Zeit vermittelt werden.

Medien sollten also bestenfalls nur dann benutzt werden, wenn die Visualisierung eines der oben beschriebenen Ziele erreicht. Prüfen Sie, in welchen Phasen Sie Ihre Lehrveranstaltung mit einer Visualisierung sinnvoll bereichern können.

Reflexion 6: Medieneinsatz
Welche Inhalte sind stark komplex und können durch eine Visualisierung verständlicher vermittelt werden?
Bei welchen Inhalten möchten Sie den Behaltensprozess erleichtern?
Welche Ergebnisse müssen gesichert werden?
Was sind die wichtigsten Aussagen?
Welche Zusammenhänge sollten verdeutlicht werden?
An welcher Stelle können Sie gezielt Erklärungsaufwand verkürzen?

Die folgenden Unterkapitel geben Ihnen Hilfestellung für die richtige Mediennutzung und die zielführende Gestaltung von Visualisierungen.

6.1 Passende Medien auswählen

Es gibt eine Vielzahl an Medien, die in Lehrsituationen eingesetzt werden können. Am beliebtesten ist sicher die Präsentation mit Power-Point, aber in der Hochschullandschaft werden auch weitere Medien, wie Flipchart, Pinnwand, Tafel und Whiteboard angewendet. Um das für Ihre Gegebenheiten passende Medium auszuwählen, sollten Sie Ihr Visualisierungsziel, die +AVIVA+-Phase in der das Medium eigesetzt werden soll, die Gruppengröße und die Raumbeschaffenheit bei der Medienwahl berücksichtigen. Tabelle 11 hilft Ihnen dabei.

Mit dieser Tabelle haben Sie einen Überblick über alle gängigen Medien, die Sie in Ihrer Lehrveranstaltung einsetzen können. Ein Wechsel zwischen den Medien bietet den Studierenden eine angenehme Abwechslung und fördert die Aufmerksamkeit. So können Sie beispielsweise das Vorwissen der Studierenden mit einer Zurufliste per Flipchart aktivieren. Anschließend stellen Sie neue Informationen mithilfe einer Power-Point-Präsentation dar. Daraufhin diskutieren Sie in der Verarbeitungsphase mit den Studierenden und notieren die Ergebnisse der Diskussion an der Tafel oder einem Whiteboard.

Was Sie hinsichtlich der Gestaltung von Visualisierungen beachten können, fassen wir für Sie im nächsten Kapitel zusammen.

Tabelle 11: Die wichtigsten Medien im Überblick

Medium	+AVIVA+-Phase	Konkrete Einsatzmöglichkeiten	Vorteile	Nachteile	Tipps	Gruppengröße
Flipchart	Ausrichten	Ablauf vorstellen, Erwartungen notieren	• Gut vorzubereiten • Spontane Visualisierung ist möglich • Mitarbeit der Studierenden ist möglich • Guter Kontakt zu den Zuhörern möglich	• Nur für begrenzte Gruppengröße einsetzbar • Auf Schriftbild und Schriftgröße ist zu achten • Nicht in allen Räumen vorhanden und Transport des Flipchart-Ständers schwierig	• Neuer Inhalt = neues Blatt • Anspruchsvolle Zeichnungen oder Grafiken mit Bleistift vorzeichnen • Für die Orientierung jedes Papier mit Überschrift versehen • Flipchart in einer nächsten Sitzung z.B. als Wiederholung nutzen	Max. 30 Studierende
	Vorwissen aktivieren	Sammeln von Ideen im Rahmen einer Zurufliste				
	Informieren	Poster mit Input erstellen				
	Verarbeiten	Ergebnisposter in Gruppenarbeiten anfertigen lassen				
	Auswerten	Für eine Punktabfrage Koordinatensystem visualisieren				
Pinnwand	(Lern-) Atmosphäre	Bei der Netzwerkübung Gemeinsamkeiten aufschreiben lassen	• Gut vorzubereiten • Umstrukturieren/ Ordnen von Inhalten ist möglich • Kombination von Karten anpinnen und auf dem Poster schreiben möglich	• Nur für begrenzte Gruppengröße einsetzbar • Auf Schriftbild und Schriftgröße ist zu achten • Nicht in jedem Institut verfügbar (Wand + Pinnpapier)	• Bei Gruppenarbeiten kann die Pinnwand als „Raumteiler" verwendet werden • Die Anordnung der Inhalte im Vorfeld überlegen	Max. 40 Studierende
	Vorwissen aktivieren	Mind-Map mit Karten anheften lassen				
	Informieren	Poster erläutern, Komplexe Darstellung entwickeln				
	Verarbeiten	Nach einer Kartenabfrage Karten an Pinnwand sortieren				

Tafel/ Whiteboard	Vorwissen aktivieren	Zur Gestaltung einer interaktiven Mind-Map nutzen	• Leichte Handhabung • Großflächige Darstellung • Leicht korrigierbar • Überall vorhanden	• Auf Schriftbild und Schriftgröße ist zu achten • Vorbereitung nur im Raum möglich • Ergebnisse nicht permanent verfügbar • Blickkontakt zu den Studierenden geht leicht verloren • Meist gleiche Bildfläche, wie die Projektion des Beamers	• Ausreichend Zeit für Visualisierung einplanen • Tafel vorher gut säubern • Alle nicht zum Thema passenden Inhalte entfernen	Für jede Gruppengröße
	Informieren	Modell miteinander entwickeln				
	Verarbeiten	Diskussionsergebnisse notieren				
Power Point oder alternative Präsentationsprogramme	Ausrichten	Beispiele mit Bildmaterial oder Grafiken visualisieren; Gesamt-Überblick darstellen	• Für große Personenanzahl geeignet • Gut vorzubereiten • Wiederverwendung von Folien • Abbildung, Ton, Grafiken können eingebunden werden • Folien können für die Studierenden zum Mitschreiben ausgedruckt werden	• Folien wirken schnell überladen • Projektion verleitet zum „Runterlesen" • Begrenzt interaktiv • Aufmerksamkeit fällt vom Redner ab • Fehleranfällige Technik	• Folienfreie Abschnitte einbauen → schafft Abwechslung & Zeit zur Verarbeitung der Inhalte • Pausen bei Folienwechsel machen	Eher für größere Gruppen (ab ca. 10) geeignet
	Informieren	Zum Vortrag passende Inhalte visualisieren; Audio- und Videomaterial einbauen; Übersichtliche Darstellung des Wesentlichen				
	Verarbeiten	Arbeitsaufträge darstellen				
	Auswerten	Präsentation der Musterlösung				

6.2 Visualisierungen gestalten

Die Gestaltung einer Visualisierung entscheidet maßgeblich über den „Erfolg“ bzw. „Misserfolg“ des Medieneinsatzes. Erfolgreich ist ein Medieneinsatz dann, wenn die Visualisierung Sie als Lehrperson unterstützt, den Studierenden eine gute Orientierung gibt und die oben dargestellten Ziele erfüllt. Von „Misserfolg“ kann gesprochen werden, wenn die Visualisierung überfrachtet ist, von den eigentlichen Inhalten ablenkt und die Inhalte komplexer wirken lässt, als sie sind. Daher müssen folgende Aspekte bei der Gestaltung von Visualisierungen beachtet werden:

Infotafel: Wirkung von Visualisierungen
Nicht immer ist eine Visualisierung sinnvoll. Das Kohärenz-Prinzip (Mayer 2001, 2009) besagt, dass ablenkende, für das Verständnis der Inhalte nicht erforderliche, zusätzliche Informationen (z.B. Textteile oder Grafiken) den Lernerfolg sogar maßgeblich beeinträchtigen.

Grundsätzliche Gestaltungsregeln bei der Erstellung von Visualisierungen

- Weniger ist mehr!
  Vermeiden Sie es, zu viele Informationen auf einmal zu präsentieren.
- Alles, was visualisiert wird, muss auch besprochen werden!
  Führen Sie zusätzliche Informationen in einem Handout auf, anstatt sie zu visualisieren, damit die Studierenden nicht von der Fülle an Informationen abgelenkt werden.
- Bild schlägt Wort!
  Abbildungen bleiben besser im Gedächtnis als Worte. Versuchen Sie, passende Bilder und Grafiken zu verwenden, anstatt geschriebene Texte zu präsentieren.

Diese grundsätzlichen Gestaltungsregeln treffen auf alle Medien zu. Was Sie konkret bei der Gestaltung von Power-Point-Präsentationen beachten sollten und wie Sie Visualisierungen für alternative Medien erstellen, wird auf den folgenden Seiten erläutert.

Gestaltung von Power-Point-Präsentationen

Power-Point-Präsentationen bieten einen großen gestalterischen Freiraum. So können Bilder, Grafiken, aber auch Videos und Audiomaterial in die Präsentation eingebunden werden, die Hintergründe können bunt leuchten, Folienübergänge können hineinfliegen, Folieninhalte können Schritt für Schritt aufgebaut werden.

Bitte bedenken Sie jedoch den ersten Gestaltungsgrundsatz: Weniger ist mehr. Viele technische Möglichkeiten führen nicht unbedingt zu besseren Visualisierungen. Power-Point-Folien können schnell überfrachtet und unübersichtlich wirken.

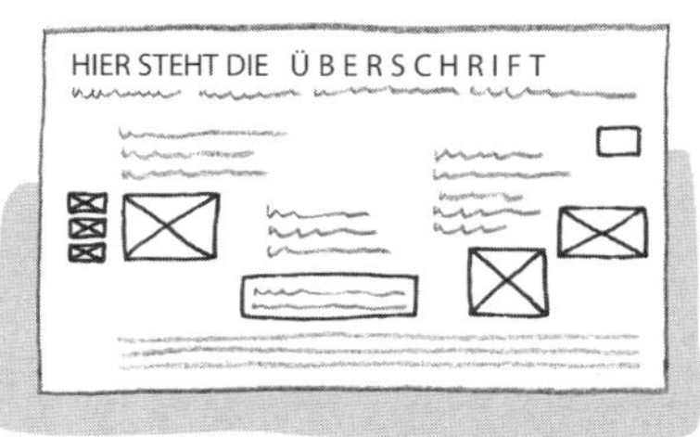

Abbildung 23: Layout unstrukturiert

Das Layout Ihrer Folien entscheidet über die Gesamtwirkung. Es bildet die Basis der Visualisierung, um Informationen für das Auge strukturiert und einheitlich darzustellen. Ein Layout sollte einmal erstellt und dann durchgängig verwendet werden. Ziel eines durchgängig verwendeten Layouts ist es, einerseits einen Wiedererkennungseffekt zu erreichen und andererseits, dass die Zuhörenden sich auf das Layout einstellen und somit Informationen schneller erfassen können. Universitäten, so wie jedes Unternehmen, gestalten passende Corporate Designs, um den Wiedererkennungseffekt zu fördern. Kommunikationsmittel, wie der Internetauftritt, das Logo und auch das Layout von Präsentationen, werden entsprechend des Corporate Designs gestaltet. Erkundigen Sie sich an Ihrer Hochschule, ob Sie auf eine Vorlage zugreifen können, die bereits das gewünschte Layout anbietet. Tabelle 12 zeigt Ihnen, wie Sie ein Layout erstellen, das einheitlich wirkt.

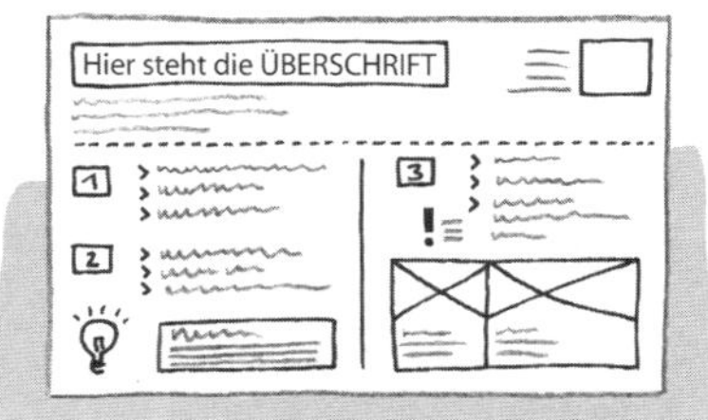

Abbildung 24: Layout strukturiert

Tabelle 12: Layoutprinzipien

Wichtige Layoutprinzipien	**Zu erreichen durch**
Durchgängig einheitliches Design aller Folien	• Erstellung einer gut designten Masterfolie • Einsatz von dezenten Farben und inhaltsunterstützenden Bildern • Dezente Hintergründe • Folienübergänge gleichartig gestalten
Fußzeile der Folien	• Bei allen Folien (außer der Titelfolie) gleich • Aufführung von organisatorischen Informationen, wie z.B. Datum, Autor, Titel der Veranstaltung und eventuell Copyright-Vermerke • Foliennummerierung einfügen: schafft Orientierung und vermeidet Suchzeiten • Schriftgröße: 8-9 pt für die Fußzeile sind ausreichend

Ausrichtung der Informationen und grafischen Darstellungsformen	• Folien immer mit Überschriften versehen • Aufzählungspunkte immer an die gleiche Stelle setzen • Verwendung von Führungslinien oder Gitter als Hilfswerkzeug einsetzen, um Grafiken an eine stimmige Stelle zu setzen (benutzerdefiniert einstellen) • Klare Abgrenzung von Überschrift, Inhaltspunkten und Fußzeile (z.B. mit dünnem Balken, Linien oder farblich)

Achten Sie bei der Textgestaltung auf Leserlichkeit und Strukturierung, was erreicht werden kann, wenn Sie sich an folgende Faustregeln halten:

- **Schriftgröße**
  Passen Sie die Schriftgröße an die Leinwandgröße bzw. Größe des Raumes an, so dass Ihr Text auch im hinteren Bereich des Hörsaales gut zu lesen ist. Eine grobe Orientierung besagt, dass Überschriften mindestens eine Größe von 24pt und Texte mindestens 18pt betragen sollten.
- **Schriftart**
  Verwenden Sie nicht mehr als zwei unterschiedliche Schriftarten. Jeder Schriftartwechsel sollte eine Bedeutung haben.
- **Schriftstil**
  Groß- und Kleinbuchstaben sind für die Zuschauer leichter lesbar als reine GROSSBUCHSTABEN. *Kursive* Schrift ist ebenfalls schwieriger zu erfassen. Außerdem kann diese bei manchen Beamern flackern. Serifenlose Druckschrift wie Arial ist auf Projektionsflächen leichter zu lesen als Serifenschrift (wie z.B. Times New Roman).
- **Textform**
  Verwenden Sie Aufzählungszeichen und formulieren Sie Stichwörter und Phrasen anstatt ganze Sätze. Lange Sätze können von Studierenden nicht erfasst werden, wenn sie gleichzeitig der Lehrperson zuhören möchten. Als grobe Faustregel gilt, dass eine Folie nicht mehr als sieben Aufzählungspunkte umfassen sollte.
- **Hervorhebungen**
  Setzen Sie Hervorhebungen systematisch ein. Heben Sie Besonderheiten hervor, indem Sie die zentralen Begriffe fett **oder** farbig gestalten. Verwenden Sie maximal drei unterschiedliche Farben. Farben sollten schwarz-weiß gut wirken, damit die Studierenden die Folien auch ausgedruckt lesen können

Eine Power-Point-Präsentation soll kein ausführliches Handout ersetzen, sondern eher als Stichwortgeber fungieren. Nur so hören Studierende aufmerksam zu und ergänzen vertiefende Informationen handschriftlich. In der folgenden Abbildung sehen Sie, wie kurz die oben beschriebenen Textgestaltungsmerkmale als Folie realisiert wären (ohne Berücksichtigung der Foliengestaltung). Alle nicht enthaltenen Informationen können vom Sprecher mündlich ergänzt werden.

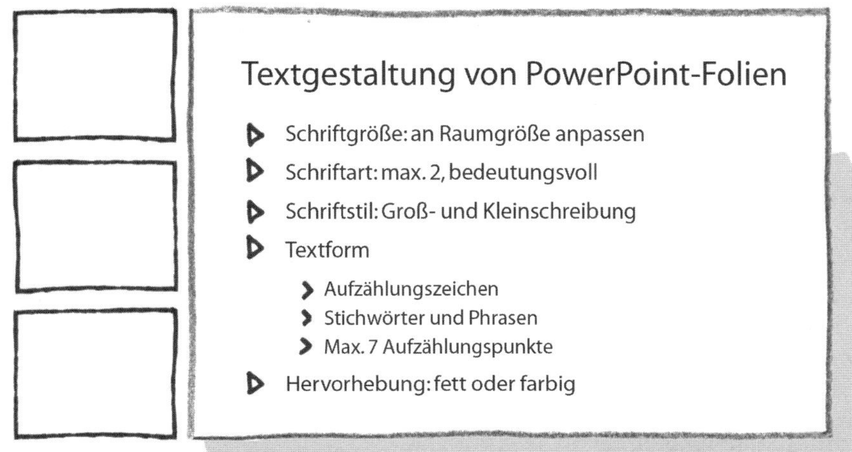

Abbildung 25: Textgestaltung bei PowerPoint

Wenn Power-Point-Folien zu textlastig gestaltet sind, verlieren Studierende häufig die Aufmerksamkeit. Wie die Gestaltungsregel „Bild schlägt Wort" besagt, sind Wörter für das Gehirn schwieriger zu verarbeiten als Abbildungen. Arbeiten Sie daher in ihrer Lehrveranstaltung mit thematisch passenden Bildern, um Inhalte optisch zu unterstützen und „Textwüsten" aufzulockern.

Bei Bildern aus dem Internet oder aus Zeitschriften muss sich jeder Nutzer bei der Verwendung an die Lizenzvorgaben halten. Es existieren hervorragende Fotoportale im Internet (z.B. www.fotolia.com oder www.pixabay.com). Bitte informieren Sie sich über die jeweiligen Verwertungsrechte und führen Sie immer Ihre Quellen an. Sie sind auf der sicheren Seite, wenn Sie eigene Zeichnungen und Fotos verwenden. Beachten Sie bei Bildern auch das Recht am eigenen Bild: Personen, die auf Bildern dargestellt sind, müssen schriftlich ihre Zustimmung geben, damit das Bild veröffentlicht werden darf.

Bilder müssen für Präsentationen angepasst und bearbeitet werden. So sollten Bilder, um ein einheitliches Erscheinungsbild herzustellen, entsprechend verkleinert oder vergrößert werden. Um Power-Point-Präsentationen mit vielen Bildern leicht speichern, verschicken oder auch auf eine Online-Plattform stellen zu können, sollte darauf geachtet werden, dass die Bildgröße auf 200 bis 500 KB reduziert wird. Das gängigste Speicherformat für Bilder ist .jpg, das in allen Präsentationsprogrammen verwendet werden kann.

Positionieren Sie die Bilder sinnvoll, so dass Text-Informationen sichtbar bleiben. Knallige Hintergrundbilder oder bunte Muster sollten vermieden werden, da sie die Aufmerksamkeit der Studierenden ablenken und störend wirken können.

Übung 6: Gestaltung von Power-Point-Folien
Überprüfen Sie eine von Ihnen bereits gestaltete Power-Point-Visualisierung hinsichtlich Layout, Textgestaltung und Bildereinsatz.

Animationen in Power-Point-Präsentationen können die Aufmerksamkeit wecken, sprechen unterschiedliche Wahrnehmungskanäle an und können zur Hörerführung genutzt werden, indem Inhalte Schritt für Schritt dargestellt werden. Diese Ziele werden jedoch nur dann erreicht, wenn die Animationen sinnvoll, maßvoll und systematisch eingesetzt sind. Möchten Sie einen Aspekt einer Folie ausführlicher erklären, ohne dass die Studierenden den Rest der Folie bereits lesen, können Sie eine Textanimation verwenden. Lassen Sie die Textbausteine einfach erscheinen, anstatt sie beispielsweise in die Folie „einfliegen" zu lassen. Aufregende, effekthascherische Animationen irritieren und lenken vom Inhalt ab.

Der große Vorteil von Power-Point-Präsentationen ist, dass Sie Bild- und Tonmaterial einbinden, die Folien in Ruhe vorbereiten und anschließend wiederverwenden können. Ein Nachteil ist die mangelnde Interaktionsmöglichkeit und Flexibilität. Allerdings existieren in vielen Hörsälen mittlerweile Smartboards, die ermöglichen, Wortbeiträge in der Vorlesung handschriftlich auf den Folien zu ergänzen. Zusätzlich dazu empfehlen wir, dass Sie in Ihrer Lehrveranstaltung auch alternative Medien einsetzen.

Gestaltung von alternativen Medien

Alternative Medien, wie Flipchart, Pinnwand, Tafel und Whiteboard, bieten Ihnen die Möglichkeit, direkt mit den Studierenden zu interagieren, Ideen und Ergebnisse zu sammeln oder neu zu ordnen. Möglicherweise stellt es für Sie eine Hemmschwelle dar, mit Ihrer eigenen Handschrift Tafel und Flipchart zu beschriften, da Sie viel größer und gut leserlich schreiben müssen. Handschriftlichkeit hat jedoch Vorzüge: Es verleiht der Visualisierung eine persönliche Note, da jede Visualisierung individuell ist, was wiederum auflockernd wirkt und zur Aufmerksamkeitssteigerung der Studierenden beiträgt. Zudem erleichtert der Einsatz alternativer Medien Ihnen die Interaktion mit den Studierenden. Bei der Gestaltung von alternativen Medien sind besonders zwei Aspekte hervorzuheben: Leserlichkeit und die Struktur.

- **Leserlichkeit**
  Verwenden Sie Druckschrift statt Schreibschrift, schreiben Sie auch hier in Groß- und Kleinbuchstaben, anstatt nur Großbuchstaben zu nutzen. Schreiben Sie die Buchstaben groß und eng aneinander, weil das die Lesbarkeit unterstützt.
- **Struktur**
  Bei der Struktur gelten generell die gleichen Prinzipien, wie bei der Gestaltung von Power-Point-Folien. Jedes Poster sollte mit einer Überschrift versehen sein, die Textbausteine sollten per Aufzählung visualisiert werden. Heben Sie wichtige Informationen farblich, durch Unterstreichung oder einen Rahmen hervor. Symbole geben bildliche Gedächtnismarker. Planen Sie im Vorfeld Ihre Plakatgestaltung auf einem Din-A4-Papier um einen Blick für eine gute Bildaufteilung zu erhalten.

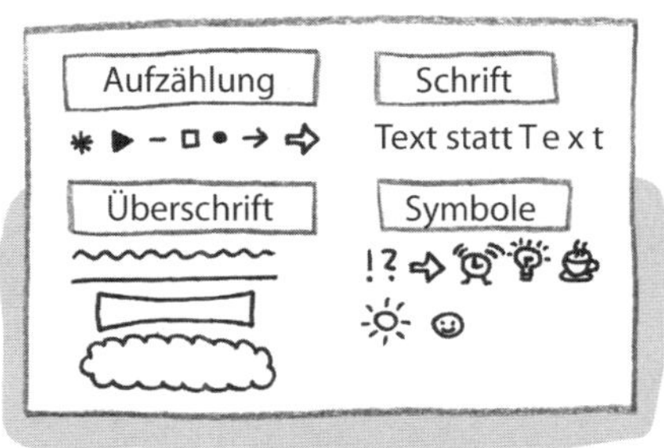

Abbildung 26: Leserlichkeit und Struktur

In Abbildung 27 sehen Sie einige Beispiele wie Flipchart- und Pinnwandposter strukturiert werden können.

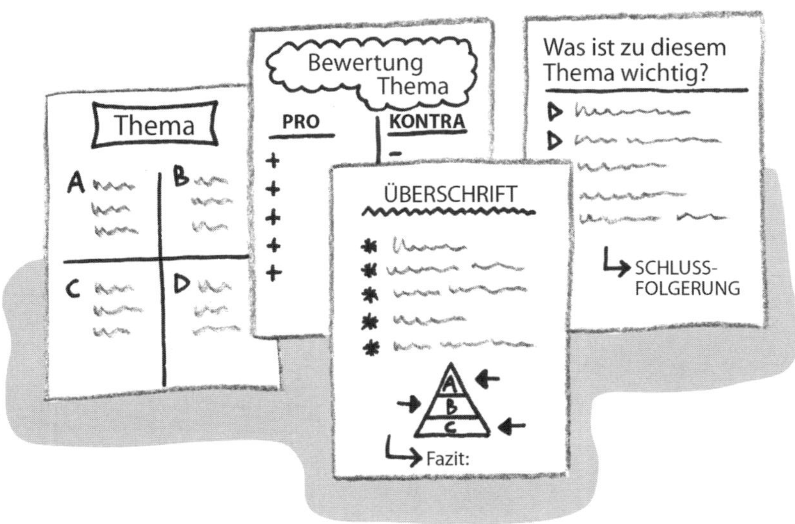

Abbildung 27: Gestaltung Flipchart

Auch das Zeichnen auf alternativen Medien ist nicht so schwer. Auf einem Flipchart oder einer Pinnwand können Sie die Visualisierung mit einem dünnen Bleistift vorzeichnen. Eine Zeichnung live vor den Studierenden zu erstellen, ist sehr effektvoll!

Die Tafel und das Whiteboard bieten im Vergleich zum Flipchart bzw. zur Pinnwand mehr Fläche. Sie sollten auch hier im Vorfeld überlegen, wie die Fläche visuell unterteilt werden kann, damit die Visualisierung nicht unübersichtlich wird. Es ist für einen Zuhörer einfacher, die Informationen zu lesen, wenn nicht die ganze Breite von Tafel oder Whiteboard für eine Phrase verwendet wird, sondern Inhalte in Spalten aufgeteilt werden. Wenn die Tafel aus zwei Teilen, Vorderwand und Hinterwand, besteht, können Sie einen Spannungseffekt erzeugen, indem Sie die hintere Fläche vorbereiten und den Studierenden erst im Laufe Ihrer Veranstaltung zeigen. Eine Tafel und ein Whiteboard können Sie visuell zum Beispiel wie in Abbildung 28 gestalten.

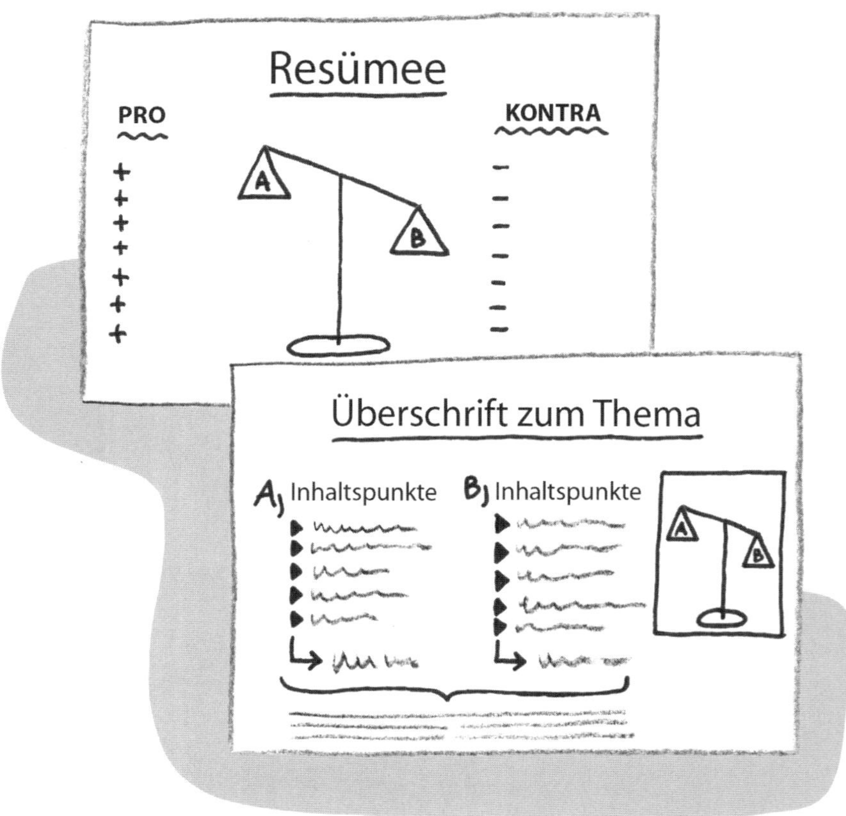

Abbildung 28: Gestaltung Tafel und Whiteboard

Die passenden Medien sind nun ausgewählt, die Visualisierung ist gestaltet. Nun stellt sich die Frage, was Sie für einen souveränen Medieneinsatz in Ihrer Lehrveranstaltung beachten sollten.

6.3 Medien in Lehrveranstaltungen verwenden

Die Nutzung verschiedener Medien erfordert einen bewussten Umgang und ein wenig Übung. Um für einen professionellen Medieneinsatz gut vorbereitet zu sein, sollten Sie vorab immer die Materialien und die technische Ausstattung kontrollieren. Vergessen Sie dies, sind folgende Szenarien denkbar: Der Beamer lässt sich mit dem Laptop nicht verbinden, das Flipchart im Raum hat kein Papier, die Whiteboardmarker schreiben nicht oder der Sound kann nicht abgespielt werden.

Wenn Sie in ihrer Lehrveranstaltung interaktiv mit den Studierenden etwas erarbeiten und dies an Tafel, Flipchart oder Pinnwand mitvisualisieren möchten, organisieren Sie rechtzeitig die notwendigen Materialien. Überprüfen Sie, ob Ihre Materialien vollständig sind, denn es ist einfach ärgerlich und kann bei Ihnen Nervosität verursachen, wenn Sie mitten in der Veranstaltung feststellen, dass die Stifte nicht mehr schreiben oder am Flipchart kein Papier vorhanden ist. Im schlimmsten Fall müssen Sie wegen Kleinigkeiten den Ablauf Ihres Konzeptes ändern. Überprüfen Sie also Ihre Materialien vor jeder Sitzung auf Vollständigkeit und Funktionstüchtigkeit.

Führen Sie einen Technik-Check durch! Bei der Benutzung von Videobeamern und Präsentationslaptops treten hin und wieder technische Probleme auf. Diese können vermieden werden, indem Sie vorab prüfen, ob sich Ihre Präsentation einwandfrei über den Beamer darstellen lässt.

Beachten Sie, dass Sie selbst das Medium Nummer 1 bleiben! Sie als Lehrperson stehen im Zentrum und nicht das Medium. Medien sind nur Hilfsmittel für Sie und so sollten sie auch behandelt werden. Verstecken Sie sich daher nicht neben bzw. hinter dem Medium oder kehren den Studierenden den Rücken zu. Achten Sie auf einen guten Blickkontakt zu Ihren Studierenden. Beim Einsatz von alternativen Medien, zum Beispiel der Tafel, müssen Sie bedenken, dass Sie entweder schreiben oder sprechen, da die Studierenden Sie sonst nicht verstehen können. Formulieren Sie Inhalte mündlich mit Ihren eigenen Worten anstatt die Folien eins zu eins abzulesen. Ein abgelesener Vortrag kann für die Zuhörenden sehr ermüdend sein. Halten Sie den Text auf den Folien kurz und ergänzen Sie ausführlichere Erklärungen verbal. Nutzen Sie den Raum und arbeiten Sie z.B. mit einem Presenter, damit Sie nicht nur an einer Stelle im Raum stehenbleiben müssen und Sie alle Studierenden gleich gut sehen können (vgl. Kapitel 7.2). Probieren Sie vor dem Start der Lehrveranstaltung aus, an welchen Positionen Sie guten Blickkontakt mit den Studierenden aufbauen können, an welchen Stellen „tote“ Sichtpunkte im Raum sind bzw. wohin das Projektionslicht des Beamers strahlt und Sie nicht stehen sollten.

Bauen Sie Phasen ein, in denen Sie keine Visualisierung verwenden und sich die Studierenden nur auf Sie konzentrieren. Bei der Verwendung von Power Point können Sie im Präsentationsmodus durch Drücken der Taste B (=Black) oder W (=White) den Screen auf schwarz oder weiß schalten.

Tipps & Tricks

In einer Studie zum Medieneinsatz konnte festgestellt werden, dass eine Folie ohne Inhalt (z.B. schwarze Folie) den Behaltensprozess der Studierenden erhöht. Das, was während der sogenannten kurzen visualisierungsfreien Zeit gesagt wurde, konnte besser behalten werden. Die Konzentration auf den Inhalt wird gesteigert.
(Wecker, 2012)

Die Vorbereitung des Medieneinsatzes und Ihrer Visualisierungen sind abgeschlossen und Sie sind gut für ihre Lehrveranstaltung vorbereitet. Im zweiten Teil dieses Buches behandeln wir Aspekte, die Sie dabei unterstützen, in Ihren Sitzungen sicher und souverän aufzutreten.

Empfehlungen zum Weiterlesen

Rachow, A.; Sauer, J. (2018): *Der Flipchart-Coach. Profi-Tipps zum Visualisieren und Präsentieren am Flipchart.* (7. Auflage). Bonn: managerSeminare Verlags GmbH.

Schröder, M. (2014): *Präsentationen entwickeln und gestalten mit PowerPoint 2013.* Rinteln: Merkur Verlag.

Weidenmann, B. (2015): *100 Tipps & Tricks für Pinnwand und Flipchart.* (5. Auflage). Weinheim, Basel: Beltz.

Will, H. (2016): *Mini-Handbuch Training und Seminar.* Weinheim, Basel: Beltz.

Checkliste für Kapitel 6

Füllen Sie die Checkliste aus. Mit jeder ausgefüllten Checkliste vervollständigt sich Ihr Konzept.

In welchen Phasen Ihrer nächsten Sitzung ist der Einsatz von Medien sinnvoll? Welches Visualisierungsziel soll mithilfe welchen Mediums erreicht werden? Füllen Sie dazu die Tabelle aus:

Phase	Visualisierungsziel	Medium

Kontrollieren Sie Ihre Visualisierung in Bezug auf die Gestaltung.
Checkliste Power Point:

- Die Folien sind in einem durchgängigen einheitlichen Layout erstellt und beinhalten eine Fußzeile. ☐
- Jede Folie ist mit einer Überschrift versehen und die Aufzählungspunkte stehen in einer Linie untereinander. ☐
- Der Text ist leserlich und strukturiert. ☐
- Ich habe maximal sieben Stichpunkte pro Folie aufgeführt. ☐
- Ich setze maximal drei Farben ein. ☐
- Die Bilder tragen Quellenangaben und sind sinnvoll positioniert. ☐
- Ich verwende einfache Animationen. ☐

Checkliste alternative Medien:

- Alle Visualisierungen tragen eine Überschrift. ☐
- Die Poster sind leserlich und strukturiert gestaltet. ☐
- Grafiken habe ich mit Bleistift vorgezeichnet ☐

Rufen Sie sich ins Gedächtnis, was Sie bei der Anwendung Ihrer Medien beachten müssen:

- Ich habe mir einen zentralen Platz im Raum eingerichtet. An meiner Position kann ich einen guten Blickkontakt zu den Studierenden aufbauen. ☐
- Eine medienfreie Zeit habe ich eingeplant. ☐
- Meine Materialen und meine Technik habe ich kontrolliert:
  - o Es steht ausreichend Papier für Flipchart und Pinnwand zur Verfügung. ☐
  - o Din-A4-Papier oder Moderationskarten sind ausreichend vorhanden. ☐
  - o Whiteboardmarker, Tafelkreide, verschiedenfarbige Flipchartmarker sind ausreichend vorhanden und schreiben. ☐
- Ich habe die Technik überprüft und getestet, ob sich meine Präsentation über den Beamer im Raum abspielen lässt. ☐

Teil II Durchführung von Lehrveranstaltungen

Ihre Lehrveranstaltung ist nun lerngerecht konzipiert und aufbereitet. Sie haben interaktive Lehr-/Lernmethoden ausgewählt, Ihr Medieneinsatz ist geplant und Ihre Visualisierungen vorbereitet. Jetzt kommt es auf eine gelungene Durchführung Ihrer geplanten Veranstaltung an. Hierbei spielen Ihr persönliches Auftreten (Kapitel 7), wie Sie die Studierendengruppe leiten (Kapitel 8) sowie die Kunst, auch schwierige Situationen in Lehrveranstaltungen zu meistern (Kapitel 9), eine wesentliche Rolle.

7. Ausdrucksstark auftreten

In diesem Kapitel erfahren Sie...

- ... welche Faktoren zur Stimme gehören und wie Sie auf Stimmprobleme reagieren können.
- ... wie Sie zu Ihren Studierenden Blickkontakt aufbauen und wie Ihre Hände einzusetzen sind.
- ... wie Sie den Raum mit Ihrem Körper nutzen.
- ...wie Sie verständlich formulieren und was bei der Wortwahl und dem Satzbau zu beachten ist.

Das persönliche Ausdrucksverhalten wird von drei Faktoren bestimmt: der Stimme, der Körpersprache und von dem verbalen Ausdruck, also der Sprache. Stimme, Körpersprache und verständliche Sprache sind Ausdrucksmittel einer Sprecherin, eines Sprechers und spiegeln Stimmungen, Emotionen, innere Haltung und Motivation wider. Sie tragen zu einem wirksamen, ausdrucksstarken Auftreten bei. Auf alle drei Faktoren wird in diesem Kapitel differenziert eingegangen.

7.1 Kräftige Stimme einsetzen

Unsere Stimme ist bei der Vermittlung von Inhalten der „Träger“ unserer Worte und signalisiert viele Zwischentöne und Stimmungen. Eine kräftige und gut verständliche Stimme ist nicht selbstverständlich. Die Art und Weise, wie die Stimme eingesetzt wird, kann entscheidend zum Verstehen und zur Aufmerksamkeit der Studierenden beitragen.

Die Stimme bzw. der individuelle Stimmklang hängt eng mit der Persönlichkeit zusammen und verrät zugleich einiges über die momentane körperliche und seelische Verfassung einer Person. Fühlen Sie sich beispielsweise für Ihre Lehrveranstaltung inhaltlich gut vorbereitet und sind selbstbewusst, so ist ein sicherer stimmlicher Ausdruck wahrscheinlich. Sind Sie jedoch nervös oder von dem Inhalt nicht überzeugt, dann können das Studierende unter Umständen an Ihrer Stimme wahrnehmen.

Doch nicht nur Ihre Stimmung nimmt Einfluss auf die Stimme, sondern auch die Stimme auf Ihre Stimmung. Ist Ihre Stimme beispielsweise erkältungsbedingt angeschlagen, so können Sie nicht, wie vielleicht gewünscht, Inhalte kraftvoll, klar und verständlich zum Ausdruck bringen. Dies kann Sie stören oder irritieren, was Ihre momentane Stimmung beeinflusst. Seien Sie sich also über den wechselseitigen Zusammenhang bewusst (Abb. 29).

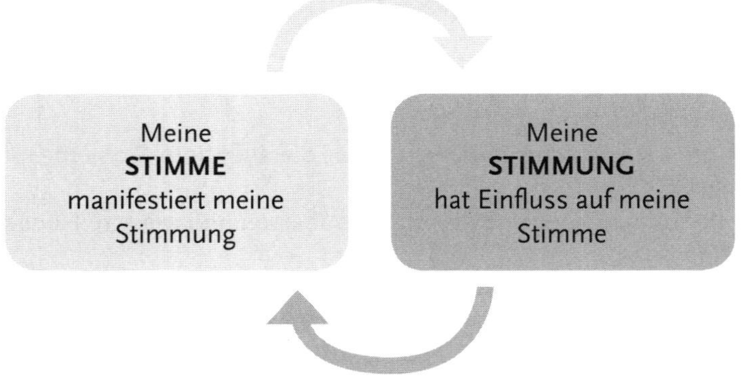

Abbildung 29: Verhältnis von Stimme & Stimmung

Reflexion 7: Reflexion zur Stimme
Notieren Sie eine Situation, in der Ihre Stimmung Ihre Stimme beeinflusst hat. Notieren Sie eine weitere Situation, in der Ihre Stimmung von Ihrer Stimme beeinflusst wurde.
Wenn Sie Ihre Stimme hören, welche Aspekte gefallen Ihnen an Ihrer Stimme? Welche Aspekte Ihrer Stimme gefallen Ihnen weniger? Wo wünschen Sie sich Verbesserungen?

Um an einer ausdrucksstarken Stimme zu arbeiten, hilft es zunächst, sich des Systems Stimme und ihrer Physiologie bewusst zu werden. Der individuelle Stimmklang setzt sich aus einem komplexen System von Einzelfaktoren zusammen. Der Stimmfunktionskreis in Abbildung 30 verdeutlicht dieses komplexe System in vereinfachter Form (In Anlehnung an „Integrative Stimmtherapie nach Haupt" in Schwarz, 2001; Hammer 2012).

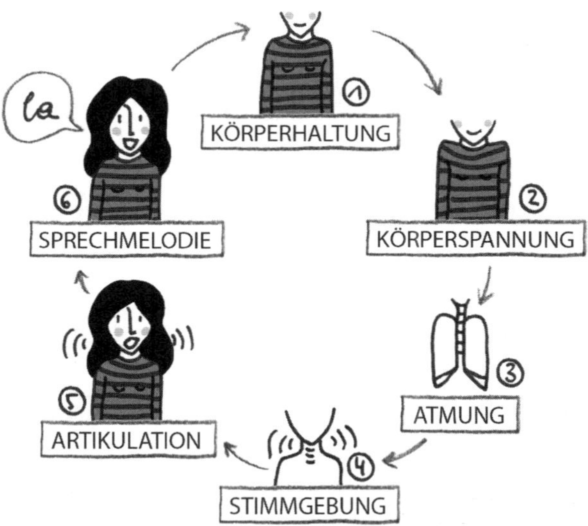

Abbildung 30: Stimmfunktionskreis

Der Stimmfunktionskreis beinhaltet die Körperhaltung (1), die sich auf die Körperspannung (2) auswirkt und die Atmung (3) beeinflusst. Durch den Ausatemstrom wird die Stimmgebung (4) verursacht, durch Artikulationsbewegungen (5) werden Laute geformt, welche mithilfe der Sprechmelodie (6) variiert werden.

Wie der Stimmfunktionskreis veranschaulicht, wirken unterschiedliche Faktoren auf die Stimme ein. Daraus folgt, dass eine Verbesserung der Stimmqualität nicht dadurch erzielt werden kann, einen Faktor isoliert zu behandeln. Der erste Schritt, die eigene Stimme zu kräftigen, ist, alle Faktoren in Betracht zu ziehen und die unterschiedlichen Bereiche des Stimmfunktionskreises zu prüfen. Dazu stellen wir Ihnen nun die sechs Funktionen genauer vor.

Die Körperhaltung

Die Grundvoraussetzung einer tragfähigen Stimme ist eine aufrechte Körperhaltung, sowohl im Sitzen als auch im Stehen (vgl. Kapitel 7.2). Eine gute Körperhaltung ermöglicht eine freie, tiefe Atmung. Außerdem hängt unsere Körperhaltung mit der Körperspannung zusammen. So kann ein langes Sitzen in der gleichen Haltung am Computer leicht zu Nackenschmerzen führen. Auch der Kehlkopfbereich kann durch eine ungünstige Körperhaltung eingeengt werden, was sich wiederum auf das Schwingungsverhalten der Stimmlippen negativ auswirken kann (siehe dazu Stimmgebung). Eine gute Körperhaltung zeichnet sich dadurch aus, dass wir den Körper gerade halten.

Das heißt:

- eine aufrechte Kopfhaltung einnehmen
- das Kinn leicht nach unten strecken (Marionetten-Vorstellung, Zug am Hinterkopf nach oben)
- das Brustbrein leicht aufrichten
- einen geraden Rücken machen
- die Knie parallel und locker zueinander aufstellen
- die Füße hüftbreit auseinander stellen
- das Gewicht auf beiden Füßen gleich verteilen, um einen festen Stand zu unterstützen

Abbildung 31: Körperhaltung im Stehen

Tipps & Tricks
Wenn Sie eine imaginäre gerade Linie von Ihren Ohrläppchen durch Ihre Schultern, Ihre Hüfte, Ihre Knie und Ihre Fersen ziehen können, dann haben Sie eine aufrechte Körperhaltung eingenommen.

Folgende Fehlstellungen sollten Sie vermeiden:

- überkreuzte Beinstellung, Belastung nur auf einem Bein, Beine zu eng aneinander oder zu weit auseinander
- durchgedrückte Knie
- wackelige Beckenhaltung oder das Becken zu weit nach vorn oder hinten kippen
- Rücken im Hohlkreuz oder sogenanntem „Katzenbuckel“
- Schultern nach hinten überdehnt, nach vorne gekauert oder nach oben gezogen
- Kopf zu weit nach vorne gebeugt, Kinn zu nah an der Brust oder Kopf nach hinten gedehnt

Nehmen Sie stattdessen einen festen und geraden Stand ein mit lockeren Knien, um Körperkippeln zu verringern.

Im Sitzen sieht eine physiologisch gesunde Haltung wie folgt aus:

- eine aufrechte Kopfhaltung einnehmen
- das Kinn leicht nach unten strecken (Marionetten-Vorstellung, Zug am Hinterkopf nach oben)
- den Schultergürtel gelöst
- Das Brustbein leicht aufrichten
- Mit den Sitzhöckern sollten Sie einen guten Kontakt zur Unterlage spüren
- Neigen Sie Ihr Becken leicht vor
- Die Beine sind angewinkelt
- die Füße hüftbreit auseinander stellen und einen guten Bodenkontakt herstellen

Abbildung 32: Körperhaltung im Sitzen

Die Körperspannung

Neben der Körperhaltung sollte für eine tragfähige Stimme auch die Körperspannung beachtet werden. Das Schlüsselwort einer physiologisch gesunden Haltung lautet „Eutonus". „Eu" bedeutet gut, gesund und „tonus" heißt (Körper-) Spannung. Durch den Körper sollte sich also eine ökonomische Gesamtspannung ziehen, das heißt, nicht überspannt und nicht zu entspannt sein. Eine angemessene Grundspannung fördert die Stimmgebung.

Für viele stellt das Reden vor Publikum eine stressbesetzte Situation dar. Der Körper reagiert darauf häufig mit Überspannung, die Nervosität wird für die Zuhörerschaft sichtbar oder die Sprecherin, der Sprecher wirkt verkrampft. Der angespannte Zustand zeigt sich beispielsweise an angezogenen Schultern oder an einem verkrampften Gesichtsausdruck. Anspannung führt meistens zu flacherer Atmung bis hin zur Schnappatmung, die Stimme wird nicht mehr ausreichend von der Atmung gestützt, die Tongebung erfolgt mit Druck und der Stimmklang kann gepresst klingen.

Ist im Gegensatz dazu kaum Spannung vorhanden, kann der Vortragende leicht zu lasch oder zu locker wirken. Kennzeichen für einen zu lockeren Körper sind hängende Schultern und eine zu lockere Hüft,- oder Beinstellung.

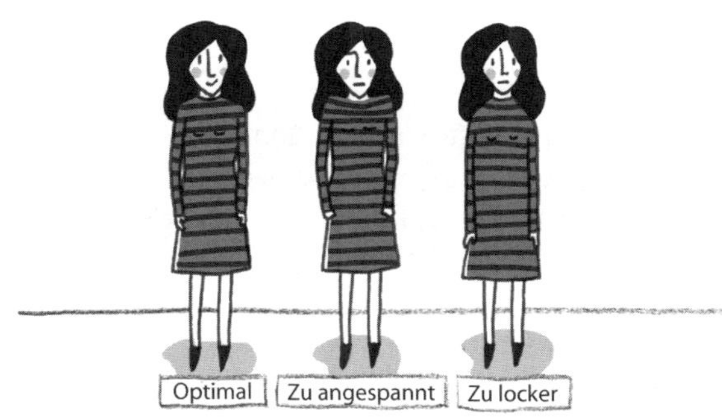

Abbildung 33: Körperspannung

Mit einer zu geringeren Körperspannung können Vortragende lustlos und unengagiert wirken, was sich im ungünstigsten Fall auf die Studierenden übertragen kann. Eine optimale Körperspannung bedeutet, die Muskeln so weit anzuspannen, dass eine gesunde Körperhaltung eingenommen werden kann.

Um kurzfristig Spannung abzubauen, die möglicherweise durch Nervosität vor einer anstehenden Lehrveranstaltung hervorgerufen wird, eignet sich jegliche Form der Bewegung. Hier helfen beispielsweise Treppensteigen, spazieren gehen, Schulterkreisen und die Arme locker auszuschütteln. Langfristig sehr effektive spannungsregulierende Techniken und Methoden sind unter anderem die Progressive Muskelentspannung nach Jacobson (PME), Autogenes Training, Massagen sowie Yoga. Langfristige Methoden sollten Sie unter professioneller Anleitung immer wieder üben. Es empfiehlt sich also hierzu, entsprechende Kurse zu besuchen.

Übung 7: Körperhaltung und Körperspannung
Wenn Sie sich vor einer Lehrveranstaltung angespannt fühlen, dann kann Ihnen diese Entspannungsübung helfen. Die Übung dauert ca. zehn Minuten.

1. Dehnen & Lockern: Strecken Sie Ihren ganzen Körper, ziehen Sie die Arme weit nach oben. Schütteln Sie im Anschluss Beine und Arme locker aus.
2. Schulterkreisen: Lassen Sie langsam und in großen Kreisen erst eine und dann die andere Schulter nach vorne und nach hinten kreisen.
3. Abklopfen: Klopfen Sie leicht mit der Faust von der linken zur rechten Schulter (im Brustbereich) und wieder zurück, da dies Spannungen im Brustbereich abbaut.
4. Körperhaltung & Königsnicken: Stellen Sie Sich vor, dass an Ihrem Kopf eine Schnur nach oben befestigt ist, die Sie leicht nach oben zieht. Nehmen Sie eine gerade, aufrechte Körperhaltung ein. Nicken Sie nun freundlich und würdevoll („Königsnicken“) von links nach rechts und zurück ohne die Haltung aufzugeben.

Die Atmung

Ohne Atmung keine Stimme, denn die Atmung transportiert die Stimme. Bei der Ausatmung wird Luft durch unsere Luftröhre in den Kehlkopf gedrückt. Sie ist somit entscheidend dafür, wie lange wir sprechen können.

Physiologisch wird zwischen Bauch-, und Brustatmung unterschieden. Bei der Bauchatmung, auch Zwerchfellatmung genannt, zieht sich beim Einatmen das Zwerchfell zusammen (siehe Abbildung 34). Der folgende Unterdruck sorgt dafür, dass sich die Lunge ausdehnt und Luft angesaugt wird – der Bauch wölbt sich nach außen. Beim Ausatmen entspannt und hebt sich das Zwerchfell wieder, die Luft wird durch die Luftröhre nach außen gedrückt. Das Zwerchfell ist eine Muskelpalette, die 80 Prozent der Arbeit stemmt. Wenn der Körper entspannt ist, zum Beispiel beim Schlafen, wird die Bauchatmung unbewusst eingesetzt.

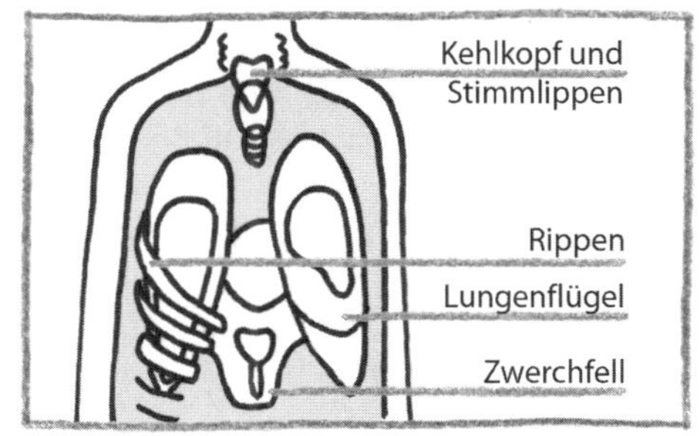

Abbildung 34: Atmung

Anders als bei der Bauchatmung erfolgt die Brustatmung durch die Erweiterung des Brustkorbs, die Rippen werden angehoben. Durch die Volumenvergrößerung entsteht ein Unterdruck, welcher das Einströmen von Atemluft in die Lunge zur Folge hat – der Bauch zieht sich ein. In Stresssituationen, d.h. mit erhöhter Körperspannung, tritt vermehrt Brustatmung auf. Beim Sprechen steht bei der Brustatmung wesentlich weniger Volumen zur Verfügung als bei der Bauchatmung. Dies hat zur Folge, dass die Stimme weniger tragfähig ist bzw. manchmal Sätze nicht zu Ende gesprochen werden können, da zu wenig Luft zur Verfügung steht.

Stimmungen wie Nervosität oder Aufregung können – aufgrund der erhöhten Muskelspannung – zu Atemlosigkeit, Schnappatmung oder hörbarem Einatmen führen. Als Folge davon kann sich der Stimmklang verschlechtern. Ein ungünstiger Sauerstoffhaushalt kann zudem Erröten, Schwindel oder sogar Blackouts verursachen. Daher ist es wichtig, bei Anspannung oder Nervosität auf eine freie, tiefe, ausgeglichene Atmung zu achten (im besten Fall Bauch-, bzw. Zwerchfellatmung). Das Zwerchfell bewusst einzusetzen, also eine Zwerchfellaktivierung, kann geübt werden, um in einer Stresssituation ausreichend Luft zur Verfügung zu haben.

Übung 8: Atmung

Die folgende Übung hilft Ihnen, in Stresssituationen zur Ruhe zu kommen und damit Nervosität abzubauen. Beginnen Sie im Sitzen und wiederholen Sie jeden Punkt fünfmal, bevor Sie zum nächsten Punkt übergehen.

- Atmen Sie tief durch die Nase ein, Ihre Schultern bleiben dabei entspannt hängen.
- Stellen Sie sich ein imaginäres Bändchen vor, dass Sie oben festhält, und ziehen Sie bei der Einatmung die Zehen nach oben. Lassen Sie bei jeder Ausatmung die Zehen wieder fallen – und somit auch den Atem.
- Verbinden Sie Ihre Ausatmung mit einem tiefen „Seufzer".
- Atmen Sie als nächstes das Knie „nach oben" und lassen Sie es auf der Ausatmung wieder fallen.
- Strecken Sie Ihre Arme seitlich aus und atmen sie die Arme mit einer Halbkreisbewegung „nach oben". Nach der Einatmung treffen sich die Hände

oberhalb des Kopfes. Lassen Sie die Arme beim Ausatmen mitsamt dem Oberkörper zwischen Ihre Beine fallen und pendeln Ihre Arme aus. Richten Sie sich beim Einatmen auf und lassen Sie die Ausatmung fallen.

Sie können die Übung im Stehen wiederholen

Die Stimmgebung

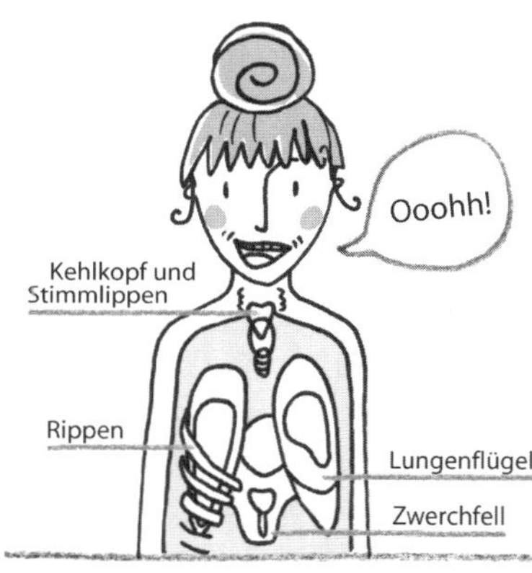

Abbildung 35: Stimmgebung

Neben der Körperhaltung, Körperspannung und der Atmung behandeln wir nun die drei übrigen Faktoren des Stimmfunktionskreises: Stimmgebung, Artikulation und Sprechmelodie.

Die Stimmgebung bezeichnet die Tonerzeugung im Kehlkopf. Wird beim Ausatmen Luft durch unsere Luftröhre nach oben gepresst, gelangt diese durch unseren Kehlkopf. Im Kehlkopf liegen die Stimmlippen, die den „Ton" bilden. Die Stimmlippen sind zwei parallel zueinander liegende Bänder, die in Schwingung versetzt werden, wenn Luft durchströmt und dadurch den Klang erzeugen. Dieser Klang wird daraufhin durch die Resonanzräume im Mund-, Nasen- und Rachenbereich moduliert. Mithilfe der Artikulationsorgane Zunge, Lippen und Kiefer wird der Ton geformt. Der Kehlkopf sowie die Stimmlippen sind sehr empfindlich und sollten daher „gepflegt" bzw. gesund behandelt werden (siehe dazu S. 112). Zu hohe Anspannung kann Auswirkungen auf die Stimmlippen und letztendlich auf den Ton haben, der Stimmklang verändert sich und das Sprechen strengt auf Dauer an. Außerdem kann zu hoher Druck auf die Stimmlippen, d.h., zu hohes oder zu tiefes Sprechen sowie Flüstern oder Schreien, die Stimmlippen langfristig beschädigen. Auch bei einer Erkältung werden die Stimmlippen beeinträchtigt. Hustenschleim legt sich auf die Stimmlippen und reizt sie.

Infotafel: Schädigung der Stimme

Wird die Stimme zu sehr belastet oder „falsch" gebraucht, kann es sein, dass sich das Gewebe der Stimmlippen (im Kehlkopf) so verändert, dass die Stimme geschädigt wird bzw. im schlimmsten Fall komplett wegbleibt. Mehr als ¼ der Menschen, die besonders auf ihre Stimme angewiesen sind (z.B. Sänger und Lehrende) erkranken an Stimmstörungen. Neben dem falschen Gebrauch können auch Fehlhaltungen (Fixierung des Kehlkopfs oder Einengung der Resonanzräume) und zu viel Anspannung zu den Ursachen gehören, die den Stimmklang negativ beeinflussen.

Daher sollte beim Training der Stimme beachtet werden, dass die Muskeln im Bereich des Kehlkopfes entspannt sind und nicht zu viel Druck auf die Stimmlippen ausgeübt wird.

Da dies isoliert kaum zu steuern ist, sollte der gesamtkörperliche Tonus in einem möglichst optimalen Gleichgewicht gehalten werden. Bei Erkältungen sollte die Stimme geschont und Stimmübungen vermieden werden.

Übung 9: Resonanz

Einige Menschen sprechen unter Stress höher, was die Stimme sehr anstrengt. In diesen Fällen kann folgende Übung unterstützen, alle Resonanzräume zu nutzen.

- Nehmen Sie eine aufrechte Sitz- oder Stehhaltung ein.
- Dehnen Sie Ihre Schultern und den Kieferbereich.
- Stellen Sie sich vor, Sie essen gerade Ihr Lieblingsgericht und kosten dies aus: „mmhh“! Durch diesen Laut gehen Sie automatisch mit Ihrer Stimme nach unten und sie wird weich.
- Stellen Sie sich als nächstes vor, in Ihrem Mund befindet sich eine Seifenblase. Dies öffnet den Mundraum.
- Legen Sie Ihre Hand auf die Brust um die Resonanz zu spüren und brummen Sie: „MAM“, „MEM“, „MIM“, „MOM“, MUM“.
- Aktivieren Sie Ihren Nasenraum, indem Sie ein gedehntes „MNANG“ von sich geben.

Die Artikulation

Nach dem Erzeugen des Tones werden die Laute geformt. Dieser Vorgang wird als Artikulation bezeichnet. Zu den Artikulatoren gehören die Zunge, die Wangen, die Zähne und die Lippen. Eine präzise Bewegung der Artikulatoren bei relativ weiter Mundöffnung wird als gute Artikulation wahrgenommen, was die Verständlichkeit fördert. Gleichzeitig gilt: Je besser artikuliert wird, umso weniger Kraft muss für die Stimmgebung aufgewendet werden, was folglich zur Schonung der Stimme beiträgt.

Übung 10: Lockerung und Kräftigung der Artikulatoren

Lockerung der Artikulatoren

- Nehmen Sie eine aufrechte Sitz- oder Stehhaltung ein.
- Massieren Sie mit warmen Händen Ihr Gesicht und streichen es langsam aus. Lassen Sie Ihren Mund dabei locker geöffnet.
- Formulieren Sie ein stummes „JAJA“, „LALA“. Dies lockert Lippen und Kiefer
- Schnauben Sie wie ein Pferd und brabbeln Sie wie ein Baby, um die Beweglichkeit Ihrer Lippen zu verbessern.

Kräftigung der Artikulatoren

- Ziehen Sie Ihre Lippen abwechseln extrem breit („Grinsemund“) und dann extrem spitz („Kussmund“).
- Platzieren Sie einen Stift zwischen Nase und Oberlippe und halten diesen dort zehn Sekunden ohne Mithilfe Ihrer Hände.
- Nehmen Sie Ihren Daumen in den Mund (ca. 1cm weit) und sprechen Sie Zungenbrecher.

Beispiele Zungenbrecher:

„Der Flugplatzspatz nahm auf dem Flugplatz platz. Auf dem Flugplatz nahm der Flugplatzspatz platz.

„Der froschforschende Froschforscher forscht in der froschforschenden Froschforschung.“

„Der Whiskymixer mixt den Whisky mit dem Whiskymixer. Mit dem Whiskymixer mixt der Whiskymixer den Whisky.“

„Ein plappernder Kaplan klebt Pappplakate – Pappplakate klebt ein plappernder Kaplan.“

Die Sprechmelodie

Der letzte Faktor, der den Stimmfunktionskreis vervollständigt, ist die Variation des Tons. Eine Variation des Tons entsteht durch die Sprechmelodie. Der Sprechmelodie wird eine besondere Bedeutung beigemessen, da eine gute Sprecherin, ein guter Sprecher mit der Sprechmelodie den Inhalt besonders lebhaft präsentieren kann. Betonung verleiht dem Inhalt mehr Persönlichkeit und macht die individuelle Interpretation deutlich. Außerdem unterstützt sie die Informationsvermittlung, die gezielte Aufmerksamkeitsförderung, eine Erhöhung der Verständlichkeit und vermittelt eine größere Überzeugungskraft.

Wichtig ist der variable und zugleich wohldosierte Einsatz der Sprechmelodie. Eine monotone Stimme oder eine sehr extrem variierende Sprechmelodie mit dem immer gleichen „Singsang“, kann die Studierenden langweilen oder sogar stören. Es gibt verschiedene Möglichkeiten, mit einer angemessenen Sprechmelodie Akzente zu setzen, nämlich durch die Variation von Tonhöhe, Lautstärke, Sprechgeschwindigkeit und der Pausensetzung.

Durch Variation der *Tonhöhe* werden Sinneinheiten markiert. So wird durch das Absenken der Stimme am Satzende hörbar, wenn eine Sinneinheit abgeschlossen ist. Unter Aufregung bleibt die Stimme am Satzende häufig oben und es entstehen für die Zuhörerschaft nicht enden wollende Satzkonstruktionen. Achten Sie darauf, dass Sie am Satzende Ihre Stimme absenken, damit Sie das Satzende stimmlich unterstreichen.

Die *Lautstärkenvariation* bewirkt bei gezieltem Einsatz eine Aufmerksamkeitssteigerung der Zuhörenden. Wichtige Sinnesabschnitte sollten durch die Lehrperson entsprechend leiser oder lauter ausgesprochen werden. Achten Sie zudem darauf, die Sprechlautstärke den räumlichen Bedingungen anzupassen.

Reflexion 8: Sprechmelodie

Lesen sie den folgenden Satz sechsmal laut vor. Betonen Sie bei jedem Vorlesen ein anderes Wort.

Beispielsatz: „Jens liebt grünen Salat mit Tomaten."

Reflektieren Sie, wie sich die Bedeutung des Satzes bei der unterschiedlichen Betonung verändert.

Die *Sprechgeschwindigkeit* ist sehr eng mit der Sprecherpersönlichkeit verbunden und daher nur schwer zu beeinflussen. Schnellsprecher sollten versuchen, ihr Tempo mit dem Setzen von Pausen zu regulieren. Sprechpausen haben folgende hilfreiche Funktionen:

Für die Sprecherin, den Sprecher:

- Zeit, die Gedanken zu sortieren
- Zeit zum Atmen

Für die Zuhörenden:

- Zeit, die Gedanken aufzunehmen und einzuordnen
- Sinneinheiten werden deutlicher

Infotafel: Sprechpausen

Eine normale Sprechpause, die zur Sprachplanung dient, liegt zwischen 100 bis 250 ms (Treichel, 1996), also zwischen einer bis vier Sekunden. Was der Sprecherin, dem Sprecher sehr lang vorkommen mag, fühlt sich für die Zuhörenden ganz normal an und trägt zudem wesentlich zur besseren Verständlichkeit bei. Haben Sie daher Mut, ausreichend lange Pausen zu setzen!

Übung 11: Pausensetzung
Wählen Sie ein kurzes Thema aus Ihrer Lehrveranstaltung, indem Sie sich sehr sicher fühlen. Halten Sie einen kurzen Vortrag zu diesem Thema und versuchen Sie, nach Sinnabschnitten bewusst eine Pause zu setzen.
Versuchen Sie, die Länge der Pausen zu übertreiben indem Sie innerlich bis fünf zählen.
In der Lehrveranstaltung werden Sie nach dieser Übung bewusster auf Pausen achten und die Studierenden können dem Gesagten besser folgen.

Für eine stimmige Sprechmelodie sollten Sie klären, welche Intention Sie beim Sprechen haben. Bezogen auf Lehrveranstaltungen sollten Sie prüfen, welche Botschaften Ihnen besonders wichtig sind und somit stimmlich unterstrichen werden sollen. Durch diese Klärung folgt eine authentische und zum Inhalt passende Sprechmelodie meist automatisch.

Übung 12: Sprechmelodie
Lesen Sie die folgenden drei Texte nacheinander vor. Übertreiben Sie in der Variation Ihrer Sprechmelodie. Häufig klingt dies für die Zuhörenden gar nicht übertrieben, sondern natürlich und lebendig. Entwickeln Sie ein Gefühl, wozu Ihre Stimme in der Lage ist!
Variation: Tragen Sie die Kindergeschichte beispielsweise als Nachrichtensprecher, die Gruselgeschichte als Märchenonkel, die Nachrichten als Gruselgeschichte etc. vor.

(1) Kindergeschichte: Frieda, das Nashorn, sucht neue Freunde
Frieda, das Nashorn, lebt sehr zufrieden in ihrem schnuckeligen Häuschen mit Garten im Zoo. Jeden Tag schaut Fritz der Zoowärter vorbei, bring ihr leckere Sachen zum Essen und redet mit ihr. Fritz ist immer sehr lieb zu Frieda und streichelt ihr über ihre Nase und manchmal auch über ihren Bauch. Doch immer, wenn Fritz wieder zu einem anderen Tier weiter geht, ist Frieda traurig und einsam. Gestreichelt zu werden und zuhören mag Frieda sehr gerne. Da kommt Frieda eine Idee: Sie braucht Freundin! Doch wo findet man Freunde? Sie geht in ihren kleinen Garten und schaut über den Zaun. Wer war denn da? Das kleine Stachelschwein Renate. Oh wie schön! Mit Renate möchte ich befreundet sein, denkt sich Frieda. Sie schaut zu Renate und scharrt mit ihren Beinen, dass Renate sie bemerkt. Doch Renate ist sehr mit dem Putzen ihrer Stacheln beschäftigt. Mh…, denkt Frieda, dann schau ich mal zur anderen Seite meines Gartens. Oh! Da war Holger der Ameisenbär. Mit dem möchte ich befreundet sein, beschließt Frieda. Doch Holger ist die ganze Zeit beschäftigt, den Boden nach Essen abzusuchen. Ei, ei, ei, … es ist nicht einfach Freundschaft zu schließen, findet Frieda. Doch was ist das? Fritz und zwei weitere

Wärter kommen zu ihrem Häuschen und haben auf einem Auto eine große, große Kiste. Was machen Fritz und die anderen da?, denkt Frieda. Fritz schließt vorsichtig die Tür zum Garten, dass Frieda nicht mehr ins Häuschen kann. Was soll das? Ich will wieder rein, sagt Frieda. Doch Fritz hört gar nicht zu. Fritz und die Wärter fahren die Kiste vor die Eingangstür zu Friedas Häuschen und öffnen langsam die Kiste. Ja was ist denn das? Frieda glaubt ihren Augen kaum. Noch ein Nashorn!!! Das Nashorn geht langsam in das Häuschen von Frieda und schaut sich um. Da kommt Fritz zu Frieda und sagt: „Schau Frieda, wir haben dir jemanden mitgebracht. Das ist Elke aus einem anderen Zoo. Jetzt seid ihr beide nicht mehr allein und könnt Freunde werden!" OHHH wie schön, denkt sich Frieda! Ich habe jetzt eine Freundin.

(2) Nachrichtentext

Bayerischer Wald. Das Baumsterben hat rapide zugenommen. Der Baumbestand im bayerischen Wald hat stark abgenommen, 57 % des bayerischen Waldes sind bereits betroffen. Förster und Naturschützer warnen davor, den Tourismus in der Region weiter auszubauen um den Bestand weiter zu gefährden. Besonders gravierenden Schäden zeigen sich in den Gebieten, in denen Cross-Biker ihre Fahrstrecken haben. Das Wurzelwerk der Bäume wird durch die Nutzung stark beschädigt und dies hat langfristige Folgen. Die Initiative „Baumrettung" möchte einen Bürgerentscheid hervorbringen, der das Befahren des Waldes auf wenige Gebiete einschränkt, um den Baumbestand zu schützen.

(3) Gruselgeschichte: Der Poltergeist am Campingplatz

Bis zu unserem letzten Campingausflug im August mit meiner Freundin Sabine wusste ich noch nicht, wie sehr wir uns fürchten konnten. Wir wollten ein paar schöne Tage mit Wandern und Baden verbringen und fuhren an einen idyllischen Campingplatz, der an einem kleinen See in der Nähe der Berge gelegen war. Seit längerer Zeit waren wir beide große Fans von Gruselgeschichten und erzählten uns gegenseitig neue Geschichten von Geistern, Hexen, Vampiren und Dämonen. Als wir nach einer langen Wanderung schon früh in unserem Zelt lagen, erzählte Sabine mir eine kurze Geschichte über einen ängstlichen Poltergeist, der durch die Wälder stöberte und sein Unwesen trieb. Wir beide lachten noch über den komischen Handlungsverlauf, als es plötzlich donnerte. Zunächst dachten wir, es sei ein kleines Gewitter. Aber als wir kurz nach draußen schauten, sahen wir einen sternenklaren Himmel. Wir legten uns wieder in das Zelt und versuchten uns zu beruhigen, aber das Donnern hörte nicht auf, sondern wurde immer lauter. Sabine und mir war es mulmig zumute. Keiner von uns traute sich aus dem Zelt zu gehen und nachzusehen, woher das Donnern kam. Über unserem Zelt erschienen viele dunkle Schatten und die Menschen liefen laut „Uh" und „Ah" rufend am Campingplatz umher. Oje, was sollten wir tun? Sabine und ich gaben keinen Mucks von uns, wir zitterten und waren starr vor Schreck. Auf einmal kam langsam ein großer schwarzer Schatten an unser Zelt und es schabte am Zelteingang: Sabine und ich schrien laut los und konnten uns kaum noch beruhigen. Da hörten wir einen Mann sprechen: „Oh entschuldigen Sie,

ich wollte Sie nicht erschrecken! Ich wollte Ihnen nur mitteilen, dass draußen das Sommerfeuerwerk begonnen hat und es eine herrliche Sicht am Seeufer gibt! Tut mir leid, wenn ich Sie geweckt habe."
Sabine und ich hielten inne, schauten uns verdattert an und lachten laut los. Erst haben wir noch über den Poltergeist gelacht und dann erschreckt uns ein Feuerwerk. Was sind wir doch für Angsthasen!

Stimmpflege

Lehren bedeutet viel Sprechen, was die Stimme mitunter belasten kann. Um in einer Lehrveranstaltung eine kräftige und sichere Stimme zu behalten, ist es wichtig, die Stimme dauerhaft zu pflegen. Nehmen Sie sich vor der Lehrveranstaltung fünf Minuten Zeit, um Ihren Körper und Ihren Stimmapparat zu lockern. Der Kehlkopf ist mit Schleimhaut ausgekleidet, die sehr leicht gereizt werden kann, daher ist die Konsumierung einiger Speisen und Getränke nicht oder nur in Maßen zu empfehlen. Der falsche Umgang mit der Stimme bei einer Erkältung kann die Stimme besonders schädigen.

In Tabelle 13 führen wir Tipps auf, wie Sie Ihre Stimme pflegen können.

Tabelle 13: Stimmpflege

Was	Wie
Aufwärmen und Lockerung	• Strecken Sie den Körper und dehnen Sie sich, um Spannungen zu reduzieren. • Kreisen Sie mit Ihren Schultern langsam und in großen Bewegungen, um die Schultermuskulatur zu entspannen. • Wärmen Sie durch leises Summen Ihre Stimmbänder auf.
Pflege der Stimmlippen	Vermeiden Sie: • Stark gewürzte Speisen • Sehr kalte oder sehr heiße Getränke • Rauchen (sowie der Aufenthalt in stark verrauchten Räumen) und Alkohol • Menthol- und minzhaltige Getränke oder Hustenbonbons Gut für die Schleimhaut ist: • Viel Trinken (ca. 2 – 3 Liter täglich) • Salbei- oder Emser-Sole-Bonbons • Der Aufenthalt in Räumen mit hoher Luftfeuchtigkeit, die nicht zu sehr beheizt sind

Umgang bei einer Erkältung oder angeschlagenen Stimme	• Nicht räuspern, sondern leicht husten • Den Brustkorb abklopfen, während Sie auf „m" einen Ton entstehen lassen • Möglichst wenig bzw. nicht zu lange ohne Unterbrechung reden • Nicht zu laut singen, hohe Töne weglassen • Angestrengtes Flüstern vermeiden – entspanntes Flüstern ist kein Problem

Die Stimme ist in Lehrsituationen Ihr Vermittlungsinstrument Nummer 1 und sollte daher besonders gepflegt werden. Um ihre Stimme langfristig zu stärken, sollten Sie die Faktoren Ihrer Stimme kennen und wissen, wie Sie auf die unterschiedlichen Bereiche des Stimmfunktionskreises positiven Einfluss nehmen können. Nehmen Sie Ihre Stimme bewusst wahr. Lassen Sie sich von Kolleginnen und Kollegen Feedback auf Ihren stimmlichen Ausdruck geben.

Wenn Sie Ihre Stimme kräftigen möchten, zum Beispiel den Stimmklang intensivieren oder mit einer ausdrucksstärkeren Sprechmelodie pointieren, so ist es wichtig, die unterschiedlichen Stimmübungen kontinuierlich zu praktizieren und in regelmäßigen Abständen zu wiederholen. Bei Stimmproblemen sollten Sie sich an eine Fachperson, zum Beispiel eine Logopädin, einen Logopäden, wenden.

7.2 Körpersprachlich wirken

Mit unserer Körpersprache transportieren wir neben der Stimme und dem gesprochenen Wort viele Informationen an unsere Zuhörenden. Dieser Kommunikationskanal wird meist unbewusst wahrgenommen. Wie bedeutsam unsere Körpersprache ist, wird uns beispielsweise dann klar, wenn wir sie nicht sehen können. Denken Sie an ein Telefonat, in dem es viel häufiger zu Missverständnissen oder Unklarheiten zwischen den Gesprächspartnern kommt, als bei einem Gespräch, in dem sich die Gesprächsteilnehmenden sehen können. Bei einem Telefonat müssen häufiger Rückfragen gestellt werden, da Äußerungen ohne Körpersprache schwieriger interpretiert werden können. Noch komplizierter wird es in der Kommunikation via E-Mail oder SMS. Hier fehlt zusätzlich zur Körpersprache auch der stimmliche Ausdruck, was zu weiteren Fehlinterpretationen führen kann. Würde Ihnen der gleiche Gesprächspartner gegenübersitzen und Ihnen sein Anliegen mündlich mitteilen, würden weniger Missverständnisse auftreten.

Körpersprache vermittelt zusammen mit dem Stimmklang Emotionen, Gefühle, Motivation, aber auch die aktuelle Befindlichkeit einer Sprecherin, eines Sprechers. In Ihrer Lehrveranstaltung trägt Ihre Körpersprache dazu bei, den Kontakt und die Verbindlichkeit zu Ihren Studierenden aufzubauen, indem Sie beispiels-

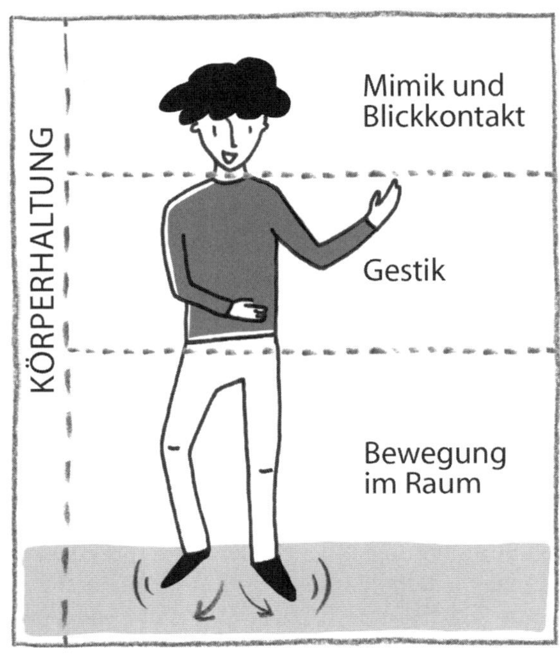

Abbildung 36: Körperhaltung

weise Blickkontakt zu den Studierenden suchen, mit Gestik auf Visualisierungen deuten oder in einer Fragerunde auf die Studierenden zugehen.

Die einzelnen Elemente der Körpersprache sind Mimik und Blickkontakt, Gestik, Körperhaltung und die Bewegung im Raum. Neben der Erläuterung der einzelnen Elemente, stellen wir Ihnen im folgenden Abschnitt Übungen vor, durch die Sie sich Ihrer eigenen Körpersprache bewusst werden und Ihre Körpersprache wirkungsvoll in Ihren Lehrveranstaltungen einsetzen können.

Mimik und Blickkontakt

Mimik entsteht durch die Bewegung der Gesichtsmuskulatur von Augen, Stirn, Nase und Wangen, Mund und Kinn. Ob Stirnrunzeln, Naserümpfen, Lächeln, Grinsen, weit geöffnete Augen und hochgezogene Augenbrauen – durch die Mimik erhalten wir Hinweise auf den emotionalen Zustand einer Person.

Der Gesichtsausdruck kann von allen körpersprachlichen Elementen am wenigsten bewusst beeinflusst werden. Versucht eine schlechtgelaunte Person beispielsweise zu Lächeln, kann das schnell unnatürlich oder aufgesetzt wirken.

Es geht für Sie als Lehrende, Lehrender also weniger darum, die passende Mimik zu trainieren, sondern vielmehr darum, Ihre Einstellung zur Lehrveranstaltung zu reflektieren, damit Ihre Körpersprache authentisch spricht. Hierfür *können* Sie Ihre Leitsätze heranziehen, die Sie in Kapitel 2.3 *Innere Haltung reflektieren* entwickelt haben.

Um in der Lehrveranstaltung eine Rückmeldung Ihrer Studierenden zu erhalten, können Sie versuchen, die emotionale Verfassung Ihrer Studierenden anhand deren Mimik zu lesen. Seien Sie hier bitte achtsam und weisen Sie Ihrer Interpretation nicht unumstößliche Wahrheit zu. Nehmen Sie die Mimik als Signal und fragen Sie gegebenenfalls nach, was sie zu bedeuten hat.

Infotafel: Emotionen

Die Gesichtsbewegungen sagen viel über die Emotionen einer Person. Emotionen können als spontane oder automatische Reaktionen auftreten, die der Gesichtsausdruck verrät. Es gibt sieben Grund-Emotionen (Ekman 1975) die weltweit übereinstimmend zutreffend interpretiert werden (s. Abb. 37).

Abbildung 37: Emotionen

Trotz identischen genetischen Erbguts bei allen Menschen haben verschiedene Kulturen unterschiedliche Standards im Umgang mit Emotionen entwickelt. Soziale Normen bestimmen, in welcher Situation bestimmte Emotionen gezeigt werden dürfen. Zum Beispiel ist es in Europa üblich, zuzugeben, wenn etwas nicht verstanden wurde und es darf irritiert geguckt werden. Im asiatischen Kulturraum hingegen ist es üblich, ein Lächeln zu zeigen und zu nicken, obwohl möglicherweise eine Information nicht verstanden wurde.

Ihrer Interpretation können Sie noch weniger trauen, wenn Sie vor interkulturellen Gruppen sprechen. Hier kann eine Gruppe, die keine sichtbare Gefühlsregung zeigt, am Ende einer Sitzung dennoch hochzufrieden sein.

Im Gegensatz zur Mimik, können Sie auf die Art und Weise, wie Sie Blickkontakt aufnehmen, sehr wohl Einfluss nehmen:

„Blickkontakt heißt Blickkontakt, weil dieser Kontakt schafft."

Wenn Sie als Lehrende, als Lehrender bewusst den Blickkontakt aufnehmen, können Sie damit die Aufmerksamkeit Ihrer Studierenden steuern. Gleichzeitig erhalten Sie wichtige Signale über die Verfassung Ihrer Gruppe, worauf wir im Kapitel 8.2 *Gruppen steuern* noch genauer eingehen werden.

Auf folgende Weise können Sie einen guten Blickkontakt zu Ihren Studierenden herstellen:

Gruppengröße: ca. fünf bis zehn Studierende

- Schauen Sie alle Studierenden an, ohne eine bestimmte Reihenfolge einzuhalten.
- Alternativ können Sie auch der Reihe nach „Stop & Go“ anschauen.

Abbildung 38: Blickkontakt bis 10 Studierende

Gruppengröße: 10 bis 40 Studierende

- Versuchen Sie, jeden zweiten oder dritten Studierenden anzuschauen und die anderen zu „überfliegen“. Picken Sie sich ruhig die Gesichter heraus, die Sie freundlich ansehen.

Blickkontakt

Abbildung 39: Blickkontakt bis 40 Studierende

Gruppengröße: 50 Studierende und mehr

- Versuchen Sie, mit „allen“ Studierenden Blickkontakt zu halten. Fahren Sie mit Ihrem Blick ein imaginäres M oder W nach: auf diese Weise decken Sie einen Großteil des Saals ab und alle Studierenden fühlen sich angeschaut.

Blickkontakt

Abbildung 40: Blickkontakt ab 50 Studierenden

Gestik

Betrachten wir nun die Gestik, d.h., alle Bewegungen der Hände und Arme, die zur Kommunikation verwendet werden. Das Besondere an der Gestik ist ihre starke Verbindung zur Kognition, also unseren Gedanken im Kopf. Normalerweise denken wir gar nicht über den Einsatz unserer Hände nach. Gestik tritt automatisch auf, wenn gesprochen wird, und hilft, den sprachlichen Ausdruck besser zu verstehen. In Kommunikationssituationen können wir oft beobachten, dass es beinahe schon ein Drang ist, Hände und Arme in Verbindung mit der Sprache einzusetzen. Gesten sind aktive Partner beim Sprechen und Denken. McNeil (2005) redet sogar bei der Sprachplanung von einem gemeinsamen „growth point" und meint damit, dass gestischer und sprachlicher Ausdruck bereits in der Planung einer Äußerung untrennbar miteinander verbunden sind.

Infotafel: Antike Rhetorikratgeber

Die Geschichte der Rhetorik und somit auch der Gestikforschung beginnt im antiken Griechenland und im römischen Reich. Hier entstanden Lehrbücher der Rhetorik, die die einzelnen Arbeitsschritte zur wirkungsvollen Ausgestaltung eines mündlichen Vortrags regelten. An der Wende vom zweiten zum ersten Jahrhundert vor Christus eröffnete in Rom die erste Rhetorikschule und es entstanden die ersten Rhetorikbücher. Mit der Schrift „*Institutionis oratoriae*" von Quintilian beispielsweise ist eine vollständige Schrift erhalten, die unter anderem eine systematische Darstellung der Gestik enthält. Es werden unterschiedliche Gesten und ihre Bedeutung bzw. der entsprechende Einsatz abgebildet.

Bei den Händen nun gar, ohne die der Vortrag verstümmelt wirkte und schwächlich, lässt sich kaum sagen, über welchen Reichtum an Bewegungen sie verfügen, da sie fast die ganze Fülle, die den Worten selbst eigen ist, erreichen.
(Quintilian „De Institutione Oratoriae", XI.III.85)

Gesten werden zu einem Großteil intuitiv eingesetzt. In Redesituationen, wie in einer Lehrveranstaltung, haben Gesten zweierlei Funktionen: Sie helfen den Lehrenden und den Studierenden.

Der Einsatz von Gesten hilft einer Lehrperson beim Redefluss, also bei der Sprachplanung und Sprachproduktion. Das liegt daran, dass die gestische Unterstützung kognitive Prozesse unterstützt. Die verbale Struktur für abstrakte Gedanken wird leichter und fließender „ausgefüllt". Durch die gestische Hilfestellung fällt es der Lehrperson also leichter, neue Sätze zu bilden und sich die nächsten Satzkonstruktionen zu merken. Dies führt dazu, dass gedankliche Fäden nicht so schnell abreißen, eine Sprecherin, ein Sprecher weniger ins Stocken

Reflexion 9: Wirkung von Gesten

Setzen Sie sich auf einen Stuhl und legen Sie Ihre Hände unter Ihre Oberschenkel, so dass Sie Ihre Hände nicht mehr gestisch einsetzen können. Versuchen Sie nun eine kurze Geschichte zu erzählen, zum Beispiel ein Erlebnis aus Ihrem letzten Urlaub.

Wie fühlt es sich an, die Hände nicht mehr als Unterstützung zu haben?

→ Meistens gerät man ohne die gestische Unterstützung beim Sprechen schnell ins Stocken. Gestikulieren unterstützt uns dabei, im Redefluss zu bleiben.

gerät und Füllwörter wie „ähm“, die als ungewollte Pausenfüllung dienen, vermieden werden. Die unterstützende Funktion von Gesten zeigt sich, wenn es beispielsweise aufgrund der Lautstärke schwieriger wird zu sprechen, wenn in einer anderen Sprache gesprochen wird oder es inhaltlich schwieriger für die Sprecherin, den Sprecher wird.

Abbildung 41: Gesten für Sprecher/Sprecherin

Aber auch für die Zuhörer ist der Einsatz von Gesten hilfreich. Komplexe Informationen, die verbal schwierig zu formulieren sind, werden durch eine gestische Unterstützung von den Zuhörenden leichter verstanden. Zudem helfen Gesten dabei, sich Inhalte besser zu merken bzw. Informationen abzurufen. Zuhörende nehmen unbewusst die Gesten einer Sprecherin, eines Sprechers bei der Verarbeitung der vorgestellten Inhalte mit auf. In Studien konnte bei der Wiedergabe von vorher präsentierten Inhalten festgestellt werden, dass Testpersonen das Gesagte mit ähnlichen Gesten wiederholen. Zuhörende übernehmen demnach unbewusst gestische Körperbewegungen, um auf die Äußerungen einer Sprecherin, eines Sprechers zu reagieren.

Abbildung 42: Gesten für Zuhörer/Zuhörerinnen

Was bedeutet das für Ihre Lehrveranstaltung?

- Der Einsatz von Gesten verhilft Ihnen zu einem guten Redefluss und unterstützt Sie dabei, sich die Inhalte besser zu merken.
- Der Einsatz von Gesten hilft den Studierenden die Aufmerksamkeit zu erhalten, komplexe Inhalte zu verstehen und sie besser behalten zu können.

Abbildung 43: Verwendung von Gesten

Gesten sollten jedoch deswegen nicht „einstudiert“ werden. Gesten formen sich automatisch und wirken dann natürlich und authentisch. Halten Sie Ihre Hände locker angewinkelt neben dem Oberkörper. Wenn sich die Hände in einer freien Ausgangsposition befinden, bilden sich die Gesten von selbst. Sie passen damit zum individuellen Sprechtyp und wirken somit authentisch.

Halten Sie ihre Finger nicht fest. Solange Sie nicht damit herumspielen, können Sie auch als Erleichterung für die Handbewegung Karteikarten, einen dickeren Stift oder einen Presenter in eine Hand nehmen.

Abbildung 44: Vorsicht beim Einsatz von Gesten

Vermeiden Sie...

Ihre Hände hinter dem Rücken zu verschränken, vor dem Körper festzuhalten oder sie „krampfhaft" zu verschränken.	Ihre Hände in die Hosentaschen zu stecken.	Ihre Hände neben dem Körper „baumeln" zu lassen. Ihre Studierenden können so Ihre Gesten nicht erkennen.	Festgeklammerte Finger oder eine betende Handhaltung. Spielen Sie nicht mit den Fingern, da Sie dadurch nervös wirken könnten.
→ Lassen Sie Ihre Hände locker, so dass sich Ihre Gesten leichter automatisch bilden können.	→ Halten Sie Ihre Hände frei, damit sie sich bewegen können.	→ Halten Sie Ihre Hände angewinkelt.	→ Nehmen Sie eine Karteikarte zur Hand, wenn Sie Halt benötigen.

Reflexion 10: Einsatz von Gesten
Stellen Sie sich vor einen Spiegel und proben Sie Ihre Handhaltung. Was ist eine angenehme Handhaltung für Sie? Was fühlt sich gut an?
Halten Sie eine kurze Spontanrede und zeichnen sich dabei auf Video auf. Beobachten Sie Ihre Gestik und überlegen Sie, was Sie an Ihrer Gestik beibehalten und verändern möchten.

Die Bewegung im Raum

Zu einer präsenten Körpersprache gehört auch eine gute Körperhaltung. Wie Sie eine gesunde Körperhaltung einnehmen, haben wir bereits in Kapitel 7.1 behandelt.

Merken Sie sich für Ihre Körperhaltung bei Lehrveranstaltungen:
- Eine gute Körperhaltung strahlt Sicherheit und Kompetenz aus, nehmen Sie eine aufrechte, zugewandte Körerhaltung ein.
- Eine gute Körperhaltung unterstützt den stimmlichen Ausdruck.
- Gerade bei Nervosität oder Lampenfieber (siehe Infobox zu Lampenfieber auf S. 122) ist es wichtig, einen festen Stand einzunehmen, der einen „erdet" und Sicherheit verleiht und damit beruhigend wirken kann.

Ein weiterer Aspekt, der bereits in der Vorbereitung durchdacht werden sollte, ist die Wahl der eigenen Position im Raum. Von wo aus möchten Sie die Leitung der Lehrveranstaltung ausüben? Hierzu einige Anregungen:

- **Position vorne hinter einem Tisch**
  Die Dozentin, der Dozent ist weniger präsent, da nur der Oberkörper sichtbar ist. Sie haben mehr Distanz zu den Studierenden und die Raumnutzung ist nur eingeschränkt möglich. Allerdings ist es für Sie einfach praktisch, Ihre Unterlagen sichtbar vor Ihnen liegen zu haben. Schreiben Sie sich ein gutes Stichwort-Manuskript auf Din-A5-Karteikarten, welche Sie in einer Hand halten können. Dies sorgt für Flexibilität in der Raumnutzung.

Abbildung 45: Position vorne hinter einem Tisch

- **Vorne frei stehen**
  Sie als Lehrperson sind präsent und können sich flexibel im Raum bewegen und Kontakt zu Ihren Studierenden aufnehmen. Es gibt Ihnen die Möglichkeit, auf Studierenden zuzugehen, wenn Fragen aufkommen oder Unruhen auftreten. Die Aufmerksamkeit der Studierenden kann hier am besten aufrechterhalten werden.

Abbildung 46: Position vorne frei stehend

- **Vorne sitzend als Teil der Gruppe**
  In kleinen Gruppen und gerade bei intensiven Workshops bietet sich diese Position an. Sie bleiben Teil der Gruppe und können sich bei Gesprächen integrieren. Wählen Sie Ihre Sitzposition so, dass Sie alle Studierenden im Blick behalten. Variieren Sie zwischen sitzend und stehend.

Abbildung 47: Position vorne sitzend als Teil der Gruppe

Entscheidend für die Wahl Ihrer Sitz- oder Präsentationsposition ist Ihr Wohlbefinden. Wenn Sie sich wohl und sicher fühlen, können Sie die besten Ergebnisse erreichen. Um eine gute Präsenz, Interaktion mit den Studierenden und die Aufmerksamkeit der Studierenden in der Lehrveranstaltung zu erhalten, kann die Bewegung im Raum wirkungsvoll genutzt werden. Die räumliche Konstellation der Kommunikationspartner in einer bestimmten Situation wird als Bewegung im Raum, Raumverhalten oder auch „Raumsprache“ bezeichnet. Dazu zählen Ihre Position im Raum, Ihre Körperausrichtung und Ihre räumliche Distanz zu den Studierenden.

Das Wechseln der Präsentationsseite kann wichtige Aufmerksamkeitsreize setzen. Verändern Sie also hin und wieder, dem Inhalt angemessen, Ihre Position. Bewegen Sie sich jedoch nicht zu viel (zum Beispiel wie ein „Tiger im Käfig“), da dies die Studierenden ablenken kann. Finden Sie eine Position im Raum, an der Sie eine gute Präsenz haben und Blickkontakt zu Ihren Studierenden halten können.

Wenden Sie Ihren Körper den Studierenden zu, das signalisiert Interesse. Versuchen Sie nicht zu dicht an der Projektionsfläche oder zu nah bei den Studierenden zu stehen. In Diskussionen und Fragerunden kann ein Zugehen auf die Studierenden Aufmerksamkeitsreize setzen und den Kontakt zum Plenum verstärken.

Damit Sie sich in Ihren Lehrveranstaltungen wohlfühlen, müssen Sie sich auch im Raum wohlfühlen. Machen Sie sich über die Raumgestaltung im Vorfeld Gedanken und „personalisieren" Sie den Raum für sich.

Reflexion 11: Bewegung im Raum

Besuchen Sie den Raum Ihrer Lehrveranstaltung und beantworten Sie folgende Fragen:

- An welche Stelle lege ich meine Unterlagen?
- An welcher Stelle präsentiere ich die Inhalte? Bin ich dort für alle Studierenden gut sichtbar? Kann ich an dieser Stelle gut Blickkontakt aufnehmen?
- Was steht zwischen mir und den Studierenden, was ich vorher wegräumen sollte (z.B. ein Tisch, ein Overhead Projektor etc.)?
- Wohin kann ich mich bewegen, damit die Studierenden mich noch gut sehen?
- Wo im Raum können die Studierenden ihre Gruppenarbeit machen?

Sie sollten diese Fragen im Vorfeld beantworten und dann kurz vor Beginn der Lehrveranstaltung den Raum entsprechend umräumen.

Infobox: Lampenfieber im Griff haben

Lampenfieber ist ein Phänomen, das vor stressbesetzten Situationen auftreten kann. Dabei „arbeiten" die Psyche und der Körper eng zusammen. Unsere Gedanken beeinflussen unser Verhalten und das veränderte Verhalten hat Einfluss auf unsere Gedanken. Durch eine als bedrohlich empfundene Situation, z.B. vor einer Gruppe frei zu sprechen, werden wir in den sogenannten „Fight-or-Flight"-Zustand versetzt, der die typischen Symptome des Lampenfiebers mit sich bringt. Das heißt, unser Instinkt „empfiehlt" uns in Stresssituationen entweder zu „kämpfen", also die Situation durchzustehen oder zu fliehen und der Situation auszuweichen. Oft haben wir keine Wahl und müssen uns der Situation stellen, also „kämpfen". Die Intensität des Lampenfiebers hängt damit zusammen, wie stressbesetzt die Situation empfunden wird. Dies ist wiederum darauf zurückzuführen, inwieweit die individuelle Wahrnehmung der Situationsanforderung (Was fordert die Situation von mir?) von der Wahrnehmung der eigenen Kompetenz (Wie schätze ich meine Möglichkeiten ein, in dieser Situation zu bestehen?) abweicht.

Jeder Mensch erlebt Lampenfieber anders. Ein gewisser Grad an Aufregung tritt immer auf. Einige Personen berichten schon Tage vor einer Redesituation von Nervositätsgefühlen, andere spüren im Vorfeld keinerlei Aufregung und werden erst während der Redesituation angespannter.
Die Symptome des Lampenfiebers lassen sich auf zwei verschiedenen Ebenen beobachten: auf der körperlichen und auf der gedanklichen. Wie schon erwähnt „arbeiten" Körper und Psyche eng zusammen. Körperliches Verhalten wird von uns kognitiv wahrgenommen, z.B. nehmen wir unsere zittrige Stimme wahr. Wir interpretieren die zittrige Stimme als negatives Verhalten, was unser Zittern noch verstärken kann. Das verstärkte Zittern führt unter Umständen zu noch größeren Zweifeln. Dieses Wechselspiel kann als „Teufelskreis von Lampenfieber" beschrieben werden. Durchbrechen Sie diesen Kreis mit positiven Gedanken!
Um Lampenfieber in Ihrer Lehrveranstaltung auf ein akzeptables und leistungssteigerndes Maß zu reduzieren, helfen Entspannungstechniken oder Worst-Case-Szenario-Simulationen. Gerade wenn Sie schon Tage vor einer Stresssituation angespannt oder nervös sind, sollten Sie sich darauf vorbereiten. Ein gewisses Maß an Aktivierung, Anspannung und demnach auch Lampenfieber ist durchaus positiv. Gemäß dem Spruch: *„Ein Auftritt ohne Lampenfieber ist wie eine Liebe ohne Gefühl"* (Samy Davis). Ein wenig Lampenfieber wirkt aktivierend und sogar leistungssteigernd! Mit einem angemessenen Grad an Lampenfieber haben Sie mehr Spannung, mehr Kraft, es macht „wach" und ein bisschen Kribbeln tut sogar gut. Sehen Sie es als Ihr natürliches, gesundes Aufputschmittel an.

Bedenken Sie, dass Ihre Körpersprache Ihrem inneren Zustand folgt. Das heißt, wenn Ihre innere Einstellung positiv und interessiert an den Studierenden und dem Thema ist, so passiert eine positiv wirkende Körpersprache wie von selbst. Deswegen beschränken wir uns zum Abschluss des Kapitels auf wenige Empfehlungen:

- Halten Sie Blickkontakt zu Ihren Studierenden.
- Achten Sie darauf, dass Ihre Hände frei sind, um natürlich zu gestikulieren.
- Nehmen Sie eine aufrechte Haltung ein.
- Nutzen Sie den Raum, wechseln Sie nach inhaltlichen Abschnitten Ihre Position.

Die wichtigste Empfehlung ist, dass Sie auf sich achten! Wenn Sie sich wohlfühlen und von den Inhalten, die Sie präsentieren, überzeugt sind, vollführen Sie automatisch eine authentische und den Inhalt unterstreichende Körpersprache.

Übung 13: Sprechdenken

Setzen Sie sich ein spezifisches kleines Ziel, Ihre Körpersprache bewusst einzusetzen, z.B. Blickkontakt zu halten, Gestik einzusetzen, eine aufrechte Haltung einzunehmen etc.
Sprechen Sie nun zwei Minuten lang über einen der folgenden Begriffe:
Sommer – Urlaub – Advent – Fußball – Feier – Geburtstag – Cappuccino – Meer – Reisen

Üben Sie solange mit Ihrem ersten Ziel, bis Sie Ihr Ziel erreicht haben und sich damit wohlfühlen. Dann können Sie sich ein neues Ziel stecken.

7.3 Verständlich sprechen

Bei der Wissensvermittlung kommt es für Sie als Lehrende, Lehrender darauf an, Formulierungen zu wählen, die für die Studierenden verständlich sind. Wie Verständlichkeit erreicht werden kann und wie Sie Ihre mündliche Sprache zuhörergerecht einsetzen, beschreibt dieses Kapitel. Um Ihre eigene Sprechweise verständlicher zu gestalten, können Sie sich an den so genannten Verständlichkeitskriterien orientieren.

Kriterien zur Verständlichkeit

Im Gegensatz zur Schriftsprache, in der die Lesenden Passagen mehrmals und in ihrem eigenen Tempo erfassen können, muss mündliche Sprache bei den Zuhörenden gleich bei der ersten Äußerung verstanden werden. Mündliche Sprache sollte deshalb möglichst einfach und die Informationsdichte geringer sein als in schriftlichen Texten. In der Kommunikationspsychologie wurden Kriterien ermittelt, die eine verständliche, mündliche Sprache fördern: Persönliche Ansprache, Einfachheit, Kürze, Wiederholungen und Orientierung.

Tabelle 14: Verständlichkeitskriterien

Kriterien	Beschreibung
Persönliche Ansprache	• Die Studierenden können Ihnen besser folgen, wenn Sie sie persönlich ansprechen. Dies setzt Aufmerksamkeitsreize und erhöht die Verbindlichkeit. • Verwenden Sie anstatt „man sollte" lieber „was für Sie relevant ist" oder „ich empfehle Ihnen". Beispiel: *Ohne persönliche Ansprache: „Also was schon wichtig wäre, wenn man die große Aufgabe in mehrere Teilaufgaben unterteilt und sie dann auch so auf das Blatt mit Unterpunkten schreibt. Man müsste dann halt noch Aufzählungszeichen oder sowas hinzufügen, zur Orientierung...."* *Mit persönlicher Ansprache: „Es ist wichtig, dass ihr die Aufgaben in mehrere Teilaufgaben unterteilt. Schreibt auf das Blatt alle Unterpunkte, am besten mit Aufzählungszeichen."*
Einfachheit	• Mündliche Sprache muss einfach statt komplex sein, damit sie gleich mit dem ersten Hören verstanden werden kann. • Erläutern Sie Fachwörter und fachspezifische Abkürzungen. • Erklären Sie Inhalte konkret an nachvollziehbaren Beispielen, anstatt abstrakte Formulierungen zu benutzen. Abstrakte Wörter sind zum Beispiel Hauptwörter mit den Endungen: -ität, -keit, -ismus, also wie Real**ität**, Fähig**keit**, Optim**ismus** Beispiel: *Komplex: „Eine Emission energiereicher Strahlungsquanten seitens des Zentralgestirns des Solarsystems manifestiert sich exterritorial."* *Einfach: „Draußen scheint die Sonne."*
Kürze	• Verwenden Sie kurze Sätze, damit die Zuhörenden den Sinn schneller erfassen können. • Achten Sie darauf, keine Nebensatzaneinanderreihung zu verwenden, die die Sinnerfassung erschweren. Beispiel: *Lang: „Wenn man das Thema interaktive Lehr-/Lernmethoden genauer betrachtet und sich erst einmal die gängigen Vorteile anschaut, warum interaktive Lehr-Lernmethoden eingesetzt werden sollten oder könnten, und dann zu den einzelnen Lehr-/Lernmethoden kommt und sie genauer analysiert, dann wird sofort deutlich, dass interaktive Lehr-/Lernmethoden die Studierenden aktivieren, wenn die Studierenden in der Methode arbeiten und eine gute Interaktion mit den Studierenden hervorrufen können. Darüber hinaus profitieren auch die Lehrenden in Lehrveranstaltungen davon. Denn der Einsatz interaktiver Lehr-/Lernmethoden bietet Abwechslung und damit wird klar, dass interaktive Lehr-/Lernmethoden ein wichtiges Thema sind und im Hinblick auf die Vertiefung..."* *Kürzer: „Zunächst wollen wir uns die Vorteile von interaktiven Lehr-/Lernmethoden anschauen. Warum sind diese wichtig? Interaktive Lehr-/*

	Lernmethoden aktivieren Studierende und fördern die Interaktion. Für die Lehrveranstaltungen bieten sie zudem eine schöne Abwechslung. Deswegen schauen wir uns unterschiedliche …"
Wiederholungen	• Wiederholen Sie Fachbegriffe und Kernaussagen: Dies erleichtert den Behaltensprozess. • Setzen Sie Pausen. • Geben Sie nach längeren Sinnabschnitten eine kurze Zusammenfassung. Beispiel: *Ohne Wiederholung: „So jetzt kommen wir zum zweiten Teil. Lernt die Fachbegriffe, die sind wichtig. Was wir jetzt besprechen,* hängt eng mit dem ersten Teil *zusammen, also gut aufgepasst …"* *Mit Wiederholungen: „Bevor wir zum zweiten Teil kommen, wiederholen wir noch einmal kurz die Fachbegriffe, denn die sind wichtig. Jeder nennt einen Begriff und wir schauen, was er bedeutet …"*
Orientierung	• Explizieren Sie die Struktur, die Vorgehensweise Ihrer Sitzung verbal, machen Sie die Ziele der Lehrveranstaltung transparent, geben Sie zu Beginn Orientierung (vgl. Kapitel 4.2). • Heben Sie wichtige Aussagen verbal hervor. Beispiel: *Mit wenig Orientierung: „Was wir in der heutigen Stunde machen ist ganz klar, das wisst ihr ja schon, steht ja im Reader. Ist dann übrigens auch wichtig für die Klausur, die ihr dann nach der Vorlesung schreibt, aber das schauen wir uns später an. Da hab ich mir dann auch noch ein bisschen was dazu gedacht. Jetzt fangen wir einfach mal an mit der ersten Übung. …"* *Mit guter Orientierung: „Lasst uns loslegen. Ziel der heutigen Stunde ist es die Inhalte der Vorlesung zu wiederholen. Ich möchte mit euch erarbeiten, was zentral für die Klausur ist, die ihr im Anschluss an die Vorlesung schreibt. Dazu werde ich euch immer wieder Tipps geben, gerade im Hinblick auf die Klausurfragen …"*

Wenn Sie diese Verständlichkeitskriterien beachten, sprechen Sie kurz, einfach und konkret, so dass es Ihren Studierenden leichter fällt, Ihnen zu folgen. Gerade bei sehr theoretischen Inhalten gelingt es oft nur schwer, das Abstraktionsniveau zu senken. Hierfür eignet sich Übung 14.

Übung 14: Vereinfachung des verbalen Ausdrucks
Wählen Sie sich ein schwierigeres bzw. komplexes Thema aus Ihrer Lehrveranstaltung aus. Erklären Sie dieses Thema einem ca. zehn Jahre alten Kind: Wie vereinfachen Sie das Thema? Wie erläutern Sie es konkret? Welche Beispiele verwenden Sie?

Mündliche Sprache sprechen

Neben der Beachtung der Verständlichkeitskriterien, entscheiden weitere Faktoren der mündlichen Sprache, wie gut die, der Vortragende zu verstehen ist: die Wortwahl, der Satzbau, die Verwendung von Füllwörtern und Floskeln sowie der Einsatz bildhafter Sprache. Die Faktoren der Sprache lassen sich anhand des folgenden Beispiels darstellen:

Auszug eines Vortrags

„Liebe Studierende,

es freut mich, dass Sie so zahlreich erschienen sind. Mein Name ist Andreas Schmidt und ich komm von der Universität München...äh... und das Thema meines Vortrags lautet „Wirksamkeit von Blended-Learning Lernumgebungen". ...ok... mhhh... was ich Ihnen heute erzählen möchte ist, was hybrides Lernen bedeutet und inwieweit ... äh... die gegenseitige Anreicherung der Studierenden, die Ergänzung und Erweiterung von Präsenz- und Onlineangeboten im Rahmen von qualifizierenden Supportmaßnahmen ...äh... in der Hochschule die Studierenden ...äh... unterstützen. Ich kann ihnen das ja mal an einem Beispiel kurz erklären. ...[Sprechpause]...Nach der Uni können sich Studierende in ihre virtuelle Vorlesung einloggen und sich die Erklärungen der Professoren noch einmal anschauen. Dann können sie nach dem Video einen kurzen Test schreiben und schauen, was sie verstanden haben. Die Professoren können sich das Testergebnis anschauen und daraufhin Fragen in ihrer Vorlesung nochmal klären. ...genau..."

– es folgen weitere Inhaltspunkte & Erläuterungen –

„... So, dann komm ich mal zu meiner letzten Folie. ...äh... was wichtig ist, dass ...äh... hab ich ja schon erwähnt, also immer die Aufgaben zu machen, damit sie das Gelernte besser behalten können. ...genau... Also vielen Dank für Ihre Aufmerksamkeit und jetzt hab ich Zeit für Ihre Fragen. Danke!"

Wortwahl

Satzbau

Füllwörter & Floskeln

Bildhafte Sprache

An diesem Beispiel wird deutlich, was die Herausforderungen eines mündlich formulierten Vortrags sind. Einige Inhalte in diesem Beispiel werden sehr komplex erläutert, es werden häufig Pausen mit ungewollten Äußerungen, so genannten Füllwörtern wie „äh", gefüllt und manche Sätze klingen kompliziert.

Die passende **Wortwahl** zu treffen, gestaltet sich nicht immer einfach. Auf der einen Seite ist es wichtig, kurz und knapp genau das zu sagen, was gesagt werden muss und auf der anderen Seite benötigt ein komplexer Sachverhalt Raum, um ihn ausführlicher erklären zu können. Oft neigen Lehrende dazu, Sachverhalte mit vielen Fach- und Fremdwörtern zu erläutern und damit auch ihre Kompetenz zu verdeutlichen. Das kann zur Folge haben, dass die Studierenden zwar beeindruckt von der Wortwahl und dem Wissen sind, jedoch inhaltlich wenig verstehen. Hinzu kommt, dass eine zu komplexe Wortwahl die Distanz zwischen Lehrperson und Studierenden erhöht. Dies ist nicht gerade förderlich für die Beziehungsebene zwischen Lehrenden und Studierenden und kann sich beispielsweise darauf auswirken, dass sich die Studierenden seltener trauen, Fragen zu stellen.

Überlegen Sie bei der Vorbereitung, welches Vorwissen die Zuhörenden haben, denn Studierende im ersten Semester benötigen ausführlichere Erläuterungen als Studierende in höheren Semestern. Achten Sie darauf, dass der Einsatz von Fachbegriffen und Fremdwörtern an die Semesterzahl angepasst und für alle Studierenden verständlich ist.

- Erklären Sie Fachbegriffe und wichtige fachspezifische Fremdwörter und wiederholen sie diese, damit die Studierenden sie lernen können.
- Visualisieren Sie schwierige Begriffe.
- Verwenden Sie zuvor eingeführte Fachbegriffe konsequent, damit die Studierenden mit dem Fachterminus vertraut werden
- Vermeiden Sie fachunspezifische Fremdwörter, da die Gefahr besteht, dass sie nicht verstanden werden und dadurch wieder die Distanz zwischen Ihnen und den Studierenden erhöht wird.

Übung 15: Erklärung von Fachwörtern
Wählen Sie einen Fachbegriff aus Ihrem Bereich und erklären Sie dieses Fachwort einer Person, die absolut fachfremd ist.
Wie erläutern Sie den Fachbegriff? Welche Beispiele verwenden Sie?

Neben der Wortwahl wird das sprachliche Ausdrucksverhalten von dem **Satzbau** bestimmt. Ihr Satzbau sollte einfach strukturiert sein. Viele Sprecher nehmen an, dass lange, kompliziert konstruierte Sätze Kompetenz ausstrahlen. Allerdings erschweren lange Sätze das Verständnis und können bei den Zuhörenden den Eindruck wecken, der Vortragende „rede um den heißen Brei herum". Daher sollten einfache Satzkonstruktionen gebildet werden (siehe auch den vorherigen Abschnitt zu Verständlichkeitskriterien). Wichtige Orientierungspunkte für einen einfachen Satzbau sind die Satzstruktur und die Beachtung von Aktiv- versus Passivkonstruktionen:

Satzstruktur
Die Satzstruktur ist bestimmt durch die Kombination von Haupt- und Nebensätzen sowie durch die Reihenfolge der verschiedenen Satzbausteine. Die gängigste Reihenfolge ist Subjekt (S), Prädikat (P) und Objekt (O). Für die Zuhö-

renden verringert sich die Verständlichkeit, wenn gewohnte Satzkonstruktionen umformuliert werden (z.B. S-P-O wird zu O-P-S) oder ein Hauptsatz mit sehr vielen Nebensätzen ergänzt wird.
Beispiel für die Reihenfolge O-P-S: *„Den Studierenden hilft der Lehrende."*
Beispiel für die Reihenfolge S-P-O: *„Der Lehrende hilft den Studierenden."*

Tipps & Tricks
Folgende Regel verhilft zu einem einfachen Satzbau:
Vermitteln Sie pro Satz nur eine neue Information. Jede weitere Information wird in einem neuen Satz formuliert.

Aktiv- versus Passivkonstruktionen
Obwohl sowohl Aktiv- als auch Passivkonstruktion die gleiche Information beinhalten, ist es leichter, den Sinn einer Aktiväußerung zu verstehen. Unser Gehirn benötigt für Aktivkonstruktionen weniger Zeit zum Verarbeiten der Information als für Passivkonstruktionen.
Beispiel für eine Passivkonstruktion:
„Den Studierenden wird vom Lehrenden geholfen."
Beispiel für eine Aktivkonstruktion: *„Der Lehrende hilft den Studierenden."*
Beachten Sie also bezüglich Ihres Satzbaus Folgendes:

- Wechseln Sie zwischen kürzeren und etwas längeren Sätzen (maximal zwei kürzere Nebensätze) ab. Vermeiden Sie Schachtelsätze und lange Satzperioden.
- Wählen Sie Satzkonstruktionen mit S-P-O Reihenfolge der Satzelemente.
- Verwenden Sie Aktiv- statt Passivkonstruktionen.

Übung 16: Satzbau
Formulieren Sie den folgenden Satz in mehrere verständlichere Sätze um:
Gerade in der heutigen Zeit, in der westlichen Welt, wo viele Leute nahe beieinander leben, die einerseits an einen hohen Lebensstandard gewöhnt sind, sich andererseits an eine Methode, diesen zu erreichen, nämlich immer an den größtmöglichen eigenen Profit zu denken, gewöhnt haben, was wiederum der Gesellschaft schadet, sind die so genannten Tugenden, wie zum Beispiel Bescheidenheit, Rücksicht und Verantwortungsbewusstsein, allen voran jedoch Mitgefühl, umso wichtiger.

Als **Füllwörter** werden Wörter oder Lautäußerungen verstanden, die die Funktion eines Lückenfüllers haben. Typische Füllwörter sind: „ähm", „mh", „genau", „sozusagen", „ok". Wenn Füllwörter nicht sehr häufig auftreten, werden sie von den Zuhörenden nicht wahrgenommen. Schwierig wird es erst, wenn Füllwörter so häufig auftreten, dass sich die Aufmerksamkeit der Studierenden bewusst darauf richtet und die Konzentration für die eigentlichen Inhalte verlorengeht. Es gibt zwei Erklärungsansätze, warum Füllwörter verwendet werden.

Der psychologische Ansatz erklärt die Verwendung von Füllwörtern mit der Unsicherheit bei der Sprecherin, beim Sprecher. Kurze stille Pausen in einem Vortrag werden von einer Sprecherin, einem Sprecher als sehr lange Pausen, Steckenbleiben oder sogar als kurzer Blackout wahrgenommen. Um diese vermeintlich mangelnde Sicherheit zu übergehen, wird eine eigentlich stille Pause mit einem Füllwort „gefüllt". Ein weiterer psychologischer Grund ist der Wunsch eines Sprechers, das Rederecht zu behalten. Unterbrechungen mit Sprecherwechsel treten häufiger auf, wenn Sprechende im Redefluss eine kurze Pause machen. Durch die Verwendung eines Füllworts statt einer stillen Pause, versuchen Sprechende unbewusst den Redefluss aufrechtzuerhalten und dem Gesprächspartner einen Sprecherwechsel zu erschweren.

Ein zweiter Ansatz zur Erklärung von Füllwörtern liegt im physiologischen Sprechprozess. Bei der Sprachplanung ist einerseits unser Denkapparat beteiligt, der die Äußerung kognitiv plant und andererseits unser Sprechsystem, das die Äußerungen stimmlich formt. Beide Prozesse arbeiten unterschiedlich schnell. Wenn wir einen komplexen Gedanken formulieren möchten, kann es sein, dass unser Sprechsystem schon bereit ist, Äußerungen von sich zu geben, während unser Denkapparat noch Zeit benötigt, um die geplante Äußerung mit konkreten Inhalten zu füllen. Die Folge ist, dass ein Laut, also das Füllwort, produziert wird, welches keinerlei Inhalt transportiert: „Ähh".

Machen Sie sich bewusst, wie viele bzw. welche Füllwörter Sie verwenden. Sie können beispielsweise drei Minuten einer spontanen Rede auf Video aufnehmen und beim Ansehen auf die Füllwörter achten oder Sie fragen eine Kollegin, einen Kollegen, inwieweit und wie häufig Sie Füllwörter verwenden. Einige wenige Füllwörter dürfen Sie ohne Sorge weiterhin äußern, da diese so gut wie nicht auffallen.

Wenn Sie die Rückmeldung erhalten, dass Sie häufig Füllwörter verwenden, so nehmen Sie sich nicht vor: „Ich möchte Füllwörter vermeiden." Konzentrieren Sie sich stattdessen auf eine bewusste Pausensetzung. Die effektivste Strategie, Füllwörter zu vermeiden, ist es nämlich, stille Pausen zu setzen. Pausen bis zu drei Sekunden werden von Zuhörerenden nicht wahrgenommen. Sie schätzen kurze Pausen sogar, da sie die zuvor präsentierten Inhalte kurz verarbeiten können. Erst ab fünf Sekunden nehmen Zuhörende eine Redepause überhaupt wahr.

Übung 17: Pausensetzung
Halten Sie einen kurzen Vortrag zu Ihrem Fachthema und setzen Sie nach Sinnabschnitten bewusst eine Pause. Versuchen Sie die Länge der Pausen gefühlt zu übertreiben.
In der Lehrveranstaltung werden Sie nach dieser Übung bewusster auf Pausen achten und dadurch Füllwörter vermeiden.

Unter einer **Floskel** versteht man eine Redewendung oder eine Redensart, die besonders häufig im Alltag verwendet wird, deren Sinn jedoch nicht wortwörtlich gemeint ist. Eine Floskel ist also eine Worthülse. Floskeln im Alltag sind beispielsweise: „Alles klar", „Mal unter uns", „Nichts für ungut" oder „Wie geht's? Gut und Dir?" Floskeln erfüllen fast eine Ritual-Funktion. In unserem Zusammenleben ist es höflich, jemanden zu begrüßen und zu fragen, wie es ihr oder ihm geht. Im Kontext einer Lehrveranstaltung können Floskeln auch negativ wirken, denn sie können Distanz zwischen Lehrperson und Studierenden schaffen. Floskeln in Lehrsituationen sind beispielsweise: „Es freut mich, dass Sie so zahlreich erschienen sind", „Vielen Dank für Ihre Aufmerksamkeit". Beachten Sie bezüglich der Verwendung von Floskeln Folgendes:

- Versuchen Sie, individuelle und persönliche Formulierungen zu finden, um Kontakt zu Ihren Studierenden aufzubauen.
- Kreieren Sie eigene, spezifische Formulierungen, die eine Verbundenheit mit Ihren Studierenden schaffen.

Übung 18: Floskeln
Finden Sie eine individuelle Formulierung für folgende Floskeln:
- „Es freut mich, dass Sie so zahlreich erschienen sind!"
- „Vielen Dank für Ihre Aufmerksamkeit."
- „Das ist Grundwissen."

Abbildung 48: Bildhafte Sprache

Der letzte Faktor, der das sprachliche Ausdrucksverhalten bestimmt, ist schließlich die **bildhafte Sprache**. Für Sie als Lehrende, Lehrender ist die Kür, nicht nur verständlich mit angemessener Wortwahl und kurzen Sätzen zu formulieren, sondern die Inhalte auch noch anschaulich zu gestalten.

Studierende: „Wir verstehen überhaupt nicht was bildhafte Sprache ist."

Lehrende, Lehrender: „Bildhafte Sprache ist wie ein Zaubertrank, der schwere Begriffe leicht, verständlich und anschaulich macht."

Bildhafte Sprache bedeutet die Vorstellungskraft der Studierenden anzusprechen und abstrakte Sachverhalte durch Vergleiche und sprachliche Bilder zu veranschaulichen. Dadurch wird die Aufmerksamkeit der Studierenden erhöht und der Behaltensprozess erleichtert. Stilmittel einer bildhaften Sprache sind in Tabelle 15 aufgeführt.

Tabelle 15: Bildhafte Sprache

Stilmittel	Umsetzung	Beispiel
Metapher	Der Inhalt wird durch einen bildlichen Vergleich ersetzt	• Ich habe gerade ein Brett vor dem Kopf. • Wir sitzen hier alle im gleichen Boot.
Analogie	Ein Fall wird in ähnlicher Struktur/Art beschrieben	• Den Fehler zu finden ist natürlich ein bisschen so, wie die Nadel im Heuhaufen, aber Sie schaffen das! • Der Strom fließt wie Wasser in eine Richtung.
Beispiel	Ein Anwendungsbeispiel aus dem Alltag heranziehen	• Klassisches Konditionieren: Ich möchte meinem Kollegen beibringen, sein Geschirr in der Gemeinschaftsküche gleich aufzuräumen. Deswegen lobe ich ihn jedes Mal, wenn er es gemacht hat.

Übung 19: Bildhafte Sprache
Erklären Sie einen komplexen Begriff oder Sachverhalt mit bildhafter Sprache.

Um die Faktoren der Sprache kurz zu wiederholen, möchten wir Ihnen nochmal das Beispiel „Auszug eines Vortrags" zeigen. Nachdem die vier Faktoren zur mündlichen Sprache erläutert wurden, können Sie nun analysieren, was an diesem Vortrag verändert werden könnte, um die Mündlichkeit und damit Verständlichkeit zu erhöhen.

„Auszug eines Vortrags" Liebe Studierende,	**Optimierungsvorschläge**
es freut mich, dass Sie so zahlreich erschienen sind. Mein Name ist Andreas Schmidt und ich komm von der Universität München...äh...und das Thema meines Vortrags lautet „Wirksamkeit von Blended-Learning Lernumgebungen". ...ok... mhhh... was ich Ihnen heute erzählen möchte, ist was hybrides Lernen bedeutet und inwieweit... äh... die gegenseitige Anreicherung der Studierenden, die Ergänzung und Erweiterung von Präsenz- und Onlineangeboten im Rahmen von qualifizierenden Supportmaßnahmen ... äh... in der Hochschule die Studierenden ...äh... unterstützen. Ich kann ihnen das ja mal an einem Beispiel kurz erklären. ...[Sprechpause]... Nach der Uni können sich Studierende in ihre virtuelle Vorlesung einloggen und sich die Erklärungen der Professoren noch einmal anschauen. Dann können sie nach dem Video einen kurzen Test schreiben und schauen, was sie verstanden haben. Die Professoren können sich das Testergebnis anschauen und daraufhin Fragen in ihrer Vorlesung nochmal klären. ...genau...	→ Beginnen Sie mit einem individuellen Einstieg statt mit einer Floskel. → Nehmen Sie sich zu Beginn einer Rede Zeit und konzentrieren Sie sich auf Pausen, um Füllwörter zu vermeiden. → Reduzieren Sie im Einstieg Fachbegriffe, der Einstieg soll als Orientierung dienen. → Erklären Sie Fachwörter. → Ein einfacher Satzbau ist besser für die Verständlichkeit. → Versuchen Sie den Vortrag klarer zu strukturieren. → Beispiele sind gut, es darf gerne deutlicher gemacht werden.
– es folgen weitere Inhaltspunkte & Erläuterungen – So dann komm ich mal zu meiner letzten Folie. ...äh... was wichtig ist, dass ...äh... hab ich ja schon erwähnt, also immer die Aufgaben zu machen, damit sie das Gelernte besser behalten können. ...genau... Also vielen Dank für Ihre Aufmerksamkeit und jetzt hab ich Zeit für Ihre Fragen. Danke!	→ Formulieren Sie einen klaren Schluss, was Studierende behalten sollen. → Finden Sie einen individuellen Abschluss und verwenden Sie keine Floskeln.

Reflexion 12: Verständliche Sprache
Notieren Sie, mit welchen Worten Sie Ihre nächste Lehrveranstaltung beginnen möchten. Analysieren Sie Ihren Text hinsichtlich Wortwahl, Satzbau, Floskeln und bildhafter Sprache.
An welchen Stellen sind Pausen hilfreich?
Machen Sie sich nun Stichpunkte zu Ihrem verfassten Text, die Sie in Ihrer Lehrveranstaltung verwenden können.

7.4. Authentisch auftreten

Sie haben nun viele Facetten kennengelernt, die Ihr persönliches Ausdrucksverhalten bestimmen: Stimme, Körpersprache und Sprache. Alle drei Parameter sind Ausdrucksmittel einer Sprecherin, eines Sprechers und spiegeln Stimmung, Emotionen, innere Haltung und Motivation wider.

Wenn Sie bei Ihrem persönlichen Ausdruck etwas verändern bzw. Ihren Ausdruck optimieren möchten, so ist es unpassend einen „neuen" Ausdruck einzustudieren, da darunter Ihre Authentizität leiden könnte. Eine veränderte Stimme, Körpersprache oder Sprache kann schnell unnatürlich und „aufgesetzt" wirken. Bedenken Sie, dass Ihr persönliches Auftreten durch Ihren inneren Zustand geprägt wird. Wenn Ihre innere Einstellung positiv und interessiert an Studierenden und Thema ist, so wird auch ihr persönlicher Ausdruck wirksamer sein, als mit einer desinteressierten inneren Haltung.

Der Idealzustand im Zusammenspiel von Stimme, Körpersprache und Wortwahl wird als Kongruenz bezeichnet. Das bedeutet, dass die einzelnen Botschaften der Ausdrucksebenen die gleiche Aussage transportieren. Kongruentes Auftreten wirkt natürlich, souverän und damit authentisch. Stimmt die Aussage eines Parameters nicht mit den Aussagen der anderen beiden überein, so spricht man von Inkongruenz. Dazu gehören z.B. unnatürliches, überzeichnetes Artikulieren bei mangelndem Blickkontakt oder große, ausladende Gesten bei leise gesprochenen Inhalten.

Beispiel: Eine Person verdreht die Augen und sagt mit gelangweilter Stimme: „Ich freu mich Dich zu sehen!"

Da der Ausdruck der Körpersprache und der Stimme dem sprachlichen Inhalt widersprechen, trauen wir in diesem Fall der Aussage nicht.

Manchmal wird die Inkongruenz der Ausdrucksebenen bewusst eingesetzt. Zum Beispiel bei dem Einsatz von Ironie oder Sarkasmus.

Beispiel: Eine Lehrende sagt mit hochgezogenen Augenbrauen und entrüsteter Intonation: „Das ist ja wirklich ganz toll, dass ihr immer zu spät kommt."

Tipps & Tricks
Lassen Sie sich in einer Sitzung von einer Kollegin, einem Kollegen beobachten und anschließend Feedback geben.

Genauso wichtig wie ein kongruentes Auftreten, also dass alle drei Ausdrucksparameter die gleiche Botschaft transportieren, ist ein der Situation und dem Thema entsprechendes, angemessenes Auftreten. Fröhliches Lächeln, eine laute Stimme etc. sind bei einer Grabrede genauso wenig angemessen, wie eine leise Stimme und verhaltenes Auftreten in einer Lehrveranstaltung. Die thematische Aufbereitung, die Abfolge der Inhalte und die bildhafte Unterstützung sollen nicht nur aufeinander abgestimmt, sondern auch zur Situation stimmig sein. Inkongruenz und Unangemessenheit sorgen in gewisser Weise für Aufmerksamkeit, was in manchen Momenten durchaus gewünscht sein kann (z.B. Sicherstellen der Aufmerksamkeit der Studierenden zu Beginn der Lehrveranstaltung, indem man zum Beispiel einen Zaubertrick vorführt). Generell sind jedoch Kongruenz und Angemessenheit anzustreben. Was bedeutet das nun für Ihre Lehrveranstaltung?

- Reflektieren Sie Ihre innere Einstellung. Eine positive Einstellung führt zu situationsangemessenem, authentischem Auftreten.
- Eignen Sie sich keine stimmlichen, sprachlichen oder körpersprachlichen Verhaltensweisen künstlich an, da Sie ansonsten unnatürlich und inkongruent wirken könnten. Nehmen Sie sich kleine Ziele vor (z.B. Blickkontakt aufrechthalten) und üben Sie diese, bis es sich für Sie normal anfühlt.
- Setzen Sie inkongruentes Verhalten (z.B. Ironie) nur ein, wenn Sie einen bestimmten Effekt erzielen wollen. Dieser Effekt sollte von allen Studierenden auch verstanden werden.

Sie sind jetzt gut darauf vorbereitet in Ihrer Lehrveranstaltung Stimme, Körpersprache und Sprache ausdrucksstark einzusetzen. Im nächsten Kapitel erfahren Sie, welche Kommunikations- und Gruppenführungstechniken Sie zur Leitung Ihrer Studierendengruppe nutzen können.

Empfehlungen zum Weiterlesen

Allhoff, Dieter-W. & Allhoff, Waltraud (2016): *Rhetorik & Kommunikation: Ein Lehr- und Übungsbuch* (17. Auflage). Verlag Reinhardt, Ernst.

Gutzeit, S. F., Neubauer, A. (2013): *Auf ihre Stimme kommt es an!: Das Praxisbuch für Lehrer und Trainer.* Weinheim, Basel: Beltz

Meyer, Barbara E. (2018): *Rhetorik für Lehrerinnen und Lehrer.* (2. Auflage) Weinheim und Basel: Beltz Verlag.

McNeill, David (2015): *Why We Gesture: The Surprising Role of Hand Movements in Communication.* Cambridge: Cambridge University Press.

Checkliste für das Kapitel 7

Vergegenwärtigen Sie sich die Punkte in der Checkliste, um in Ihrer Lehrveranstaltung präsent zu wirken.

Kräftige Stimme einsetzen

- ✓ Körperhaltung: Nehmen Sie eine aufrechte Körperhaltung ein.
- ✓ Körperspannung: Finden Sie eine angemessene Körperspannung zwischen Über- und Unterspannung. Lockern Sie Ihren Körper vor einer Stresssituation (z.B. ausschütteln).
- ✓ Atmung: Konzentrieren Sie sich auf eine ruhige Bauch- bzw. Zwerchfellatmung.
- ✓ Stimmgebung: Lockern Sie den Schulterbereich. Kräftigen Sie Ihre Stimme durch Zwerchfellübungen und lockern Sie Ihren Resonanzraum.
- ✓ Artikulation: Lockern Sie Ihre Gesichtsmuskeln, zum Beispiel, indem Sie wie ein Pferd schnauben oder Ihre Lippen flattern lassen
- ✓ Sprechmelodie: Klären Sie, welche Botschaften in Ihrer Lehrveranstaltung besonders betont werden müssen. Üben Sie diese Botschaften durch Vorsprechen.

Körpersprachlich wirken

Ihre Vorbereitung kurz vor Beginn der Sitzung:

- ✓ Blickkontakt: Stellen Sie sich vor, Ihre Teilnehmenden sitzen bereits im Raum – Wen schauen Sie an? Wie lassen Sie den Blick schweifen?
- ✓ Gestik: Proben Sie eine Passage aus Ihrer Lehrveranstaltung. Versuchen Sie die Hände locker und frei, angewinkelt neben dem Oberkörper zu halten.
- ✓ Bewegung im Raum: Prüfen Sie vor dem Beginn den Raum. Wo stellen Sie sich hin? Wo liegen Ihre Utensilien? Wohin können Sie sich bewegen, so dass Sie die Studierenden noch gut sehen können? Gibt es eine Barriere zwischen Ihnen und den Studierenden, die Sie vor Beginn der Sitzung zur Seite räumen sollten?
- ✓ Bevor Sie starten: Nehmen Sie eine aufrechte Haltung ein. Bauen Sie Blickkontakt zu den Studierenden auf. Halten Sie Ihre Hände locker und angewinkelt.

Verständlich sprechen

- ✓ Wortwahl: Welche Fachwörter müssen in der nächsten Sitzung eingeführt werden? Wie können Sie diese einfach und verständlich erklären? Wann können Sie diese an einer passenden Stelle mit den Studierenden wiederholen?
- ✓ Satzbau: Welche Inhalte sind besonders komplex? Wie können Sie diese den Studierenden mit einfachen Satzkonstruktionen erklären?
- ✓ Floskeln: Welche Floskeln verwenden Sie häufig und wie können Sie diese so umformulieren, dass sie persönlicher klingen?
- ✓ Bildhafte Sprache: Was sind wichtige Fachbegriffe? Wie können Sie diese bildhaft umschreiben?

8. Gruppen leiten

In diesem Kapitel erfahren Sie...

- ...wie Sie Fragen bewusst formulieren, um eine bestimmte Wirkung zu erzielen.
- ...wie Sie Ihr Zuhörverhalten zur Gesprächsführung einsetzen.
- ...was Metakommunikation bedeutet und wie Sie diese in Lehrveranstaltungen nutzen.
- ...was Sie bei der Führung von Gruppen beachten sollten.
- ...welche Aufgaben die Gruppenleitung übernimmt.

Sie haben mit Ihrem strukturierten Konzept, der methodischen und medialen Gestaltung sowie Ihrem ausdrucksstarken Auftreten als Lehrperson die Basis für eine erfolgreiche Lehrsitzung geschaffen. In der Durchführung wird es darum gehen, die Studierenden zu leiten. Lehrveranstaltungen durchzuführen bedeutet, eine Gruppe zu steuern, mit unerwarteten Fragen umzugehen, die Studierenden zu den Lernzielen zu führen und die Gruppendynamik zu beeinflussen. Um Ihre Veranstaltung souverän zu leiten, können Sie einige Techniken und Tipps nutzen. Allen voran gehen hier die Kommunikationstechniken, die in allen Lehrsituationen eine entscheidende Rolle spielen und besonders wichtig sind, wenn es darum geht, interaktiv zu arbeiten, d.h., mit den Studierenden ins Gespräch zu kommen und das Gespräch lernzielorientiert zu führen.

8.1 Kommunikationstechniken einsetzen

Der Begriff „Kommunikationstechnik" lässt den Eindruck entstehen, dass es möglich ist, so zu kommunizieren, dass beim Gegenüber genau das passiert, was man selbst gerne hätte. Ganz so technisch funktioniert es in der Kommunikation leider nicht. Es geht darum, bewusst zu kommunizieren und sein eigenes Kommunikationsverhalten anzupassen, um dadurch die Wahrscheinlichkeit zu erhöhen, dass das Gespräch den Verlauf nimmt, den man sich wünscht. In schwierigen Situationen können durch Kommunikationstechniken beispielsweise Missverständnisse aufgelöst und das gegenseitige Verständnis verbessert werden (vgl. Kapitel 9.4).

Damit Sie Kommunikationstechniken für sich nutzen können, betrachten wir auf den folgenden Seiten die Frage- und Zuhörtechniken sowie die Metakommunikation detaillierter. Sie erhalten Anregungen, wie Sie Ihr Kommunikationsverhalten verändern können, damit das Gespräch den gewünschten Verlauf nimmt.

Fragetechniken

Damit Sie Fragen in Ihrer Vorlesung, in Ihrem Seminar mit der gewünschten Wirkung einsetzen können, braucht es ein wenig Hintergrundwissen.

Fragen können grob in zwei **Frageformen** unterteilt werden: offene und geschlossene Fragen. Bei offenen Fragen steht meist ein W-Wort zu Beginn (Wieso, weshalb, warum, wie, ...). Offene Fragen öffnen das Gespräch, da die Studierenden aufgefordert werden, mehr zu sagen als ein einfaches „Ja" oder „Nein", wie es bei geschlossenen Fragen der Fall ist. Geschlossene Fragen beginnen meist mit einem Verb („Bist du gut vorbereitet?") und können mit einem Wort beantwortet werden. Mit der Wahl der Frageform versuchen wir die Antwortlänge zu beeinflussen. Tabelle 16 enthält einige Beispiele und beschreibt die gewünschte Wirkung beim Einsatz der jeweiligen Frageform.

Tabelle 16: Offene und geschlossene Fragen

	Offene Fragen	**Geschlossene Fragen**
Formulierung	• Beginnen mit einem W-Wort • Können nicht nur mit einem Wort wie „Ja" und „Nein" beantwortet werden • Ausnahme: „Wie heißt du?" „Tim." „Wie geht's?" „Gut." *Z.B. „Wieso nehmen Sie an diesem Proseminar teil?"* *„Weshalb könnte dieser Aspekt so wichtig sein?"* *„Wodurch kann der Effekt unterstützt werden?"*	• Können schlicht mit „Ja" oder „Nein" beantwortet werden • Beginnen mit einem Verb *Z.B. „Verstehen Sie mich?"* *„Können Sie mir den Zitronensäurezyklus erklären?"* *„Hat Ihnen die Sitzung heute gefallen?"*
Wirkung	• Die Studierenden erhalten viel Raum, um zu antworten und werden wenig eingeschränkt. • Das Gespräch öffnet sich, Sie erhalten mehr Informationen. • Sie erfahren, was die Studierenden nicht verstehen oder welche Fachbegriffe noch nicht richtig verwendet werden. • Achtung: Die Antworten können ausufern, vor allem bei Vielrednern!	• Fokussierend: Es kann z.B. ein Konsens bestätigt werden (*„Sind wir uns an dieser Stelle einig, dass...?"*) • Steuernd: Das Gespräch wird auf ein bestimmtes Thema gelenkt (*„Sind Sie einverstanden, wenn wir als nächstes x besprechen?"*) • Achtung: Wenn ausschließlich geschlossen gefragt wird, gerät der Gesprächsfluss ins Stocken.

Einsatz	• Um zu Beginn der Veranstaltung mehr über die Studierenden zu erfahren („*Welche Erwartungen haben Sie?*“) • Um Diskussionen zu fördern („*Wie stehen Sie zu dieser These?*“)	• Um zum nächsten Thema überzuleiten („*Sind Sie einverstanden, wenn ich zur nächsten Aufgabe komme?*“) • Um Diskussionen abzuschließen („*Sind die wichtigsten Argumente ausgetauscht?*“)

Die beiden oben beschriebenen Frageformen wirken sich tendenziell öffnend bzw. schließend aus. Letztendlich entscheidet der Antwortende, in welchem Ausmaß er oder sie antwortet. Denken Sie an ein Interview mit Politikern, die auf geschlossene Fragen, wie zum Beispiel „*Werden Sie heute für den Gesetzentwurf stimmen?*“, selten eindeutig mit „Ja“ oder „Nein“ antworten. Sie nehmen die Frage vielmehr als Startsignal, um ihre Argumente vorzutragen.

Infotafel: Die Sogwirkung von Fragen

Folgendes Experiment bietet sich an, um die Wirkung von Fragen zu erleben: Stellen Sie sich in einer kleinen Runde mit Kolleginnen und Kollegen doch einfach mal reihum Fragen, auf die niemand eine Antwort gibt. Achten Sie darauf wie es sich anfühlt eine Frage zu stellen und keine Antwort zu erhalten. Und wie fühlt es sich an, eine Frage gestellt zu bekommen und darauf nicht zu antworten?

Dieses kleine Experiment verdeutlicht Ihnen die Wirkung von Fragen. Fragen wird eine Sogwirkung nachgesagt, das heißt, eine Frage, die im Raum steht, erzeugt bei den Anwesenden einen Antwortsog. Die Frage braucht eine Antwort, sonst steht etwas Unvollendetes im Raum. Diese Sogwirkung von Fragen können Sie nutzen. Wenn Sie Fragen aufwerfen, die das Interesse der Studierenden wecken, wird ebenfalls ein Antwortsog entstehen.

Mit einer interessanten Frage erzeugen Sie Spannung und lenken damit die Aufmerksamkeit auf die darauffolgende Antwort.

Auch wenn keine Garantie besteht mit einer geschlossenen Frage eine eindeutige Antwort herbeizuführen oder mit Hilfe von offenen Fragen ausführliche Beiträge zu erhalten, ist es wichtig, die Unterscheidung zu kennen und bewusst offene und geschlossene Fragen zu formulieren. Sie können die Wirkungstendenz als Chance und Möglichkeit für die Gesprächsführung nutzen. Stockt in Ihrer Lehrveranstaltung beispielsweise die Diskussion, können sie diese leichter mit einer offenen Frage wieder in Gang bringen.

Tipps & Tricks
Nutzen Sie alltägliche Gesprächssituationen als Übungsfeld, um die Wirkung von Fragen zu beobachten.

Damit die Variation und Kombination offener und geschlossener Fragen ganz selbstverständlich in Ihr Kommunikationsverhalten übergeht, ist es wichtig, dass Sie eine Zeit lang bewusst auf die Fragen achten, die Sie stellen. Achten Sie vor allem auf die Wirkung im Gespräch. Wie entwickelt sich der Verlauf nach einer offenen Frage? Wie ausführlich antwortet Ihr Gesprächspartner auf eine geschlossene Frage?

Reflexion 13: Formulierung von Fragen
Beschreiben Sie zwei Situationen in Ihrer Lehrveranstaltung, in denen Sie Fragen formulieren müssen (z.B. zu Beginn einer Diskussion oder nach einer Übungsaufgabe).
Notieren Sie sich drei bis fünf Fragen, die sich für die jeweilige Situation anbieten. Variieren Sie dabei offene und geschlossene Fragen.
Überlegen Sie, welche Wirkung durch die einzelnen Fragen vermutlich entstehen wird.
Wählen Sie am Ende die Frage aus, die Ihr Ziel am besten unterstützt.

Neben der Variation von offenen und geschlossenen Fragen, kann die Vielfalt der Fragen auch danach unterteilt werden, was mit der Frage erreicht werden soll, d.h., was die **Intention der Frage** ist. So können Sie mit Fragen Denkprozesse anregen, das Verständnis sicherstellen und Studierende motivieren. Damit die gewünschte Wirkung entsteht, sollten Sie sich vor der Formulierung der Frage bewusst sein, was Sie mit der Frage bei den Studierenden erreichen wollen. Die Unterteilung in Tabelle 17 hat sich in Lehrsituationen bewährt und hilft Ihnen dabei, die richtige Frage auszuwählen.

Tabelle 17: Frageintention

Intention	Beispiele	Beabsichtigte Wirkung
Denkprozesse anregen	*„Stellen Sie sich vor, wir würden das Experiment folgendermaßen durchführen... Welche Reaktion erwarten Sie?“* *„Nehmen wir an, dass die Bundesregierung das neue Gesetz wie geplant verabschiedet, welche Folgen hätte dies für die Gesamtwirtschaft?“*	Die Studierenden werden zum Weiterdenken angeregt. Es können verschiedene Szenarien anschaulich ausgemalt und durchdacht werden.
	„Wie beurteilen Sie das Vorgehen?“ *„Welche Bedeutung haben Ihrer Meinung nach die neusten Erkenntnisse der Grundlagenforschung?“*	Studierende werden zur Stellungnahme bewegt und dazu, eine persönliche Einschätzung zu geben.
Verständnis sichern	*„Welcher Aspekt hat Ihr Interesse geweckt?“* *„Was nehmen Sie aus dieser Einheit für sich mit?“*	Es werden Verständnis gesichert und Missverständnisse aufgeklärt. Außerdem wird konkretisiert und Informationen zusammengefasst.
Motivieren	*„Sie bringen so unterschiedliche Erfahrungen mit, deswegen interessieren mich Ihre Meinungen. Was sagen Sie zu dieser neuen Regelung?“* *„Sie haben ja bereits das Laborpraktikum gemacht und können die Theorie mit Praxiserfahrung ergänzen. Wie beurteilen Sie diese Theorie vor dem Hintergrund Ihrer Praxis-Erfahrung?“*	Studierende daran erinnern, dass sie bereits viel wissen und sie ermutigen zu antworten. Ressourcen, Vorwissen und Erfahrungen bewusst machen und wertschätzen, dabei die Studierenden auf Augenhöhe ansprechen.

Machen Sie sich als Lehrende, als Lehrender bewusst, was Sie mit den Fragen in Ihrer Lehrveranstaltung erreichen wollen. Dann können Sie die vorgestellten Fragen zu Ihrem Zweck nutzen.

Sie kennen sicher die Situation, dass eine Dozentin, ein Dozent eine Frage stellt, worauf zunächst **keine Antwort** der Studierenden folgt. Schließlich beantwortet er oder sie selbst die Frage und fährt mit dem Stoff fort. Es gibt verschiedene Gründe, wieso in derartigen Situationen keine Antworten kommen. Wir erläutern fünf mögliche Ursachen genauer und formulieren Tipps, wie Sie mit diesen Situationen umgehen können.

1) Fragen nach einem längeren Vortragsblock

Situation: Die Standardsituation ist hier der 45- bis 60-minütige Vortrag an dessen Ende 15 bis 30 Minuten für Fragen und Diskussion eingeplant sind. Die Lehrperson schließt den Vortrag ab, meist mit der beliebten Floskel „Vielen Dank für Ihre Aufmerksamkeit. Gibt es Fragen?“ Und da ist sie, die Frage der Fragen, gefolgt von Sekunden, die sich unendlich lang anfühlen, sowohl für die Rednerin, den Redner als auch für das Plenum.
Problem: Das Rederecht lag nun bis zu 60 Minuten bei der Lehrperson. Den Studierenden kam die schweigende, zuhörende Rolle zu. Da ist es wenig verwunderlich, dass die plötzliche Wendung ein bisschen Zeit zum Verarbeiten benötigt. Daher ist es wichtig, den Übergang des Rederechts bewusst zu planen und den Zuhörern den Einstieg in den Austausch zu erleichtern.
Umgang: Kündigen Sie zu Beginn an, dass am Ende Fragen gestellt werden können und ermuntern Sie Ihre Studierenden im Verlauf des Inputteils Fragen zu notieren. Stellen Sie am Ende selbst eine offene Frage zu Ihrem Thema, die einen leichten Einstieg in die Diskussion ermöglicht. Zeigen Sie zu Beginn Fragen auf, die Ihr Vortrag beantworten will. Legen Sie dieselben Fragen am Ende auf und bitten Sie Ihr Plenum, diese Fragen nun zu beantworten (vgl. Kapitel 5.2 die interaktive Lehr-/Lernmethode „Vorher-Fragen“).

2) Die Frage ist zu einfach

Situation: Wenn Studierende in einem höheren Semester mit sehr einfachen Fragen konfrontiert werden und die Antwort auf der Hand liegt, fühlt sich das Plenum durch die Frage unterfordert und es schwindet die Bereitschaft zu antworten.
Problem: Die Zuhörerschaft wundert sich, ob die Frage wirklich ernsthaft beantwortet werden soll, wo die Antwort doch so offensichtlich ist.
Umgang: Stellen Sie ernstgemeinte anspruchsvolle Fragen, die das Plenum nicht unterfordern. Wenn Sie Ihre Studierenden noch nicht sicher einschätzen können, bereiten Sie Fragen für unterschiedliches Vorwissen vor, damit Sie die Frage spontan anpassen können.

3) Die Frage ist zu schwer

Situation: Lehrveranstaltungen im ersten Semester haben häufig einen höheren Anspruch an das Vorwissen der jungen Studierenden als diese durch den bisherigen Schulunterricht erfüllen können. Die Fragen sind dann schnell zu anspruchsvoll, die Studierenden haben das nötige Vorwissen nicht und es stellt sich erst einmal Schweigen im Raum ein.

Problem: Neben dem mangelnden Vorwissen kann die Schwierigkeit auch darin bestehen, dass das im Vortrag vermittelte Wissen noch nicht richtig verstanden wurde. Die Frage verlangt jedoch bereits eine tiefe Verarbeitung sowie das Weiterdenken der Studierenden.
Umgang: Beachten Sie das Vorwissen der Studierenden. Fassen Sie komplexe Inhalte möglichst einfach und verständlich zusammen. Bringen Sie „merk"-würdige Vergleiche und nutzen Sie bildhafte Sprache. Wenn Sie dennoch eine Frage stellen, die Ihre Studierenden überfordert, fragen Sie ganz offen im Plenum, wieso Sie keine Antwort erhalten.

4) Die Frage ist nicht eindeutig

Situation: Sehr beliebt und dennoch sehr verwirrend sind Fragen, in denen sich gleich mehrere Teilfragen verstecken: *„Können Sie mir sagen, wie eine gute Forschungsfrage formuliert werden sollte? Wie sollte der Methodenteil einer Forschungsarbeit aufgebaut sein? Und was ist bei der Diskussion am Wichtigsten?"*
Problem: Die Studierenden sind verwirrt oder sogar überfordert und wissen nicht, auf welche Teilfrage sie antworten sollen.
Umgang: Disziplinieren Sie sich: Bereiten Sie nur eine gute Frage vor und stellen Sie diese. Lassen Sie Ihrer Zuhörerschaft Zeit, um darüber nachzudenken. Warten Sie zehn Sekunden ab, bevor Sie die Frage umformulieren, nach weiteren acht bis zehn Sekunden können Sie einen Hinweis oder eine Hilfestellung für die Beantwortung geben. Beantworten Sie nicht einfach die Frage selbst, sonst lernt Ihre Gruppe, dass Sie am Ende jede Frage doch selbst beantworten.

5) Die Frage ist geschlossen

Situation: Beliebte Beispielfragen am Ende einer Inputeinheit sind Folgende: *„Gibt es noch Fragen?", „Sind noch Fragen offen geblieben?"* Beides sind geschlossen formulierte Fragen, auf die häufig erstmals keine Antwort erfolgt.
Problem: Auf geschlossene Fragen wird zwar manchmal fleißig genickt, jedoch selten laut geantwortet. Immerhin erhalten Sie auch über das Nicken eine wichtige Rückmeldung, wenn Ihre Frage jedoch ausdrücklich beantwortet werden soll, wählen Sie besser eine offene Formulierung.
Umgang – einige offen formulierte Varianten:

- *„Welche Fragen sind Ihnen im Verlauf des Vortrags durch den Kopf gegangen?"*
- *„Welcher Aspekt hat Ihr Interesse geweckt?"*
- *„Wie würden Sie die letzten 15 Minuten in einem Satz zusammenfassen?"*
- *„Was nehmen Sie aus dieser Einheit für sich mit?"*

Für die konkrete Vorbereitung auf Ihre Lehrveranstaltung bietet sich Folgendes an:

1. Markieren Sie sich in Ihrem Ablaufplan, wann Sie mit Ihren Studierenden interagieren wollen und wann Sie dies ankündigen.
2. Bereiten Sie Fragen für unterschiedliche Wissensstände vor.
3. Prüfen Sie die Frageform (offene Fragen bevorzugen).

Wer Fragetechniken gekonnt einsetzt, sollte gut zuhören können, um die Antworten auch angemessen verstehen und darauf reagieren zu können. Deshalb betrachten wir im nächsten Abschnitt die Zuhörtechniken genauer.

Zuhörtechniken

Für jede gelingende Kommunikation ist eine aufmerksame Zuhörerin, ein aufmerksamer Zuhörer unerlässlich, denn die Bedeutung des Gesagten entsteht beim Zuhörenden. Prägnant auf den Punkt bringt es der Satz: *Kommunikation ist das, was beim anderen ankommt.* Wenn dem Zuhörenden in der zwischenmenschlichen Kommunikation so eine entscheidende Rolle zukommt, liegt die Frage nahe, wie das Zuhörverhalten optimal gestaltet werden kann, damit sich zwei Menschen verstehen. Als Zuhörtechnik, die zu einem besseren Verstehen beiträgt, hat sich das so genannte „aktive Zuhören" etabliert.

Welche Bestandteile zeichnet das aktive Zuhören aus und wie zeigt es sich in einer Lehrsituation?

Tabelle 18: Zuhörtechniken

Bestandteile des aktiven Zuhörens	Konkrete Situation in der Lehre
Körperhaltung zuwenden Blickkontakt aufnehmen	Ein Student hat einen Einwand, die Lehrveranstaltung soll um c.t. statt um s.t. anfangen. Die Dozentin wendet sich dem Studenten zu und schaut ihn an.
Bestätigungen in Form von Nicken oder durch das Ausdrücken von Zuhörpartikeln wie „aha", „hm" bis zu „ach, wirklich". Derartige Bestätigungspartikel werden in der Muttersprache ohne bewussten Denkvorgang automatisch formuliert.	Die Dozentin hört dem Studenten zu, während er seinen Einwand formuliert. „Ich finde es ungünstig, dass wir immer schon um s.t. anfangen! Wieso beginnen wir nicht wie alle anderen um c.t.?" Die Dozentin nickt und sagt „hm".
Nachfragen	Sie fragt nach: „Wieso wäre dir c.t. lieber?" „Weil ich dann auch mal von Anfang an dabei sein könnte. Ich muss immerhin von Gebäude Z bis hierher laufen."

Deuten, d.h., welche Emotion spricht aus dem Gesagten? Ist es Freude, Wut, Zweifel, Ärger, Stolz,...?	Die Dozentin spricht die Emotion an, die sie aus dem Gesagten heraus hört: „Ich merke, es ärgert Dich richtig, dass Du hier immer den Anfang verpasst, weil wir um s.t. anfangen."
Paraphrasieren, d.h., in eigenen Worten wiedergeben, was verstanden wurde	Sie fasst zusammen, was sie verstanden hat: „Das heißt, wenn wir eine Viertelstunde später beginnen würden, hättest du genug Zeit, um aus Gebäude Z hier rüber ins Gebäude B zu laufen."

Zu den oben beschriebenen Bestandteilen kommt noch das Zurückhalten dazu, d.h. dass der Zuhörende inhaltlich bei seinem Gegenüber bleibt, statt das Wort zu ergreifen und über sich selbst zu sprechen.

Abbildung 49: Zuhörtechniken

In Tabelle 19 finden Sie weitere Formulierungsbeispiele für die einzelnen Bestandteile des aktiven Zuhörens.

Tabelle 19: Beispiele Zuhörtechniken

Formulierungsbeispiele	
Bestätigen	*„Ah, das klingt ja spannend!"* *„Das finde ich interessant!"*
Nachfragen	*„Wie meinen Sie das?"* *„Was genau verstehen Sie nicht?"* *„Inwiefern...?"*
Deuten, Interpretieren	*„Verstehe ich Dich richtig, dass...?"* *„Oh, das belastet Sie ziemlich, oder?"* *„Sie klingen richtig verärgert."*
Paraphrasieren, Zusammenfassen	*„Nur damit ich Dich richtig verstehe, es geht Ihnen also im Kern darum..., ist das richtig?"* *„Das hört sich so an, als ob Sie da eine richtig gute Lösung gefunden haben."* *„Ich versuche das noch mal zusammenzufassen: Ihre Frage ist, ob..."*

Für Lehrende ist es sinnvoll, aktiv zuzuhören, da sie besser auf ihre Studierenden eingehen können. Durch Ihr Nachfragen, Deuten und in eigenen Worten Wiedergeben reden Sie weit weniger aneinander vorbei, das Verstehen verbessert und vertieft sich. Sie bauen dadurch Missverständnisse ab bzw. beugen ihnen vor. Die Sichtweise der Studierenden wird stärker berücksichtigt und Sie zeigen Respekt und Interesse gegenüber Ihren Studierenden. Aufgrund dessen fühlen sich die Studierenden akzeptiert und ernst genommen.

Sie können zudem mit Ihrem Zuhörverhalten den Gesprächsverlauf bewusst steuern: Wenn Sie mit den Studierenden interagieren, verfolgen Sie damit in der Regel ein didaktisches Ziel. Nun lässt sich der Gesprächsverlauf in Gruppen nicht vorher planen, d.h., Sie müssen spontan auf die Aussagen reagieren und das Gespräch so führen, dass Sie am Ende Ihr Ziel erreichen. Die Techniken des aktiven Zuhörens geben Ihnen die Möglichkeit, das Gespräch entsprechend zu lenken. Wie funktioniert das?

Durch Bestätigungspartikel wie „Ah, interessant." ermuntern Sie Ihre Studierenden, weiter zu sprechen und ausführlichere Antworten zu geben. Wenn Sie gezielt nachfragen, erhalten Sie die Informationen, die für Sie relevant sind. Durch Deuten, d.h., Aussprechen intuitiv wahrgenommener Emotionen, können Sie das Gespräch mehr auf der Beziehungsebene führen, als wenn Sie sachlich nachfragen. Das bietet sich an, wenn es um persönliche Themen geht (z.B. Nervosität vor Prüfungen) oder wenn sich Ihnen jemand sehr emotional zeigt, weil er zum Beispiel verärgert ist über die Bewertung der letzten Klausur. Wird die richtige Emotion erkannt und ausgesprochen, deeskalieren dadurch viele Gespräche wie von selbst. Paraphrasieren, d.h., in eigenen Worten wiedergeben wie das Gesagte verstanden wurde, ermöglicht Ihnen den Aspekt des Gesagten herauszugreifen, der in die gewünschte Richtung führt. Bringt ein Student einen längeren Kommentar ein, kann die Antwort möglicherweise lauten: *„Ja, das stimmt was Sie sagen, besonders relevant ist Ihr letzter Gedanke. Lassen Sie uns darüber weiter diskutieren. Wie sehen die Anderen diesen Aspekt?"*

Viele Bestandteile des aktiven Zuhörens entsprechen einem höflichen, interessierten Zuhörverhalten und sind womöglich nicht neu für Sie. Das Gespräch über das eigene Zuhörverhalten zu lenken ist eine Fertigkeit, die etwas Übung braucht.

Reflexion 14: Zuhörverhalten
Probieren Sie bei alltäglichen Gesprächen Einfluss auf den Gesprächsverlauf zu nehmen, indem Sie Ihr Zuhörverhalten variieren (z.B. mehr nachfragen oder paraphrasieren). Beobachten Sie die Wirkung.

Wenn Sie in alltäglichen Gesprächen Ihr eigenes Kommunikationsverhalten und das Ihres Umfeldes beobachten, wird sich nach und nach ein höheres Bewusstsein bei Ihnen einstellen. Es wird Ihnen dann zunehmend leichter fallen, auch in Situationen, die durch Stress oder Anspannung gekennzeichnet sind, Einfluss auf die Gespräche zu nehmen.

Metakommunikation

Sie kennen nun Frage- und Zuhörtechniken. Eine weitere Kommunikationstechnik zur Gesprächsführung ist Metakommunikation, also Kommunikation über die Kommunikation. Wenn Menschen das eigentliche Gesprächsthema verlassen und die Art und Weise, wie sie miteinander sprechen, zum Thema machen, handelt es sich um Metakommunikation.

Beispielformulierungen für Metakommunikation:

> *„In diesem Seminar ist der kritische Austausch sehr wichtig, deswegen hoffe ich, dass wir hier zu einer angenehmen Diskussionsatmosphäre kommen!"*
> *„Wenn Ihnen etwas unklar ist, ist es das für die Anderen vermutlich auch. Deswegen stellen Sie die Fragen doch bitte laut."*
> *„Auf den Punkt gehe ich später noch ein. Lassen Sie mich das kurz zu Ende erklären, dann beantworte ich die Frage."*

Wann ist Metakommunikation in Lehrsituationen hilfreich? Wie die Beispielformulierungen veranschaulichen, kann Metakommunikation verschiedene Funktionen erfüllen. Metakommunikation hilft uns Gespräche besser zu strukturieren, uns gegenseitig transparent zu machen, wie wir miteinander sprechen wollen, gemeinsam festzulegen, wohin das Gespräch führen soll und vor allem können mithilfe der Metakommunikation Missverständnisse aufgeklärt bzw. von vornherein vermieden werden. Besonders in kritischen Situationen kann die Metakommunikation die beste Kommunikationstechnik sein, um Gespräche konstruktiv weiterzuführen. Als hilfreiche Struktur hat sich dabei die Formulierung nach dem „WWW"-Schema erwiesen.

Das WWW-Schema hat sich als Strukturhilfe für Gespräche bewährt, in denen kritische Verhaltensweisen rückgemeldet werden sollen, beispielsweise Zuspätkommen oder Nebengespräche von Studierenden, oder bei langwierigen Diskussionen, wenn sich Gespräche festgefahren haben. Das Schema hilft bei der konstruktiven, deeskalierenden Gesprächsführung.

Das Akronym „WWW" steht für:

Wahrnehmung (Was habe ich beobachtet?)
Wirkung (Wie wirkt das auf mich?)
Wunsch (Was wünsche ich mir?)

Gerade wenn wir jemandem eine Rückmeldung zu seinem Verhalten geben wollen, formulieren wir meist intuitiv eine Bewertung die unmittelbar geäußert wird. Bewertungen werden jedoch oftmals falsch verstanden, interpretiert und die Rückmeldung wird nur schwer angenommen. Um dem entgegenzuwirken ist es günstiger, wenn die Beobachtung (Wahrnehmung) als erstes transparent gemacht wird. Der Zuhörende bleibt offen für die weitere Rückmeldung. Anschließend soll die Wirkung transparent gemacht werden. So kann die, der Angesprochene nachvollziehen, welche Konsequenzen das Verhalten mit sich bringt. Abschließend sollte mit dem Wunsch eine mögliche Handlungsalternative formuliert werden, die das Feedback konstruktiv und lösungsorientiert macht.

Beispiel: „*Ich sehe, Sie kommen 15 Minuten nach Beginn des Seminars* (Wahrnehmung). *Vermutlich gibt es dafür einen guten Grund, für mich ist es allerdings wirklich unangenehm, wenn Sie so nach und nach eintreffen, da mich dies immer wieder in meinem Gedankengang stört* (Wirkung). *Bitte kommen Sie in Zukunft pünktlich* (Wunsch)."

Tipps & Tricks
Damit das WWW-Schema optimal wirkt, sollte die Beobachtung so neutral und objektiv wie möglich formuliert werden und sich nicht mit der Interpretation vermischen. Für eine objektive Formulierung hilft die Vorstellung, dass eine Kamera die Situation aufzeichnet. Wenn Sie sich diese Aufzeichnung ansehen würden, was würde jeder Mensch sehen?

Durch die Verwendung des WWW-Schemas werden Sie sich bewusst, auf welche Beobachtung Sie Ihre Interpretation gründen und können anschließend zu alternativen Interpretationen kommen. Machen Sie sich die Mühe und formulieren Sie unterschiedliche Interpretationen. Eine Verhaltensweise muss nicht unbedingt die von Ihnen am ehesten vermutete Ursache haben! Durch verschiedene Interpretationszugänge bleiben Sie professionell und sachlich, da Sie präsent haben, dass das Verhalten nicht zwingend negativ gemeint sein muss. Zudem wirkt sich diese transparente Kommunikation deeskalierend auf Gespräche aus. Zusätzlich dazu erhalten Ihre Studierenden wichtige Information darüber, welche Konsequenzen ihr Verhalten nach sich zieht. Dadurch können sie ihr Verhalten regulieren und zukünftig anpassen. Missverständnisse, die aufgrund von Fehlinterpretationen entstehen, können leichter aufgelöst werden.

Übung 20: WWW-Schema
Stellen Sie sich die folgende Situation vor: Eine Teilnehmerin in Ihrem Seminar setzt sich immer in die erste Reihe, kommt immer pünktlich, sagt aber nie etwas. Welche Wirkung hat das auf Sie? Welche weiteren Interpretationsmöglichkeiten können Sie diesem Verhalten zuschreiben? Wie würden Sie Ihre Beobachtung der Teilnehmerin rückmelden? Formulieren Sie in direkter wörtlicher Rede.

Kommunikationstechniken gehören zum grundlegenden Handwerkszeug einer, eines Dozierenden, um die Gruppe zu leiten. Es ist wichtig, das eigene Gesprächsverhalten bewusst ändern zu können, um gezielt Einfluss auf den Gesprächsverlauf nehmen zu können. Die vorgestellten Techniken können zwar keinen bestimmten Gesprächsverlauf garantieren, aber die Wahrscheinlichkeit für den Verlauf in die eine oder andere Richtung erhöht sich. Besonders hilfreich ist die Tatsache, dass Gesprächsführungstechniken täglich geübt werden können und sich so auf Dauer ein höheres Bewusstsein für das eigene Kommunikationsverhalten einstellen kann. Ergänzend zu den Kommunikationstechniken stellen wir Ihnen nun Gruppenführungstechniken vor.

8.2 Gruppen steuern

In der Hochschulbildung kommt der Leitung von Gruppen eine hohe Bedeutung zu, da viele Lernprozesse in Gruppen gestaltet werden. Die Unterstützung des Gruppenprozesses sowie die Steuerung und Anleitung einer Gruppe sind wichtige Aufgabenbereiche einer Lehrperson. Es existieren verschiedenste Formen von Gruppenprozessen: Gruppen können Lernprozesse beispielsweise eher in der zuhörenden Rolle vollziehen, über eine hohe Interaktion untereinander oder aber über häufige Arbeit in Kleingruppen. Die Grundform des Gruppenprozesses hängt von Ihrer persönlichen Haltung, Ihren Erfahrungen mit unterschiedlichen didaktischen Vorgehensweisen und den Lernzielen Ihrer Lehrveranstaltung ab. Welche Gestaltung Sie auch wählen – als Lehrperson nehmen Sie durch Ihre Lehr- und Gruppenleitungsstrategien Einfluss auf die Qualität des studentischen Lernens.

Abbildung 50: Unterschiedliche Formen von Gruppenprozessen

Die Informationen auf den folgenden Seiten bieten Ihnen Hilfestellung zur konkreten Einflussnahme auf Gruppenprozesse. Zunächst wird die Aufgabe der Gruppenleitung beleuchtet, die Gruppe im Blick zu behalten. Anschließend wird die Leitung von Diskussionen besprochen. Abschließend erhalten Sie Tipps, wie Sie auf die erbrachte Gruppenleistung, zum Beispiel nach Gruppenarbeiten, wertschätzend Feedback geben können.

Die Gruppe im Blick behalten

Eine wichtige Aufgabe der Lehrperson hinsichtlich der Leitung von Gruppen ist es, die einzelnen Studentinnen und Studenten im Blick zu haben, damit sie bei Bedarf darauf reagieren kann. Sind die Studierenden ...

- ...noch aufmerksam? z.B. Blick nach vorne gerichtet
- ...noch aufnahmefähig?
- ...abgelenkt? z.B. Nebengespräche, Blick aufs Handy
- ...interessiert? z.B. Zuhörsignale wie Nicken, nachfragen
- ...müde? z.B. Gähnen; Augen, die zufallen

Dazu müssen Sie Ihre eigene Wahrnehmung schulen, um einerseits die Atmosphäre in der Gruppe und andererseits die Individuen in der Gruppe wahrnehmen zu können. Sie vermitteln also nicht nur fachliche Inhalte, sondern behalten parallel dazu immer die Studierenden im Auge. Lassen Sie den Blick immer wieder schweifen und seien Sie aufmerksam gegenüber allem, was in der Gruppe passiert. Nur so bekommen Sie mit, falls sich in der Gruppe beispielsweise Unmut oder Unverständnis breitmacht, einzelne Studierende abgelenkt sind oder die Gruppe insgesamt müde wirkt.

Dann können Sie darauf reagieren. Sie können kurze Pausen machen oder die Lehr-/Lernmethode wechseln. Sie können einzelne Studierende ansprechen und auf ihre Bedürfnisse reagieren. Auf diese Weise bleibt die Gruppe arbeitsfähig und die gute Gesamtstimmung wird aufrechterhalten.

Am einfachsten lassen sich die körpersprachlichen Signale wahrnehmen. Hier liegen Chance und Risiko aber nah beieinander, denn auch wenn wir durch die Körpersprache wertvolle Indizien über den Zustand der Studierenden erhalten, sei davor gewarnt, die körpersprachlichen Signale eins zu eins zu übersetzen (z.B. bedeuten verschränkte Arme nicht unbedingt Abwehr). Es geht vielmehr darum, körpersprachliche Signale wahrzunehmen und diese gegebenenfalls der Gruppe mit Hilfe der Metakommunikation zurückzumelden.

Einige Formulierungsbeispiele:

„Für mich sieht es gerade so aus, als ob Ihr schon recht müde seid? Jetzt machen wir mal eine einminütige Lüftungspause und dann geht es weiter!“

„Wenn ich mich in der Runde so umschaue, habe ich den Eindruck, dass das Thema für alle bekannt ist und eher eine Wiederholung darstellt. Inwieweit liege ich da richtig? Dann können wir natürlich weitergehen.“

Oder Sie bewerten die Signale für sich selbst und passen den Ablauf der Einheit an.

Wir erleben häufig, dass Dozierende negative körpersprachliche Signale auf sich persönlich beziehen und zu Interpretationen kommen, die sie selbst abwerten, wie beispielsweise: *„Die schauen alle so gelangweilt, die mögen mich einfach nicht.“* Es ist hilfreich, verschiedene mögliche Interpretationen zu einer Beobachtung zu formulieren. Dadurch können Sie zu Interpretationen kommen, in denen

Sie die Verhaltensweisen der Studierenden nicht persönlich nehmen, sodass Sie professionell damit umgehen können.

Besonders notwendig ist die Gruppenleitung, wenn es darum geht, Diskussionen lernzielorientiert zu leiten. Der folgende Abschnitt beleuchtet die Methode der Diskussion und die Anforderungen an die Leitung genauer.

Diskussionen leiten

Eine der beliebtesten Lehr-/Lernmethoden im akademischen Kontext ist die Durchführung von Diskussionen. Diskussionen in Lehrveranstaltungen helfen den Studierenden, Inhalte kritisch zu hinterfragen, ihre Standpunkte zu formulieren und zu verteidigen. Damit fördern Diskussionen das Lernen und tragen zu einer tieferen Verarbeitung von Wissen bei. Obwohl die Diskussion eine so wertvolle Methode in Lehrveranstaltungen ist, verläuft sie leider oft schleppend, dreht sich im Kreis oder findet nur zwischen wenigen Personen statt. Damit dies nicht passiert, wird der Prozess von einer Diskussionsleiterin, einem Diskussionsleiter unterstützt, der das gesamte Repertoire der Kommunikationstechniken einsetzen kann. Betrachten wir die Diskussion als Gesprächsführungssituation etwas genauer.

Grundsätzlich können Diskussionen in inhaltsorientierte und ergebnisorientierte Diskussionen unterschieden werden. In inhaltsorientierten Diskussionen stehen die besprochenen Inhalte im Vordergrund. In ergebnisorientierten Diskussionen soll am Ende ein gemeinsames Ergebnis stehen, zum Beispiel die Einigung auf ein weiteres gemeinsames Vorgehen. Im akademischen Kontext finden hauptsächlich inhaltsorientierte Diskussionen statt, da es meistens um die Auseinandersetzung mit neu erworbenem Wissen geht. Diskussionen können in unterschiedlichen Phasen des +AVIVA+-Schemas eingesetzt werden: Mit Diskussionen können die Studierenden ihr Vorwissen reaktivieren, neu erworbenes Wissen vertiefen und verarbeiten oder sie können Inhalte am Ende eines Themenblocks wiederholen. Unabhängig davon, wozu Sie die Diskussion einsetzen, gilt es zu Beginn jeder Diskussion diese in Gang zu bringen.

Vorbereitung einer Diskussion: Eine lebendige Diskussion benötigt eine gewisse Vorbereitung. Legen Sie vorab das Diskussionsziel fest. Soll ergebnis- oder inhaltsorientiert diskutiert werden? Welche Inhalte sollen mit welchem Ziel besprochen werden? Soll zum Beispiel kritisches Hinterfragen einer wissenschaftlichen Theorie oder eines Versuchsdesigns erreicht werden?

Bereiten Sie passende Fragen vor. Formulieren Sie Fragen für den Einstieg ebenso wie weiterführende Fragen, mit deren Hilfe Sie die Studierenden im Verlauf der Diskussion in eine andere Richtung lenken können. Ergänzend zu den Fragen können Sie sich im Vorfeld kontroverse Thesen überlegen, durch die die Diskussion angefacht wird.

Um sich die Diskussionsleitung zu erleichtern, hilft es, etwaige Methoden und Visualisierungen vorher vorzubereiten. Bereiten Sie zum Beispiel eine Mind-Map zur Dokumentation der Diskussionsergebnisse vor oder stellen Sie im Vorfeld die notwendige Sitzordnung für zum Beispiel die Fish-Bowl-Methode (vgl. Kapitel 5.2) bereit. Auch wenn Sie keine Diskussionsmethode verwenden, sollten Sie die Sitzordnung diskussionsfreundlich gestalten, indem Sie beispielsweise die Stühle in U-Form aufstellen, sodass sich alle Studierenden sehen können oder sich die Diskutanten, im Sinne einer Pro-Contra-Diskussion, gegenübersitzen.

Präventive Förderung der Diskussion: Diskussionen lassen sich durch ein paar wenige Interventionen fördern. Kündigen Sie die Diskussion frühzeitig an, damit sich alle Studierenden gedanklich darauf vorbereiten können. Wenn Sie regelmäßig Diskussionen durchführen, kann sich in Ihrer Lehrveranstaltung eine Diskussionskultur entwickeln, in der Diskussionen immer leichter in Schwung kommen. Unabhängig davon, ob Sie die Methode Diskussion regelmäßig oder nur ab und zu einsetzen, es gilt immer: Beachten Sie den Wissensstand Ihrer Studierenden, damit die Diskussion auf dem richtigen Niveau geführt wird. Zudem sollten Sie darauf achten, die Kontroverse zu erhalten, denn nur wenn unterschiedliche Meinungen bestehen, kommt es zu einer Diskussion. Nutzen Sie Ihre vorbereiteten Fragen und kontroversen Thesen, um die Diskussion am Leben zu erhalten.

Start der Diskussion: Sie haben verschiedene Möglichkeiten, die Diskussion zu beginnen. So können Sie beispielsweise eine offene Starterfrage stellen: *„Nun sind wir im Schnelldurchlauf durch die verschiedene Epochen gegangen, welche hat Sie am meisten angesprochen und wieso?“*

Geben Sie anschließend acht bis zehn Sekunden Zeit, damit die Studierenden nachdenken und eine Antwort formulieren können. Eine Alternative besteht darin, ein Meinungsbild einzufordern und anschließend eine offene Frage zu formulieren: *„Geben Sie mir doch bitte ein Handzeichen: Wer befürwortet den Vorschlag? Wer lehnt ihn ab? Wieso lehnen Sie den Vorschlag ab?“*

Wenn Sie die Diskussion mit einer kontroversen These eröffnen, muss diese richtig eingeführt werden, damit anschließend eine Diskussion beginnt, wie der folgende Beispielsatz zeigt: *„Ich habe eine kontroverse These mitgebracht und bin sehr gespannt, was Sie dazu sagen! Die These lautet: Studieren erzeugt lediglich träges Wissen, auf die Arbeitswelt werden Studierende nicht vorbereitet.“*

In jedem Fall ist es hilfreich, auf nonverbale Signale zu achten und diese anzusprechen: *„Sie sehen aus, als ob Sie etwas sagen möchten, was geht Ihnen durch den Kopf?“*

Neben diesen generellen Strategien zur Diskussionseröffnung, können Sie zudem auf Diskussionsmethoden zurückgreifen, wie sie im Kapitel 5.2 beschrieben sind (z.B. Murmelgruppe oder Fish-Bowl).

Steuerung des Diskussionsverlaufs: Achten Sie darauf, dass die Reihenfolge der Wortmeldungen eingehalten wird, indem Sie beachten, wer sich wann meldet und kurz mit einem Handzeichen zeigen, wer wann ans Wort kommt. Achten Sie auf gleichmäßige Redeanteile der Diskutanten.

Behalten Sie das Ziel der Diskussion im Auge und steuern Sie bei Bedarf mit Hilfe von Kommunikationstechniken die Diskussion. Lenken Sie beispielsweise mit Fragen auf weitere Aspekte: *„Das ist ein wichtiger Aspekt, den Sie ansprechen und das bringt mich gleich zu einer weiteren interessanten Frage, die ich gerne noch mit Ihnen diskutieren möchte."* Oder: *„Ich merke, hier ist noch viel Diskussionspotential, lassen Sie uns trotzdem an dieser Stelle zu einer anderen wichtigen Frage kommen, um in der Diskussion nicht zu einseitig zu werden."*

Hören sie zudem aktiv zu (vgl. Kapitel 8.1), indem Sie Aussagen paraphrasieren, d.h., in eigenen Worten den Kern der Aussage formulieren. Achten Sie auf einen respektvollen Umgang miteinander und nutzen Sie gegebenenfalls Metakommunikation. Fordern Sie die Studierenden auf, in der Diskussion Bezug auf das vorher Gesagte zu nehmen, damit sich die Diskussion weiterentwickelt und nicht nur ein Schlagabtausch von einzelnen Gedanken stattfindet. Geben Sie Zwischenzusammenfassungen und visualisieren Sie diese bei Bedarf.

Als Diskussionsleiterin, Diskussionsleiter sind Sie zu Beginn und am Ende einer Diskussion meist aktiver und steuern vermehrt das Gespräch, im Verlauf der Diskussion sollte sich der Austausch zwischen den Diskutanten entwickeln und Sie können sich zurücknehmen.

Abschluss der Diskussion: Kündigen Sie an, dass die Diskussion dem Ende entgegengeht: *„Wir haben noch Zeit für zwei Wortmeldungen, dann möchte ich die Diskussion zusammenfassen."*

Stellen Sie eine geschlossene Frage: *„Haben wir Ihrer Meinung nach die wichtigsten Argumente zusammen getragen?"*

Formulieren Sie eine Abschlusszusammenfassung und danken den Studierenden für die gute Beteiligung. Im Anschluss können Sie einen Ausblick auf die nächste Veranstaltung geben oder zum nächsten Thema überleiten.

Umgang mit den Ergebnissen: Im Gegensatz zu ergebnisorientierten Diskussionen steht am Ende einer inhaltsorientierten Diskussion meist kein eindeutiges Ergebnis, sondern die Facetten eines Themas wurden differenziert betrachtet, Vor- und Nachteile herausgearbeitet, Argumente ausgetauscht. Die Differenzierung statt der eindeutigen Antwort mag bei manchen Studierenden oder auch bei Dozierenden ein Gefühl der Unzufriedenheit auslösen, da nach all dem Austausch nun immer noch keine klare Aussage steht. Es ist allerdings nicht das Ziel einer inhaltsorientierten Diskussion, zu eindeutigen Antworten zu kommen. Es geht vielmehr darum, ein Thema differenziert zu beleuchten, die eigene Argumentationsfähigkeit auszubauen und durch den konstruktiven Diskurs neue Perspektiven zu erhalten. Damit ist die Diskussion in der Lehre analog zum schriftlich geführten wissenschaftlichen Diskurs zu sehen. Gerade dadurch, dass Fragen offenbleiben, Gedanken weiterentwickelt oder Fragen neu gestellt werden, entwickeln sich die Wissenschaften weiter. Diskussionen in der Lehre einzusetzen, bildet bei den Studierenden eine grundlegende Fertigkeit zum wissenschaftlichen Arbeiten aus. Es ist wichtig, dass Sie sich als Lehrperson darüber bewusst sind, um am Ende einer Diskussion mit den Ergebnissen gut umgehen zu können. Auch hierfür ein Formulierungsbeispiel:

„Wir haben in der Diskussion wirklich viele interessante Argumente zusammengetragen. Wie Sie an den Notizen sehen, überwiegen zwar mit einem leichten Vorsprung die Pro-Argumente, aber wir hier in dieser Runde sind nach wie vor gespalten und das ist auch gut so. Denn nur wenn es verschiedene Meinungen und Ideen unter Wissenschaftlerinnen und Wissenschaftlern gibt, entwickelt sich unser Fach weiter. Es geht darum, die eigenen Standpunkte vertreten und wissenschaftlich belegen zu können.“

Wertschätzen Sie die Diskussionsleistung und beziehen Sie die Ergebnisse oder die genannten Argumente im weiteren Verlauf der Lehrveranstaltung wenn möglich immer wieder ein.

Die Diskussion ist eine beliebte interaktive Lehr-/Lernmethode. Mit dem Einsatz von Übungen und Methoden werden definierte Lernziele verfolgt. Damit diese Ziele erreicht werden, ist es wichtig, den Studierenden ein differenziertes Feedback auf die erbrachte Leistung, d.h. auf die Arbeitsergebnisse zu geben. Das folgende Unterkapitel stellt dar, worauf bei der Formulierung von Feedback zu achten ist.

Feedback auf Gruppenleistungen geben

Abhängig von dem Fokus Ihrer Lehrveranstaltung wird Feedback für Sie eine größere oder kleinere Rolle spielen. Feedbackgespräche helfen, dass die Studierenden eine realistische Einschätzung erhalten, wo sie bzgl. der Lernziele stehen.

Feedback bedeutet, dass die Studierenden eine Rückmeldung auf eine erbrachte Leistung, zum Beispiel das Ergebnis von Übungsaufgaben, oder auf ein Verhalten, etwa die Art und Weise einer Präsentation, erhalten. Für das Feedback auf erbrachte Leistungen ist ein Wissensvorsprung gegenüber den Studierenden erforderlich, d.h., als Dozentin, als Dozent können Sie beurteilen, wie gut eine Aufgabenstellung bearbeitet wurde oder ob das Ergebnis einer Übungsaufgabe richtig oder falsch ist. Durch Ihr Feedback haben die Studierenden die Möglichkeit, zu lernen sich zu verbessern und damit zielgerichteter auf die Prüfung vorzubereiten.

Tipps & Tricks
Prüfen Sie bereits während der Gruppenarbeiten, ob die Aufgabe richtig bearbeitet wird und korrigieren Sie bei Bedarf.

Beginnen Sie Ihr Feedback, indem Sie die Leistung der Studierenden wertschätzen. Im Anschluss daran wird die Leistung differenziert ausgewertet und aufzeigt, was korrekt bearbeitet wurde und wo ggf. Fehler unterlaufen sind. Dabei ist es wichtig, herauszuarbeiten, wie der Fehler korrigiert bzw. vermieden werden kann. Wenn es möglich ist, können Sie eine allgemeine Regel oder einen Merksatz für die Studierenden ableiten.

Geben Sie Feedback auf Verhaltensweisen, zum Beispiel darauf, wie Studierende einen Inhalt präsentieren, so handelt es sich um Ihre subjektive Wahrnehmung. Dementsprechend sollten Sie das in Ihrer Formulierung kenntlich machen. Drücken Sie aus, wie das Verhalten auf Sie persönlich wirkt und zu welchen Konsequenzen das führt. Es ist gut möglich, dass dasselbe Verhalten bei verschiedenen Personen unterschiedlich ankommt. Jede Wahrnehmung hat ihre Berechtigung! Formulieren Sie daher Ich-Botschaften (*„Mir fällt auf…“, „Ich habe beobachtet…“, „Auf mich hat das ablenkend gewirkt.“*)

Um Feedback auf Verhaltensweisen zu geben, eignet sich die WWW-Struktur, die bereits im Kapitel 8.1 beschrieben wurde. Das heißt, Sie sprechen Ihre Beobachtung (Wahrnehmung), die dazugehörige Interpretation (Wirkung) und Ihren Wunsch aus. Anschließend formulieren Sie einen konstruktiven Vorschlag: *„Ich sehe, dass Sie hier in der Gruppe noch an der ersten Frage arbeiten. Wenn ich das richtig gehört habe, sind Sie unterschiedlicher Meinung. Das macht nichts, Sie müssen nicht zu einem Konsens kommen. Fangen Sie jetzt bitte mit der nächsten Frage an.“*

Beziehen Sie Ihr Feedback auf ein konkretes Verhalten und beschreiben Sie die Wirkung, die dadurch bei Ihnen entsteht, statt Verallgemeinerungen zu formulieren: *„Am Anfang ging Ihr Blick oft Richtung Leinwand, da habe ich Sie schwer verstanden.“* statt *„Sie schauen die ganze Zeit auf die Leinwand, machen Sie das besser nicht.“*

Sprechen Sie auch die positiven Aspekte an, damit ein ausgewogenes Feedback entsteht und die Verbesserungsvorschläge leichter angenommen werden können.

Mit der Feedback-Technik haben Sie ein wichtiges Steuerungsinstrument an der Hand, um Gruppenergebnisse und Verhaltensweisen konstruktiv zu korrigieren.

Als Dozentin und Dozent stehen Ihnen nun unterschiedliche Techniken zur Verfügung, um Ihre Lehrveranstaltung zu leiten. In der Kombination aus Kommunikationstechniken und bewusster Gruppensteuerung haben Sie die wesentlichen Instrumente zur professionellen Leitung Ihrer Lehrveranstaltung kennengelernt. Mit zunehmender Erfahrung können Sie immer flexibler auf Gruppenprozesse reagieren.

Im nächsten Kapitel geht es nun darum, welche schwierigen Situationen im Lehrkontext auftreten können und wie Sie diese souverän bewältigen.

Empfehlungen zum Weiterlesen

Weidenmann , B. (2006): *Gesprächs- und Vortragstechnik: Für alle Trainer, Lehrer, Kursleiter und Dozenten.* 4. Auflage. Weinheim, Basel: Beltz.

Weisbach, C.-R. (2008): *Professionelle Gesprächsführung. Ein praxisnahes Lese- und Übungsbuch.* München: dtv.

Checkliste für Kapitel 8

Füllen Sie die Checkliste aus, um gut auf Ihre Lehrveranstaltung vorbereitet zu sein.

Nehmen Sie Ihr Konzept für die nächste Sitzung zur Hand. In welcher Phase können Sie Fragen sinnvoll einsetzen?

....

....

Bereiten Sie passende offene Fragen vor:

....

....

Bereiten Sie passende geschlossene Fragen vor:

....

....

Formulieren Sie alternative Fragen für unterschiedliches Vorwissen:

....

....

Das Ziel für die Diskussion lautet:

....

....

Die Diskussion starte ich wie folgt:

....

....

Folgende Fragen und Thesen kann ich zur Steuerung der Diskussion nutzen:

....

....

....

9. Schwierige Situationen meistern

In diesem Kapitel erfahren Sie...

- ... wie Sie mit großen Stoffmengen umgehen.
- ... wie Sie Ihre Lehrveranstaltung motivierend gestalten.
- ... wie Sie intervenieren, wenn eine Lehr-/Lernmethode misslingt.
- ...welche Strategien Sie in schwierigen Kommunikationssituationen einsetzen können.

Trotz guter Vorbereitung und professioneller Handhabe, ist davon auszugehen, dass nicht jede Sitzung von Anfang bis Ende reibungslos verlaufen wird. In diesem Kapitel zeigen wir mögliche Schwierigkeiten auf, die in Lehrveranstaltungen entstehen können und geben Ihnen Strategien an die Hand, wie Sie in derartigen Situationen souverän reagieren können. Genauer betrachten wir, wie Sie mit großen Stoffmengen umgehen können, wie Sie Ihre Studierenden motivieren, wie Sie agieren, wenn eine interaktive Lehr-/Lernmethode einmal misslingen sollte und wir beschreiben Techniken für den Umgang mit schwierigen Kommunikationssituationen.

9.1 Wenn die Stofffülle erschlägt...

Abbildung 51: Umgang mit Stofffülle

Mehr Zeit mit der Vermittlung neuer Lerninhalte zu füllen, ist für Dozierende selten ein Problem. Im Gegensatz dazu ist es immer wieder herausfordernd, Wissen auf 90 Minuten studierendenzentriert zu komprimieren. Gerade dann, wenn ein Themengebiet sehr komplex und vielschichtig ist, fällt es Dozierenden häufig schwer, sich bei der Vermittlung der Inhalte zu beschränken, den Stoff zu priorisieren und die passenden Inhalte auszuwählen. Gerne wird vergessen, dass 90 Minuten Vorlesung nicht nur aus Inputeinheiten bestehen dürfen, da Studierende genügend Zeit für Verarbeitungsprozesse benötigen (vgl. Kapitel 3.1). Stoffmenge und Lernqualität stehen in einer engen Wechselbeziehung miteinander. Ganz pauschal lässt sich sagen, dass zwischen beiden Parametern ein negativer Zusammenhang besteht.

Je größer die Stoffmenge in einer Lehrveranstaltung ist, desto geringer ist also die Lernqualität. Bei der Planung von Lehrveranstaltungen werden Lehrende hin und wieder mit dem Phänomen der „Vollstopferitis" infiziert bzw. sie unterliegen der Illusion, dass alle Detailinformationen wichtig sind und in der Veranstaltung besprochen werden müssen. Bedenken Sie jedoch, dass Sie Ihren Maßstab nicht daran legen, wie viele Inhalte Sie vermitteln, sondern wie viele Inhalte die Studierenden aufnehmen können. Überlegen Sie sich also vorab, welches Verhältnis von Stoffmenge und Lernqualität für Ihre Fachinhalte stimmig ist.

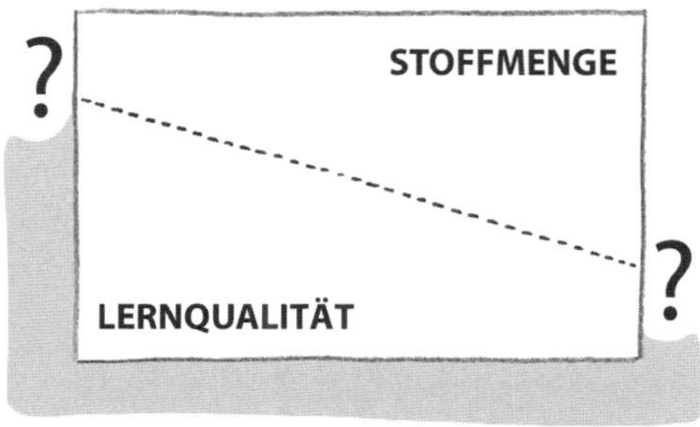

Abbildung 52: Verhältnis von Stoffmenge & Lernqualität

Reflexion 15: Verhältnis von Stoffmenge und Lernqualität
Welches Verhältnis von Stoffmenge und Lernqualität ist für die Inhalte Ihrer Lehrveranstaltung angebracht? Ist es für die Studierenden wichtiger, viele Details kurz zu hören (= große Stoffmenge) oder ein bis zwei Hauptaspekte gründlich zu verstehen (= hohe Lernqualität)?

Tipps & Tricks
Eine Strategie, Inhalte zu priorisieren, und gleichzeitig die Relevanz des Stoffes zu erhöhen, ist die Zukunftstechnik. Dazu beantworten Sie bei der Planung Ihrer Inputeinheiten folgende Frage: „Was sollten die Studierenden fünf Jahre nach der Veranstaltung konkret noch wissen oder können?" Aus den Antworten lässt sich ableiten, welche Inhalte Sie selektieren und wie ausführlich Sie diese behandeln.

Auch wenn es theoretisch möglich wäre, jedes Unterthema Ihres Fachgebietes in einer Lehrveranstaltung zu behandeln, so ist es doch zielführender zu überlegen, ob jedes Unterthema auch wirklich vermittelt werden muss, um das Thema im Ganzen verstehen und einordnen zu können. Priorisieren Sie, welche Aspekte wirklich wichtig sind und welche Informationen nur ein „nice to have“ sind. Priorisieren Sie die Inhalte, selektieren Sie die wichtigen Wissenseinheiten und reduzieren Sie diese in einem weiteren Schritt. Erheben Sie keinen Anspruch auf Vollständigkeit – dies ist sowieso nicht möglich! Versetzen Sie sich bei der Selektion der Inhalte in die Perspektive der Lernenden und stellen Sie sich die Frage, welches Wissen Studierende benötigen, um die komplexen Sachverhalte verstehen zu können und welche Informationen für den weiteren Studien- und Berufsalltag eine wichtige Wissensbasis darstellen.

Folgende Fragen dienen als Hilfestellung, um die Inhalte zu priorisieren und zu selektieren:

- Auf welche Inhalte wird in den kommenden Veranstaltungen/Semestern aufgebaut?
- Welche Inhalte sind absolut zentral und aktuell besonders relevant?
- Welche Inhalte müssen laut Curriculum am Ende des Semesters abgeprüft werden?

Übung 21: Elevator Pitch
Angenommen, Ihre Sitzung hätte keine Länge von 90 Minuten, sondern von neun Minuten. Inwiefern würden Sie Ihre Inhalte priorisieren und selektieren? Probieren Sie es aus!

Tipps & Tricks
Wenn Sie kurzfristig eine bereits geplante Lehrveranstaltung von einer Kollegin, einem Kollegen übernehmen, erstellen Sie zunächst für sich und die Studierenden mit einer Lernlandschaft einen guten Überblick über den Stoff. Falls Sie dann nicht auf alle Inhalte eingehen können, haben die Studierenden eine gute Orientierung, welche Inhalte in Selbstlernphasen noch zu erarbeiten sind.

Abbildung 53: In-&-Out-Prinzip

Für jeden weiteren Inhalt, den Sie zusätzlich behandeln, streichen Sie einen ursprünglich geplanten Inhalt gemäß des „In-Out-Prinzips“ (Lehner, 2012): Für alles Neue muss etwas Altes weichen!

Trotz Priorisierung und Selektion gelingt es nicht allen Dozierenden bei jedem Inhalt die Informationen angemessen auf mehrere Inputeinheiten einer 90-minütigen Veranstaltung zu reduzieren. Nachfolgend werden Techniken zur Reduktion von Inhalten nach Martin Lehner (2012, 2013) vorgestellt.

Siebe der Reduktion

Das Bild der Reduktionstechnik „Siebe der Reduktion" steht für unterschiedlich feine Zeitbudgets (die Feinheit der Siebe), die Lerninhalte unterschiedlicher Detailtiefe (der Sand verschiedenster Körnung) mit sich bringen. Durch ein grobes Sieb fallen alle kleinen Detailinformationen hindurch, ein mittleres Sieb behält schon kleinere Nebenaspekte und ein besonders feines Sieb hält den Großteil des gesamten Stoffgebietes im Sieb. Je nach Zeit, aber auch Vorwissen der Studierenden sollten Lehrende für die Vermittlung von Inhalten verschiedene „Feinheitsgrade" benutzen, also bildlich gesprochen verschiedene „Reduktionssiebe" an die Inhalte anlegen.

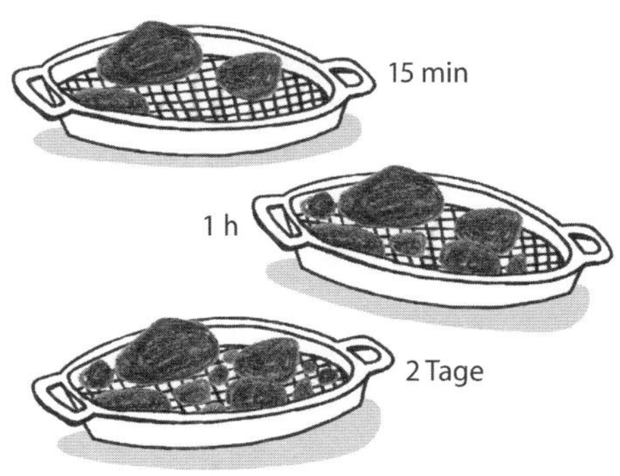

Abbildung 54: Siebe der Reduktion

Ausgehend vom gröbsten Sieb mit den inhaltlichen Schwergewichten, lässt sich dieses schrittweise mit Detailinhalt anreichern. Für Ihre Lehrveranstaltung stellen Sie sich nach dieser Technik folgende Fragen:

1. Grobes Sieb: Welchen Informationen vermitteln Sie, wenn Ihnen nur 15 Minuten Zeit zur Verfügung steht?
2. Mittleres Sieb: Welche zusätzlichen Inhalte vermitteln Sie, wenn Ihnen eine Stunde zur Verfügung steht?
3. Feines Sieb: Auf welche Detailinformationen gehen Sie ein, wenn Ihre Lehrveranstaltung einen Tag andauert?

Fachlandkarte

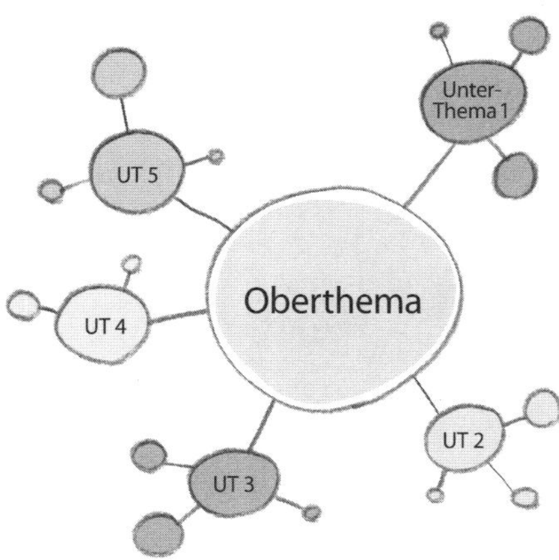

Abbildung 55: Fachlandkarte

Die Fachlandkarte, auch „Concept map“, bietet Übersicht und Orientierung über die Zusammenhänge eines Themenkomplexes, z.B. in Form eines Begriffsnetzes. Sie kann als Roadmap für Ihre Lehrveranstaltung dienen. Strukturen und Beziehungen der Inhaltsaspekte werden deutlicher, die Fachlandkarte bietet Strukturhilfe und erleichtert den Studierenden den Aufbau von Orientierungswissen. Inhalte lassen sich in verschiedenen Varianten erstellen und kategorisieren.

Wie eine Mindmap kann sie in der ersten Veranstaltung präsentiert oder sogar gemeinsam mit den Lernenden gestaltet werden. Eine weitere Möglichkeit ist, die Karte über das Semester hinweg stetig zu erweitern und so den Lernfortschritt zu visualisieren. Auch wenn nicht alle Aspekte der Fachlandkarte in einem Semester detailliert besprochen werden können, so unterstützt sie die Studierenden doch, die zentralen Wissenselemente zu erfassen.

Übung 22: Fachlandkarte
Sammeln Sie auf Karten sämtliche Inhaltsaspekte Ihres Fachthemas.
Sortieren Sie nun die zusammengehörigen Punkte und notieren Sie Ober- und Unterthemen.
Ordnen Sie die Ober- und Unterthemen schematisch sinnvoll an und visualisieren Sie die Beziehung der einzelnen Themen zueinander.

Themenlandschaft und Tiefenbohrungen

Eine weitere Technik ist das Unternehmen von Tiefenbohrungen in Ihrer Themenlandschaft. Wenn großer Zeitdruck herrscht, können sogenannte Tiefenbohrungen eine interessante Möglichkeit sein, einen Einblick in exemplarische Detailgebiete zu geben, ohne zu viel Zeit zu verlieren. Tiefenbohrungen ermöglichen es, Schwerpunkte zu setzen, ohne dabei den Gesamtüberblick zu verlieren oder der „Vollstopferitis“ zu verfallen.

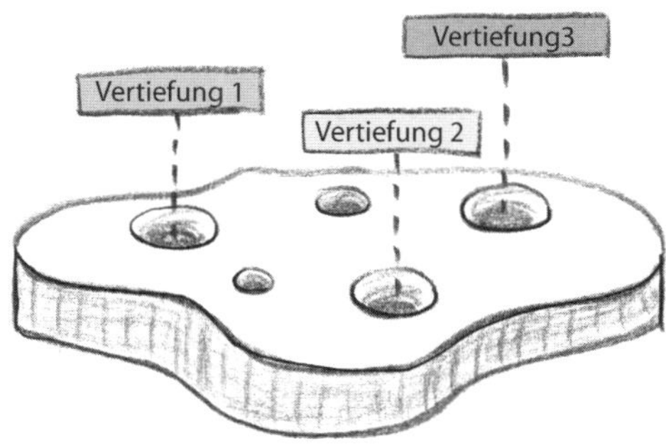

Abbildung 56: Themenlandschaft & Tiefenbohrungen

Eine zuvor erstellte Themenlandschaft verschafft Ihnen den Überblick über das gesamte Fachgebiet, die Tiefenbohrungen stehen für einzelne, sorgfältige Vertiefungen und die intensive Auseinandersetzung damit. Sie stehen für fachliche Aspekte, in denen es sinnvoll ist, inhaltlich „in die Tiefe“ zu gehen. Gleichzeitig bieten sie den Studierenden Anreize, sich im Selbststudium tiefer mit den weiteren Punkten der Themenlandschaft auseinanderzusetzen.

Übung 23: Themenlandschaft & Tiefenbohrungen
Sammeln Sie auf Karten sämtliche Inhaltsaspekte Ihres Fachthemas. Sortieren Sie nun die zusammengehörigen Punkte und notieren Sie Ober- und Unterthemen. Ordnen Sie die Ober- und Unterthemen schematisch sinnvoll an und erstellen Sie eine Themenlandschaft.
Definieren Sie Unterthemen, die sich für exemplarische Tiefenbohrungen eignen.

Extremreduktion

Viele theoretische Inhalte befinden sich auf einem hohen Abstraktionsniveau und sind sehr komplex. Für eine sinnvolle Reduktion ist es hilfreich, den Kern des Lernstoffes zu ermitteln, eine sogenannte Extremreduktion. Wenn Sie Ihr Thema auf wenige Sätze oder ein einfaches Schaubild konzentrieren, dann haben Sie die optimale Extremreduktion erreicht. Erklären Sie Ihren Studierenden in einem ersten Schritt den extrem reduzierten, aber zentralen Sachverhalt. Wenn diese zentrale Botschaft verstanden wurde, können Sie das Abstraktionsniveau anheben, den Komplexitätsgrad steigern und das Wissen mit weiteren Details anreichern. Denn eine Reduktion von Inhalten soll nicht zu einer übermäßigen Vereinfachung führen, sondern vielmehr den Lernprozess der Studierenden unterstützen, komplexe Informationen zu verstehen und anwenden zu können.

Tipps & Tricks
Um komplexe Inhalte gut und verständlich zu vermitteln, hilft oft bildhafte Sprache (vgl. Kapitel 7.3).

Denken Sie bei der Selektion Ihrer Inhalte immer daran: Es kommt nicht darauf an, wie viele Inhalte Sie in der Vorlesung vermitteln, sondern wie viele Inhalte von Ihren Studierenden verstanden werden. Weniger Stoffmenge führt hier in der Regel zu einer höheren Lernqualität. Im folgenden Abschnitt gehen wir auf eine weitere Situation ein, die Lernprozesse erschweren kann, nämlich die, dass es Studierenden an der nötigen Motivation zu Lernen und sich im Seminar zu beteiligen, fehlt.

9.2 Wenn es an Motivation mangelt…

Sicherlich kennen Sie Situationen, in denen es Ihnen leicht fällt, motiviert zu lernen und einfach mit Spaß bei der Sache zu sein. Und dann gibt es Situationen, in denen Lernen zäh und anstrengend verläuft. Motivation und Lernen sind eng miteinander verbunden. Dabei funktioniert Lernen mit und ohne Motivation. Allerdings ist Lernen ohne Motivation mit einer höheren Anstrengung und einer geringeren Verankerung des Lerninhalts verbunden. Auf den folgenden Seiten leiten wir mithilfe von Erkenntnissen aus der Motivationstheorie konkrete Gestaltungsideen für Lehrveranstaltungen ab, in denen Lernen leichter fällt und die Beteiligten motiviert teilnehmen.

Intrinsische und extrinsische Motivation

Der Begriff „Motivation“ kann auf das lateinische Verb *movere* zurückgeführt werden, was sowohl „bewegen“ als auch „antreiben“ bedeutet. Bei näherer Betrachtung, was Menschen zu einer Handlung bewegt, kann die grundlegende Unterscheidung zwischen intrinsischer und extrinsischer Motivation getroffen werden. Dabei werden intrinsisch motivierte Verhaltensweisen durch die individuellen Interessen eines Menschen bestimmt. So klettern Kinder gerne auf Bäume, versinken Jugendliche in der Romanwelt, gehen Erwachsene ihren Hobbies nach und alle vergessen die Zeit und könnten ewig weitermachen, weil es einfach Spaß macht. Wir bringen die nötige Energie auf, weil die Handlung selbst uns zufriedenstellt. Intrinsische Motivation geht dabei mit Neugier, Spontanität und Entdeckergeist einher. Sie kann als der Prototyp selbstbestimmten Handelns gesehen werden, Menschen können mit vollem Engagement tun, was sie interessiert.

Betrachten wir die extrinsische Motivation, so wird diese von außen, d.h., von Faktoren ausgelöst, die außerhalb der handelnden Person liegen: Jugendliche tragen Zeitungen aus, weil sie sich ihr Taschengeld aufbessern wollen. Studierende lernen für die kommende Prüfung, um die Klausur zu bestehen. Erwachsene nehmen an einer Fortbildung teil, um sich für andere berufliche Aufgaben zu qualifizieren. Es handelt sich bei extrinsisch motiviertem Verhalten also um Verhaltensweisen, die mit einer instrumentellen Absicht ausgeführt werden. Der Mensch tut etwas, um etwas anderes dafür zu erhalten.

Infotafel: Extrinsische Motivation kann mit Selbstbestimmung erlebt werden

Auf den ersten Blick scheinen intrinsische und extrinsische Motivation zwei Gegenspieler zu sein. Extrinsische Motivation kann intrinsische Motivation sogar mindern, wenn eine ursprünglich intrinsische Verhaltensweise mit einem extrinsischen Anreiz belohnt wird (Kontaminierungseffekt).

Dies muss nicht bedeuten, dass nur die intrinsische Motivation lernförderlich ist. Die Motivationsforscher Decy und Ryan beschreiben Zustände der extrinsischen Motivation, die von selbstbestimmtem Handeln begleitet werden. Dies ist immer dann der Fall, wenn Ziele oder Verhaltensnormen, die außerhalb der Person liegen, verinnerlicht und in das jeweilige Selbstkonzept der Person integriert werden. Die äußeren Anforderungen werden somit ein Teil der eigenen Person. Wird dann das Handeln an den integrierten Zielen oder Normen ausgerichtet, wird die Handlung als selbstbestimmt erlebt. Dann werden auch Lernsituationen, die eigentlich ursprünglich extrinsisch motiviert sind, selbstbestimmt erlebt. (Deci & Ryan, 1993)

Häufig tritt eine Mischung aus beiden Antrieben auf. So haben Sie vermutlich einen Lehrauftrag aufgrund Ihrer inneren Überzeugung übernommen, Studierenden etwas beibringen zu wollen (intrinsische Motivation). Gleichzeitig werden Sie im Verlauf Ihrer Lehrtätigkeit durch extrinsische Faktoren, wie etwa Anerkennung der Lehre oder Anreicherung Ihres Lehrportfolios für zukünftige Bewerbungen etc. motiviert (extrinsische Motivation).

Auch die Studierenden besuchen mit einer Mischung aus intrinsischen und extrinsischen Antrieben Ihre Lehrveranstaltung. Die einen haben Freude daran, von und mit anderen Studierenden zu lernen oder sind so interessiert an dem Thema, sodass sie jede Möglichkeit zur Vertiefung wahrnehmen. Andere wollen einfach nur die ECTS-Punkte erwerben und die nächste Prüfung möglichst gut bestehen, wodurch sie beispielsweise bessere Voraussetzungen für den Einstieg in ihren späteren Beruf schaffen wollen. Wenn Sie Ihre Studierenden motivieren möchten, müssen Sie ihre Interessen ansprechen. Versuchen Sie Ihre Teilnehmenden neugierig auf Ihr Thema zu machen, damit bestehende Interessen geweckt und neue entdeckt werden.

Es gibt unterschiedliche Lernmotivationstheorien, aus denen Anregungen für die Gestaltung von Lehrveranstaltungen gezogen werden können. Für die Durchführung von Lehrveranstaltungen empfehlen wir die Selbstbestimmungstheorie (Deci & Ryan, 1993), da es hierbei darum geht, eine auf Interesse und Selbstbestimmung fokussierte Lernumgebung anzubieten.

Die Selbstbestimmungstheorie

Für die Gestaltung einer Lehrveranstaltung stellt sich die Frage, was die Studierenden bewegt, sich aktiv, interessiert und motiviert mit dem Stoff auseinanderzusetzen. Folgende Ansatzpunkte liefert hierfür die Selbstbestimmungstheorie: Menschen werden durch physiologische Bedürfnisse (Hunger, Durst, Schlaf oder Wärmeregulation), Emotionen (Freude, Ärger, Trauer) und psychologische Bedürfnisse beeinflusst. Die Selbstbestimmungstheorie geht davon aus, dass es drei angeborene psychologische Grundbedürfnisse gibt: das Bedürfnis nach Kompetenz, Autonomie und sozialer Eingebundenheit.

Für das Bedürfnis nach **Kompetenz** ist das persönliche Erleben von Wirksamkeit entscheidend, also dem Gefühl, einer Aufgabe gewachsen zu sein und eine Anforderung aus eigener Kraft bewältigen zu können. Auch Studierende wollen sich als kompetent und der Aufgabe gewachsen erleben, d.h., sie wollen weder unter- noch überfordert werden.

Das zweite psychologische Bedürfnis ist das nach **Autonomie**. Hier sollen die verfolgten Ziele und Handlungen durch die Person selbst bestimmt werden.

Soziale Eingebundenheit oder soziale Zugehörigkeit ist das dritte psychologische Grundbedürfnis. Menschen wollen von ihrer Umgebung akzeptiert und anerkannt sein.

Wenn die Lernsituation in Ihrer Lehrveranstaltung diese drei psychologischen Bedürfnisse befriedigt, werden die Studierenden motivierter teilnehmen, da sie sich als selbstbestimmt handelnde Individuen wahrnehmen. Die Forschung zu den drei Grundbedürfnissen im Lernkontext bestätigt immer wieder, dass selbstbestimmte Verhaltensweisen eine tiefere Auseinandersetzung mit den Lerninhalten und qualitativ hochwertigere Lernprozesse mit sich bringen.

Um eine Lehrveranstaltung motivationsfreundlich zu gestalten, können Sie auf die Erfüllung der drei Grundbedürfnisse achten. In Tabelle 20 finden Sie Ideen, wie Sie die Kompetenzerfahrung, die Autonomie und die soziale Eingebundenheit Ihrer Studierenden fördern können.

Tabelle 20: Förderung der drei Grundbedürfnisse

Förderung der Kompetenzerfahrung

- Erstellen Sie zu Beginn der Lehrveranstaltung mit Ihren Studierenden eine Wissenslandkarte. Auf dieser Wissenslandkarte tragen die Studierenden ihr vorhandenes Vorwissen ein. Im Verlauf der Lehrveranstaltung lassen Sie die Landkarte um Stichworte, d.h., um Wissen ergänzen, das erarbeitet wurde. Die Wissenslandkarte kann von allen Studierenden zur Darstellung des Gruppenwissens oder individuell, von jedem Studierenden für das jeweilige Vorwissen angelegt werden.
- Geben Sie Rückmeldungen und Bekräftigungen:
  Formulieren Sie positive Rückmeldungen, auch bei kleineren Lernfortschritten. Verweisen Sie die Studierenden auf frühere Erfolge, um sie bei Misserfolgen zu ermutigen.
- Machen Sie die Lernziele der Lehrveranstaltung transparent. Zeigen Sie den Studierenden auf, wie sie Fortschritte machen, indem Sie erreichte Lernziele markieren.
- Präsentieren Sie den Lernstoff klar, strukturiert und anschaulich:
  Achten Sie auf einfache Anleitungen. Wählen Sie einen angemessenen Schwierigkeitsgrad. Veranschaulichen Sie die Inhalte durch Beispiele.
- Bieten Sie Unterstützung bei der Aufgabenbewältigung an:
  Orientieren Sie sich am Kenntnisstand der Studierenden, um ihnen einen Lernerfolg zu ermöglichen. Bieten Sie Lerntechniken an, um die Stoffmenge zu bewältigen.

Förderung der Autonomie

- Ermöglichen Sie Ihren Studierenden Mitbestimmung:
  Beteiligen Sie die Studierenden an der Auswahl des Lernstoffs und der Lernziele. Legen Sie gemeinsam einen Zeit- und Arbeitsplan fest.
- Bieten Sie Ihren Studierenden an, einen Schwerpunkt oder eine Leitfrage auszuwählen, die jeder für sich im Verlauf der Lehrveranstaltung beantworten möchte. Lassen Sie die Studierenden zwischendurch ihre Erkenntnisse vorstellen.
- Ermöglichen Sie Ihren Studierenden die Selbstbewertung:
  Bieten Sie freiwillige Tests an, damit die Studierenden die eigenen Lernfortschritte selbst dokumentieren und wahrnehmen können. Bieten Sie Lerntechniken an wie z.B. Anlegen von Lernkurven oder Lernportfolios und Lerntagebüchern.
- Fragen Sie Ihre Studierenden, wie sie die Veranstaltung nutzen wollen und was sie von Ihnen brauchen.

Förderung der sozialen Einbindung

- Geben Sie die Möglichkeit zur Teamarbeit:
  Wählen Sie hierfür Methoden, die in Partner- oder Gruppenarbeit durchgeführt werden. Planen Sie anschließend den gemeinsamen Austausch in der gesamten Gruppe ein.
- Bieten Sie den Studierenden ein partnerschaftliches Lehr-Lern-Verhältnis an:
  Bekunden Sie Ihr Interesse an Ihren Studierenden.
  Zeigen Sie, dass es Ihnen wichtig ist, dass die Studierenden Fortschritte machen.

Ein Bild von Augustinus, das verdeutlicht, wie wichtig Ihre eigene Begeisterung für die Motivation der Studierenden ist, wollen wir Ihnen zum Abschluss dieses Kapitels mitgeben:

„In dir muss brennen, was du in anderen entzünden willst."

Versuchen Sie nicht nur für Ihre Studierenden, sondern auch für sich selbst die psychologischen Grundbedürfnisse zu befriedigen, damit Sie motiviert jede Sitzung gestalten können!

Reflexion 16: Lehrmotivation

Hinterfragen Sie nun Ihre eigene Motivation die Lehrveranstaltung durchzuführen.

Auf einer Skala von 1 (sehr wenig motiviert) bis 10 (maximal motiviert), wie hoch sind Sie motiviert?

1 ___ . ___ . ___ . ___ . ___ . ___ . ___ . ___ . ___ 10

Damit Sie sich auf dieser Skala Richtung 10 bewegen können, prüfen Sie die folgenden Fragen, um weiteres Motivationspotential zu entdecken:

- Wie erleben Sie Ihre Kompetenz, was hilft Ihnen sich kompetenter zu fühlen?
- Wie erleben Sie Ihre Autonomie, machen Sie sich bewusst, wie viel selbstbestimmten Spielraum Sie in der Gestaltung Ihrer Lehrveranstaltung haben.
- Wie erleben Sie Ihre soziale Eingebundenheit, was würde Ihnen hier gut tun? Stehen Sie im Austausch mit Kolleginnen, Kollegen?

9.3 Wenn die Methode misslingt...

Wie bereits im Kapitel 5 beschrieben, tragen interaktive Lehr-/Lernmethoden wesentlich dazu bei, dass Studierende Lerninhalte tiefer verarbeiten. Der vorherige Abschnitt hat zudem gezeigt, dass interaktive Methoden die soziale Eingebundenheit fördern und damit die Lernmotivation gesteigert wird – ein weiterer Grund, Methoden immer wieder zu nutzen! Sie haben gelesen, wie Sie Gruppen bilden und Gruppenarbeiten anleiten, so dass die Studierenden gut mitarbeiten. Hin und wieder kann es jedoch vorkommen, dass eine Lehr-/Lernmethode nicht die gewünschten Erfolge erzielt. Dies merken Sie beispielsweise daran:

- Die Studierenden fangen nicht an zu arbeiten oder arbeiten nicht so gut mit.
- Die Studierenden murren.
- Die Ergebnisse der Gruppenarbeit sind nicht so gehaltvoll wie erhofft.
- Die Methode nimmt weniger oder mehr Zeit in Anspruch als geplant.

Lassen Sie sich davon nicht entmutigen! Reflektieren Sie, woran es liegen könnte, dass die Methode nicht so funktioniert, wie Sie es sich in der Planung vorgestellt haben. Daraus lernen Sie, können in der Lehrveranstaltung darauf reagieren und sich auf den nächsten Methodeneinsatz besser vorbereiten. Bleiben Sie offen für Rückmeldungen aus der Gruppe bezüglich des Methodeneinsatzes. Überlegen Sie sich vorab, wie Sie in diesen speziellen Situationen intervenieren können und reagieren Sie in der Lehrveranstaltung besonnen, wenn Sie bemerken, dass die Methode nicht gelingt.

Die Studierenden fangen nicht an zu arbeiten oder arbeiten nicht so gut mit

Tabelle 21: Mitarbeit Studierender

Mögliche Ursachen	**Vorab-Interventionen**
Die Aufgabenstellung ist nicht klar und präzise genug gestellt	Überlegen Sie sich vorher, welche Ergebnisse Sie erwarten und fertigen Sie eine Musterlösung an. Orientieren Sie sich daran, formulieren Sie eine präzise Frage und visualisieren Sie diese.
Die Gruppenbildung läuft chaotisch ab	Bestimmen Sie im Vornherein genau, wie viele Gruppen à wie viele Personen sie benötigen und bereiten Sie dementsprechend Ihre Arbeitsmaterialien vor. Überlegen Sie sich eine Gruppenzusammenführung, die keine Diskussion oder Verwirrung zulässt. Einige Möglichkeiten zur Gruppenbildung finden Sie im Kapitel 5.3.
Der Ablauf der Methode ist unklar und führt zu Verwirrung	Reflektieren Sie, ob die Komplexität der Methode reduziert werden kann. Visualisieren Sie den Ablauf der Methode und planen Sie bei der Einführung der Übung genug Zeit zur Erklärung ein.
Sofortmaßnahmen:	
• Fragen Sie nach, ob den Studierenden Informationen fehlen oder sie die Fragestellung nicht richtig verstanden haben. Visualisieren Sie die Aufgabenstellung. • Bedenken Sie, dass in der Regel Anweisungen beim ersten Hören nur unzureichend verstanden werden. • Stoppen Sie gegebenenfalls die Gruppenarbeit und liefern Sie nachträglich weitere Erklärungen.	

Die Studierenden murren

Tabelle 22: Studierende murren

Mögliche Ursachen	Vorab-Interventionen
Das Schwierigkeitsniveau der Übung ist unangemessen, d.h., zu leicht bzw. zu schwierig	Die Aufgabenstellung sollte einen angemessenen Schwierigkeitsgrad erfüllen. Falls Unsicherheit darüber besteht, könnten Sie eine einfachere Frage vorschalten, bzw. eine schwierigere Frage hinterherstellen.
Die Studierenden erkennen die Relevanz der Übung nicht und lehnen sie ab	Formulieren Sie Relevanz und Ziel der Methode. Überlegen Sie sich im Vorhinein, wie Sie Ihre Studierenden motivieren können, bei der Methode engagiert mitzuarbeiten.
Die Studierenden finden die Methode uncool oder halten sie für kindisch	Benennen Sie die Methode nicht mit einem niedlichen Namen, sondern führen Sie die Methode ohne große Ankündigung mit einer Selbstverständlichkeit durch. Anstatt: *„Wir probieren heute einmal ein Snowballing aus"* geben Sie gleich klare Handlungsanweisungen: „Bitte stehen Sie alle auf und suchen sich einen Partner." Nur wenn Sie sicher sind, welches Ziel Sie mit der Methode verfolgen, können Sie eine Methode selbstverständlich und souverän durchführen. Mit einer souveränen Ausstrahlung ist es viel unwahrscheinlicher, dass die Studierenden die Methode als kindisch empfinden.
Sofortmaßnahmen:	
• Fragen Sie nach, was die Studierenden bewegt. • Erläutern Sie die Relevanz und das Ziel der Übung transparent. • Appellieren Sie an Ihre Studierenden, sich auf die Methode einzulassen, hinterher werden Sie gemeinsam auswerten, was an der Methode gut und schlecht war. • Seien Sie offen für sachlich formulierte Einwände der Studierenden. Sollten Sie sich selbst nicht mehr sicher sein und die Argumente der Studierenden nachvollziehen können, dann halten Sie sich nicht starr an Ihren Ablaufplan, sondern gehen Sie auf berechtigte Einwände ein. Die gute Beziehungsebene bleibt dann gewahrt.	

Die Ergebnisse der Gruppenarbeit sind nicht so gehaltvoll wie erhofft

Tabelle 23: Ergebnisse Gruppenarbeit

Mögliche Ursachen	Vorab-Interventionen
Das Schwierigkeitsniveau der Übung ist zu hoch	Schalten Sie eine einfachere Frage vor und überlegen Sie sich Impulse, die Sie den Studierenden als Hilfestellung anbieten können, damit sie die Aufgabe bewältigen.
Die einzelnen Gruppen sind sehr heterogen und produzieren Ergebnisse mit hohen Niveauunterschieden	Variieren Sie die Gruppenzusammensetzung. Für schnelle Gruppen können Sie eine Sonderaufgabe bereithalten, für eher schwächere Gruppen vereinfachte Aufgabenstellungen zulassen (z.B. „Sie müssen sich nur drei Strategien überlegen statt fünf.“).
Sofortmaßnahmen:	
• Streuen Sie schon während die Gruppe arbeitet, gezielt Informationen, die die Studierenden in Ihre Ergebnisse einarbeiten können. • Wertschätzen Sie dennoch, was an Ergebnissen erarbeitet wurde. • Ergänzen Sie fehlende Punkte.	

Die Methode nimmt weniger oder mehr Zeit in Anspruch als geplant

Wenn Sie mit einer Übung früher fertig sind, können Sie ganz entspannt mit Ihrer Sitzung fortfahren: Sie haben Zeit gewonnen für spätere interaktive Einheiten. Wenn Sie merken, dass die Methode zu viel Zeit benötigt, überlegen Sie, was relevant ist: Ist die Übung so wichtig, dass sie für die weiteren Inhalte der Lehrveranstaltung Voraussetzung ist oder genügen zunächst Zwischenergebnisse? Welche darauffolgenden Einheiten können Sie kürzen? Seien Sie sich bewusst, dass auch professionelle und langjährig erfahrene Hochschuldozenten immer wieder von ihrem Ablaufplan abweichen!

In sehr seltenen Fällen kann es die beste Option sein, die Methode abzubrechen. Ein guter Grund, die Lehr-/Lernmethode zu stoppen, ist, wenn Sie sich selbst plötzlich sehr unsicher sind, ob die Übung überhaupt Ihre Ziele erfüllt. Bevor Sie die Führung verlieren, stehen Sie dazu und kommunizieren Sie ganz klar, aus welchen Gründen Sie jetzt den Ablauf ändern, z.B. *„Es verläuft gerade anders als ich mir das gedacht habe. Lassen Sie uns kurz stoppen und besprechen, was Sie bisher gemacht haben und wo wir stehen.“*

Besprechen Sie die bisher erarbeiteten Ergebnisse und vervollständigen Sie diese gemeinsam mit den Studierenden. Stellen Sie gegebenenfalls Ihre Musterlösung vor.

Aus der einschlägigen Lehr-/Lernforschung und auch aus unserer Erfahrung heraus sind interaktive Lehr-/Lernmethoden ein sehr gut geeignetes Werkzeug, um Studierenden eine tiefere Verarbeitung des Lernstoffes zu ermöglichen. Es gibt verschiedene Gründe, warum interaktive Lehr-/Lernmethoden auch einmal nicht den gewünschten Effekt erzielen können. Meistens sind die Gründe auf eine unklare Fragestellung oder einen unklaren Ablauf zurückzuführen. Reflektieren Sie mögliche Gründe und optimieren Sie die Instruktion der Lehr-/Lernmethode beim nächsten Einsatz. Es wird sich für Sie und Ihre Studierenden lohnen!

9.4 Wenn die Stimmung kippt...

Die Atmosphäre ist in jeder Gruppe anders und es können immer wieder neue überraschende Situationen auftreten. Jeder, der sich auf die spannende Aufgabe „Gruppenleitung" einlässt, wird früher oder später Erfahrungen machen, die einen an die eigenen Grenzen bringen. Solche Erlebnisse als wertvolle Situationen zu bewerten, aus denen jeder Lehrtätige viel lernen kann, ist dabei eine hilfreiche Perspektive, die sich in vielen Jahren der Lehrerfahrung bewährt hat. Frei nach dem Motto: „Dient es nicht der Freude, dient es dem Lernen."

Nichtsdestoweniger sollen die bisher dargestellten Themen allesamt dazu dienen, dass Sie in Ihren Lehrveranstaltungen möglichst keine schwierigen Situationen erleben. Denn der beste Weg, schwierige Situationen erst gar nicht entstehen zu lassen, ist die Prävention.

Prävention schwieriger Situationen

Ein und dieselbe Situation wird von verschiedenen Personen unterschiedlichen bewertet. Was für den einen eine interessierte und konstruktiv kritische Gruppe ist, wird von einer anderen Person womöglich als schwer zufriedenzustellende Gruppe und damit als schwierige Situation erlebt. Dass jede Beobachtung unterschiedlich wahrgenommen und interpretiert werden kann, haben Sie bereits im Kapitel 8.1 erfahren.

Reflexion 17: Schwierige Situationen
Stellen Sie sich vor, wie Sie Ihre Lehrveranstaltung durchführen.
- Welche Situationen könnten entstehen, die Ihnen Schwierigkeiten bereiten würden?
- Was genau ist daran für Sie schwierig?
- Wieso empfinden Sie das als schwierig?

Wichtige Grundvoraussetzungen für die souveräne Führung einer Lehrveranstaltung und die Ausübung einer Lehrtätigkeit sind a) eine realistische Einschätzung der eigenen Kompetenz, b) eine bewusste Rollenausübung und c) eine gute Vorbereitung. Wenn Sie sich mit den Inhalten und mit Ihrem Konzept sicher fühlen, haben Sie die beste Basis, um schwierigen Situationen zu begegnen. Ihr Auftreten wirkt sich auf das Verhalten der Gruppe aus und umgekehrt. Die Darstellung unten verdeutlicht diesen Zusammenhang:

Der gute innere Zustand der Lehrperson drückt sich, zum Beispiel, durch Wohlbefinden und Freude aus. Sie hält den Stoff der heutigen Sitzung für relevant, fühlt sich sicher in der Vermittlung und hat zudem eine neue Lehr-/Lernmethode vorbereitet, die sie heute ausprobieren möchte. Die Lehrperson tritt offen und selbstbewusst vor die Gruppe. Die Studierenden machen aktiv mit, stellen Fragen und sind engagiert dabei. Die Lehrperson fühlt sich in ihrem Konzept bestätigt, die Planung geht auf und die Atmosphäre in der Gruppe ist sehr gut. Diese positive Erfahrung stärkt den guten inneren Zustand der Lehrperson.

Abbildung 57: Zusammenhang: Einfluss Verhalten Lehrperson – Gruppe positiv verstärkend

Wie sieht der Verlauf dieses Kreislaufs aus, wenn die Lehrperson mit Zweifeln an den Inhalten und der Unsicherheit, ob sie diese gut vermitteln kann, in die Lehrveranstaltung geht? Sie wird weniger selbstbewusst auftreten, vielleicht zeigt sich eine Anspannung in der Körpersprache, das offene Lächeln fehlt. Die Gruppe wartet ab, ist zurückhaltend. Die Lehrperson nimmt die Zurückhaltung wahr und ist sich sicher, dass sie die Inhalte einfach nicht gut rüberbringt. Die inneren Zweifel werden verstärkt.

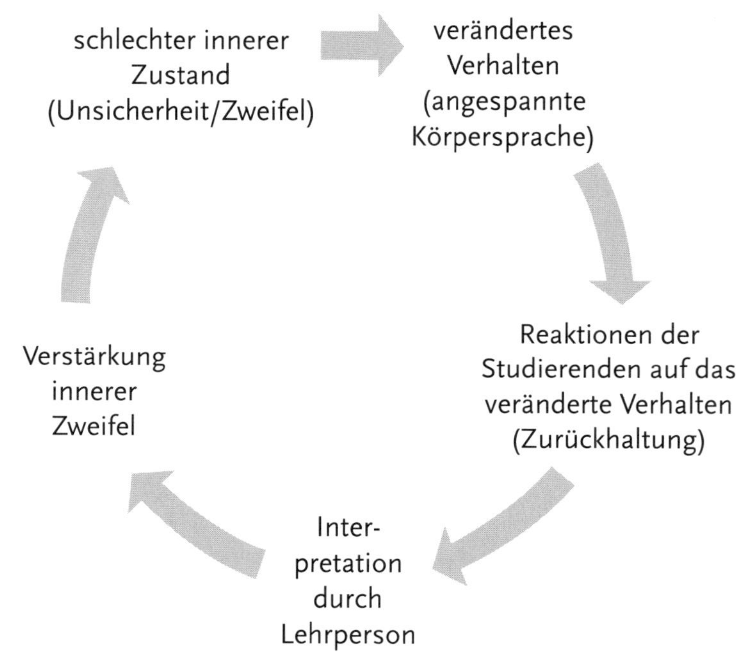

Abbildung 58: Zusammenhang: Einfluss Verhalten Lehrperson – Gruppe negativ verstärkend

Die beschriebene positive und negative Verstärkung soll exemplarisch veranschaulichen, wie ein derartiger Kreislauf aussehen kann. Die falsche Schlussfolgerung daraus wäre, dass Sie um jeden Preis versuchen selbstbewusst aufzutreten, auch wenn Sie sich nicht so fühlen. Um der negativen Verstärkung vorzubeugen, müssen Sie sich als ersten Schritt über Ihren inneren Zustand bewusst werden. Weitere mögliche präventive Interventionen, die helfen, diesen Kreis gar nicht erst negativ verstärkend entstehen zu lassen, zeigen wir nun auf:

Sie können dem sich negativ verstärkenden Teufelskreis vorbeugen, indem Sie Ihre eigenen Unsicherheiten reflektieren und dann relativieren:

1. Wählen Sie eine der Situationen aus, die Sie oben (Reflexion 17: schwierige Situationen) aufgeschrieben haben. Zum Beispiel: *„Für mich wäre es schwierig,*

wenn ich in der Lehrveranstaltung keine Antwort auf die an mich gestellten Fragen weiß.“

2. Setzen Sie die „Und-dann-Methode“ ein. Befragen Sie sich selbst immer wieder mit der „Und-dann?“-Frage:
   „Ich habe keine Antwort auf die gestellten Fragen.“ – „Und dann?“
   „Muss ich zugeben, dass ich die Antwort auch nicht weiß.“– „Und dann?“
   „Dann fragen sich die Studierenden, wieso ich überhaupt Dozentin, Dozent bin, wenn ich die Fragen nicht beantworten kann.“ – „Und dann?“
   „Dann entscheiden sich vielleicht einige gar nicht mehr zu kommen.“ – „Und dann?“
   „Na ja, dann habe ich eine viel kleinere Gruppe, aber irgendwie auch das Gefühl versagt zu haben.“ – „Und dann?“
   „Geht's mir erstmal nicht gut.“ – „Und dann?“
   „Dann versuche ich mich aufzumuntern und sage mir, dass das Leben weitergeht.“ – „Und dann?“
   „Werde ich mich auf die nächste Einheit noch besser vorbereiten.“ – „Und dann?“
   „Kann ich wahrscheinlich mehr Fragen beantworten.“ – „Und dann?“
   „Fühle ich mich gut.“

Eine weitere Möglichkeit ist ein Gedankenexperiment, bei dem Sie sich paradoxerweise überlegen, was Sie tun können, damit diese schwierige Situation garantiert eintritt. Notieren Sie diese Überlegungen schriftlich. Welche Konsequenzen leiten Sie aus Ihren Überlegungen ab? Z.B. *„Was kann ich tun, damit garantiert keiner auf meine Frage antwortet, niemals?“*
- *Die Frage ganz leise stellen, sodass sie keiner hört.*
- *Ganz viele komplizierte Begriffe in der Frage verwenden.*
- *Die Frage in einer exotischen Fremdsprache stellen.*
- *Die Frage als mathematische Gleichung formulieren.*

Überlegen Sie in einem weiteren Schritt, welche Konsequenzen sich daraus ableiten lassen, z.B. *„Ich formuliere die Frage leicht verständlich und spreche sie laut aus.“*

Hinterfragen Sie nach einer schwierigen Situation Ihre Wahrnehmung und die Wirkung auf Sie mithilfe des WWW-Schemas (vgl. Kapitel 8.1):
- Was hätte auch eine Kamera aufgezeichnet? (Wahrnehmung)
- Wie wirken die Beobachtungen auf Sie? (Wirkung)
- Was leiten Sie daraus für sich ab? (Wunsch)

Finden Sie alternative Wirkungsmöglichkeiten, aus denen positive Bewertungen entstehen. Auf diese Weise kommen Sie zu einer konstruktiven Haltung, mit der Sie der schwierigen Situation leichter begegnen können.

Verinnerlichen Sie hilfreiche Leitsätze (vgl. Kapitel 2.3) für den souveränen Umgang mit schwierigen Situationen:

- *„Ich mache hier als Dozentin, Dozent lediglich Angebote und jeder Student, jede Studentin hat die Eigenverantwortung, daraus etwas zu machen."*
- *„Das ist ja wirklich interessant. Wieso der sich nun wohl so verhält, wie er sich verhält?" „Einiges weiß ich, einiges weiß die Gruppe, zusammen erschließen wir uns die Themen."*
- *„Ich darf auch auf Dinge keine Antwort haben."*

Reflexion 18: Leitsätze
Vervollständigen Sie die oben begonnene Liste mit Leitsätzen, die für Sie passen!

Schwierige Situationen meistern

Wir haben nun einige grundsätzliche Aspekte besprochen, die für den Umgang mit schwierigen Situationen hilfreich sind. Als nächstes gehen wir auf einige „Klassiker" ein, die von Lehrenden häufig als schwierige Situation erlebt werden. Diese sind der Umgang mit kritischen Fragen, mit schweigenden Gruppen und mit Widerständen.

Grundsätzlich ist es positiv, wenn sich die Studierenden trauen, in Ihrer Lehrveranstaltung alle Fragen zu stellen. Nehmen wir nun an, dass Sie zu Beginn der dritten Sitzung Ihrer Lehrveranstaltung mit folgender Frage konfrontiert werden: *„Bei Frau Professorin Jansen haben wir einen ganz anderen Ablauf zur Bearbeitung der Fallstudie erhalten. Kann es sein, dass Sie da nicht auf dem aktuellen Stand sind?"*

Diese Frage kann natürlich unterschiedlich interpretiert werden. Sie steht jetzt aber im Raum und sollte adäquat behandelt werden.

- Nehmen Sie die Frage kooperativ und wertschätzend auf: *„Vielen Dank, sehr gut dass Sie die Frage aufbringen."*
- Fragen Sie nach, wenn Ihnen die Frage unklar ist: *„Was interessiert Sie besonders?"*
- Halten Sie Kontakt zum Fragenden (Blickkontakt und Körper zuwenden) und binden Sie den Rest des Plenums in die Antwort ein: *„Sind den anderen die unterschiedlichen Ablaufstrukturen ebenfalls unklar? Sollen wir auf die Fallunterschiede nochmals gemeinsam eingehen?"*

Wie gehen Sie jedoch mit Fragen um, die für Sie schwierig zu beantworten sind, weil Sie die Antwort nur zum Teil oder auch gar nicht wissen? Oder mit Fragen, bei denen Sie vermuten, dass der Fragende Kritik üben möchte? Folgende Reaktionsmöglichkeiten sind denkbar:

1) Fragen Sie zurück

„Wo sehen Sie denn Unterschiede?“ oder *„Was genau hat Frau Professorin Jansen Ihnen vorgestellt?“* oder *„Welche Aspekte dieses Ablaufs finden Sie widersprüchlich?“*

Durch die Rückfrage erhalten Sie weitere Informationen. Außerdem gewinnen Sie Zeit, um sich Ihre Antwort zu überlegen.

2) Wiederholen Sie die Frage und formulieren Sie diese bewusst um

„Gut, Sie interessiert also, wie der Ablauf, den Frau Professorin Jansen vorgestellt hat, und das Vorgehen, das ich gerade aufgezeigt habe, zusammenpassen?“ oder *„Da höre ich jetzt gleich zwei Fragen heraus, einmal, welchem Vorgehen Sie zur Bearbeitung der Fallstudie nun folgen sollen, und dann, wie häufig Frau Professorin Jansen und ich uns abstimmen, ist das richtig?“*

Achten Sie darauf, dass Sie sich im Sinne des „aktiven Zuhörens“ Ihrem Gegenüber zuwenden und bleiben Sie wertschätzend. Rufen Sie sich in solchen Situationen einen Ihrer oben formulierten Leitsätze zum souveränen Umgang mit schwierigen Situationen ins Gedächtnis. Durch die Umformulierung, nehmen Sie die Schärfe aus der Frage, Sie erhalten eine positive Gesprächsatmosphäre aufrecht. Während der Umformulierung gewinnen Sie zudem Zeit zum Nachdenken, welche Antwort Sie auf die Frage geben wollen.

3) Stimmen Sie der Frage differenziert zu

Wir verwenden weiterhin das oben genannte Beispiel.

1. Schritt: Zustimmung formulieren: *„Sie haben Recht, Frau Professorin Jansen verwendet eine andere Darstellung.“*
2. Schritt: Zusätzliche Informationen anhängen und Zustimmung differenzieren: *„Wenn wir uns die Schritte gleich im Detail anschauen, werden Sie sehen, dass inhaltlich dasselbe erarbeitet werden muss.“*

Oder

„Es ist möglich, dass die Darstellungen abweichen. (Zustimmung) Meine Variante habe ich mit Frau Professorin Jansen abgestimmt und daher werden wir diese jetzt verwenden. (Zusätzliche Information)“

Bei dieser Antwort-Technik, antworten Sie, indem Sie einem Teilaspekt oder unter bestimmten Voraussetzungen zustimmen. Über die weiterführende Information differenziert sich die Antwort. Verbinden Sie die beiden Schritte mit einem „und“ statt mit einem „aber“, um weniger Widerspruch hervorzurufen: *„Ja, das ist grundsätzlich möglich. Und in unserem Fall müssen wir noch besonders ... beachten.“*

Mit dieser Technik können Sie das Gespräch in die gewünschte Richtung lenken.

4) Beantworten Sie mehrgliedrige Fragen, indem Sie (vorerst) nur auf einen Teil antworten

Eine Antwort für die oben genannte Frage könnte folgendermaßen lauten: *„Oh, ich sehe, dass die unterschiedlichen Darstellungen von Frau Professorin Jansen und mir gerade für Verwirrung sorgen, das kann ich gleich auflösen.“*

Allgemeingültige Formulierung: *„Gut, in Ihrer Frage stecken gleich mehrere Fragen drin. Ich beantworte zunächst die erste Frage,...“*

Wenn Sie eine Frage gestellt bekommen, die aus mehreren (Teil-) Fragen besteht, dann beantworten Sie zunächst den Teil, zu dem Sie am meisten wissen oder den Sie beantworten wollen. So gewinnen Sie Sicherheit und setzen Kompetenzsignale. Zudem gewinnen Sie Zeit, um sich zu überlegen, ob und wenn ja wie Sie die weiteren Fragen beantworten wollen.

5) Sagen Sie ehrlich, wenn Sie die Antwort nicht wissen

„Oh, das stimmt, Frau Professorin Jansen hat hier tatsächlich ein anderes Vorgehen beschrieben. Das muss ich mit ihr nochmal klären.“

Allgemeingültige Formulierung: *„Das ist wirklich eine interessante Frage und ich muss zugeben, ich weiß die Antwort leider nicht. Wir können aber gerne in der Runde kurz über mögliche Antworten diskutieren und bis zur nächsten Sitzung recherchiere ich hierzu und bringe die Antwort mit.“*

6) Die Beantwortung der Frage auf später verschieben

Grundsätzlich dient die Beantwortung von Fragen der inhaltlichen Verständnisförderung, deshalb ist es wichtig, Fragen auf jeden Fall zuzulassen und zu klären. Passt die gestellte Frage nicht zu der eigenen Struktur und Vorgehensweise, kann die Beantwortung aufgeschoben werden, zum Beispiel ans Ende der Einheit. Auch wenn eine Frage gestellt wird, die größere Wissenslücken beim Fragenden aufzeigt und deren Beantwortung den Großteil der Gruppe aufhalten würde, sollten Sie dem Fragenden anbieten, die Frage im Nachgang zu beantworten.

Eine Formulierung könnte wie folgt lauten: *„Es ist gut, dass Sie noch mal nachfragen. Für eine vollständige Antwort muss ich etwas ausholen, das würde ich mit Ihnen gerne im Anschluss an die Stunde machen, ist das ok für Sie?“*

Für den Umgang mit schwierigen Fragen sind Sie mit diesen Techniken gut gewappnet. Doch was ist zu tun, wenn sich keiner Ihrer Studierenden in Ihrem Seminar aktiv beteiligt?

Für viele ist die Vorstellung einer **schweigenden Gruppe** die schwierigste Situation. Diese Situation ist deshalb so unangenehm, weil Sie als Lehrperson von schweigenden Studierenden kein Feedback erhalten, wie das, was Sie vorstellen, ankommt. Möglicherweise bezweifeln Sie sogar, ob überhaupt irgendetwas ankommt.

Welche Interpretationsmöglichkeiten fallen Ihnen ein, wenn Sie sich vorstellen, in Ihrer Lehrveranstaltung schweigt die gesamte Gruppe? Vermutlich schweigen die Studierenden, weil...

...sie das Thema nicht interessiert.
...sie nicht wissen, was sie sagen sollen.
...alles klar ist und kein Austauschbedarf besteht.
...sie mich testen wollen.
...sie es lustig finden, mich zappeln zu lassen.

Die Gründe für Schweigen sind vielfältig: Die Studierenden sind möglicherweise müde, gedanklich mit einem anderen Thema beschäftigt, krank, unterfordert, überfordert, vom Thema gelangweilt, unsicher in der Gruppe oder hören schlicht und einfach konzentriert zu. Trotzdem sollte es Ihnen gelingen, Ihre Gruppe wieder zum Sprechen zu bringen.

Setzen Sie interaktive Lehr-/Lernmethoden und Gesprächsführungstechniken ein, um die schweigende Gruppe wieder zum Sprechen zu bringen, z.B.:

- **Meinungsbild einholen und anschließend direkt nachfragen**
  Stellen Sie eine Frage und lassen Sie diese mit einem Handzeichen beantworten. Fragen Sie anschließend direkt eine Studierende, einen Studierenden nach den Gründen für ihre Meinung. Gibt es unentschiedene Teilnehmende, befragen Sie diese nach ihren Überlegungen zum Thema.
- **Methodenwechsel**

Führen Sie eine Blitzlicht-Abfrage durch. Stellen Sie eine offene Frage und lassen Sie diese von jedem mit einem Satz beantworten. Bilden Sie Kleingruppen mit Arbeitsaufträgen oder führen Sie eine Murmelgruppe durch. Viel Dynamik entsteht mit der Übungsmaschine. Gehen Sie über den schriftlichen Weg und lassen Sie die Studierenden erst ein One-Minute-Paper erstellen, um darüber anschließend in den Austausch zu kommen. Wenig Aussicht auf Erfolg hat in dieser Situation die klassische Plenumsdiskussion, da die Studierenden ja bisher schon wenig bis gar nichts sagen. Wenn Sie diskutieren wollen, wählen Sie eine alternative Diskussionsmethode aus (Fish-Bowl oder Pro-Contra-Diskussion).

- **Metakommunikation**
  Sprechen Sie Ihre Beobachtung an und fragen Sie die Gruppe, was sie braucht: *„Sie scheinen mir heute viel ruhiger als sonst, es sagt kaum jemand etwas... Was ist denn los?“*

Manchmal braucht es eine Kombination der Techniken und die feste Überzeugung, dass jede Gruppe früher oder später wieder spricht!

Will die Gruppe eine Übung nicht durchführen oder werden neue Inhalte oder Betrachtungsweisen erst einmal abgelehnt, stehen Sie als Lehrperson besonders im Fokus. Dabei ist es hilfreich, sich bewusst zu machen, dass **Widerstand** oft eine diffuse Reaktion auf Veränderungen darstellt. Er entsteht bei Ambivalenzen oder bei Ablehnung des Neuen und kann als Schutz interpretiert werden oder einfach als ein Signal des Einzelnen oder der Gruppe, das beachtet werden sollte. Gehen Sie daher mit einer konstruktiven Haltung mit Widerständen um!

Eine konstruktive Haltung besteht darin, den Widerstand als ein Kooperationsangebot anzusehen: *Die Studentin, der Student zeigt mir damit, was ihr, was ihm noch fehlt.* Bleiben Sie innerlich offen gegenüber Widerständen und Konflikten. Es lohnt sich, einen konstruktiven Leitsatz für den Umgang mit Widerständen zu formulieren. Dieser könnte zum Beispiel so lauten: *„Die Studierenden dürfen Dinge ablehnen, ich frage nach, um zu verstehen, was sie stört.“*

Nehmen Sie Personen ernst, die Widerstand äußern und bringen Sie Ihnen Wertschätzung entgegen. Nutzen Sie hierzu das aktive Zuhören (vgl. Kapitel 8.1). Bringen Sie zudem in Erfahrung, welche Bedeutung die Störung für die jeweilige Person haben könnte und überlegen Sie sich verschiedene Interpretationen *(„Vermutlich will sie, will er nicht, weil...“)*. Entscheiden Sie sich, wie Sie die Störung ansprechen wollen, ob im Einzelgespräch oder in der Gruppe, in der Pause oder am Ende der Sitzung. Hören Sie in jedem Fall genau zu und bleiben Sie ruhig. Unterscheiden Sie die sachlichen und die persönlichen Kritikpunkte. Fragen Sie im Gespräch nach den Begründungen *(„Wieso ist das für Sie so?“ „Inwiefern fehlt Ihnen etwas?“)*. Sie können zudem die Sichtweise anderer Studierender einholen.

Wenn Sie die Gründe für den Widerstand verstanden haben, machen Sie transparent, was Sie am Ablauf oder an den Inhalten verändern können und was nicht. Erarbeiten Sie mit der Person bzw. mit der Gruppe gemeinsam eine Lösung, dann können Sie Ihre Lehrveranstaltung fortsetzen.

Die meisten schwierigen Situationen können durch eine gute Vorbereitung, durch ein klares Rollenverständnis und durch interaktive Methoden von vornherein vermieden werden. Tritt dennoch eine schwierige Situation auf, hilft eine offene Haltung, die Sie in Form von persönlichen Leitsätzen verinnerlichen können und eine transparente Kommunikation, wie sie etwa im WWW-Schema vorgesehen ist. Nutzen Sie auch die Möglichkeit, bei Bedarf eine kurze Pause zu machen, um sich in Ruhe zu überlegen, wie Sie als nächstes weitermachen. Und zu guter Letzt möchten wir in Erinnerung rufen: „Dient es nicht der Freude, dient es dem Lernen.“

Empfehlungen zum Weiterlesen

Kalt, Mirjam (2010): *Lernprozesse von Gruppen begleiten*. In: Christoph Negri (Hg.): Angewandte Psychologie für die Personalentwicklung. Berlin, Heidelberg: Springer, S. 225–249.

Lehner, Martin (2012): *Didaktische Reduktion*. Bern, Stuttgart, Wien: Haupt.

Lehner, M. (2013). *Viel Stoff – wenig Zeit: Wege aus der Vollständigkeitsfalle*. Bern, Stuttgart, Wien: Haupt.

Schulze-Seeger, J. (2013). *Schwarzer Gürtel für Trainer: Vom Meistern schwieriger Seminarsituationen*. Weinheim, Basel: Beltz.

Checkliste für Kapitel 9

Füllen Sie die Checkliste aus, um gut auf die Lehrveranstaltung vorbereitet zu sein.

Umgang mit **Stofffülle**: Zeichnen Sie eine Themenlandschaft von den Inhalten Ihrer Lehrveranstaltung. Welche Beziehungen müssen Sie verdeutlichen? Bei welchen Inhalten müssen sie unbedingt in die „Tiefe" gehen und bei welchen Inhalten ist es für Ihre Studierenden ausreichend, grundsätzliche Informationen zu erhalten?

Überprüfen Sie Ihr bisheriges Feinkonzept auf die Erfüllung der drei Grundbedürfnisse, um die **Lernmotivation** zu fördern.
Die Kompetenzerfahrung der Studierenden wird gefördert durch:

....

....

Die Autonomie der Studierenden wird gefördert durch:

....

....

Die soziale Eingebundenheit der Studierenden wird gefördert durch:

....

....

Folgende interaktive **Lehr-/Lernmethode** setze ich in meiner nächsten Lehrveranstaltung ein:

....

Die Aufgabenstellung lautet konkret:

....

Etwas einfacher lautet die Aufgabe wie folgt:

....

Etwas komplexer lautet die Aufgabe wie folgt:

....

Ziel der Lehr-/Lernmethode:

....

Relevanz der Lehr-/Lernmethode:

. . . .

Die Gruppen werden wie folgt gebildet:

. . . .

Der Ablauf der Methode wird so erklärt:

. . . .

. . . .

. . . .

Den Ablauf der Methode habe ich visualisiert. ☐

Puffer, falls die Methode weniger Zeit in der Umsetzung benötigt:

. . . .

Kürzungsideen, falls die Methode mehr Zeit in der Umsetzung benötigt:

. . . .

Folgende Leitsätze helfen mir, mit **schwierigen Situationen** gut umzugehen:
Mein Leitsatz für den konstruktiven Umgang mit einer Situation, die ich als besonders schwierig empfinde:

. . . .

. . . .

Mein Leitsatz für den konstruktiven Umgang mit kritischen Fragen:

. . . .

. . . .

Mein Leitsatz für den konstruktiven Umgang mit schweigenden Gruppen:

. . . .

. . . .

Mein Leitsatz für den konstruktiven Umgang mit Widerständen:

. . . .

. . . .

Teil III Semesterabschluss

10. Die Lehrveranstaltung abrunden

In diesem Kapitel erfahren Sie...
- ... wie Sie die Abschlusssitzung gestalten.
- ... wie Sie Prüfungsfragen auf die Lernziele abstimmen.
- ... welche Aspekte bei unterschiedlichen Prüfungsformaten zu beachten sind.
- ... wie Sie rückblickend Ihre Lehrveranstaltung auswerten.

Sie befinden sich nun im letzten Fünftel Ihrer Lehrveranstaltung, das Semester ist bald zu Ende. In diesem Kapitel erfahren Sie, wie Sie Ihre letzte Sitzung gestalten, wie Sie die Prüfung vorbereiten und wie Sie durch eine Reflexion Ihrer Arbeit als Lehrperson Ihre Lehre im kommenden Semester optimieren.

10.1 Abschlusssitzung gestalten

Im Kapitel 4.2 haben Sie erfahren, wie ein Semesterplan zu erstellen ist. Dort haben wir Sie bereits darauf hingewiesen, dass Sie in der letzten Sitzung Ihrer Lehrveranstaltung Zeit einräumen sollten, in der Sie keine neuen Inhalte mehr vermitteln. Unabhängig von dem gewählten Format Ihrer Lehrveranstaltung, also ob Sie wöchentliche Sitzungen oder eine Blockveranstaltung abhalten, die letzte Phase ist für den Abschluss reserviert. Folgende Elemente sollten im Abschluss enthalten sein:
- Zeit für offene Fragen
- Besprechen weiterer Schritte
- Durchführen einer Feedbackrunde
- Persönlicher Abschluss

Die Länge der Abschlussphase hängt von der Länge der gesamten Lehrveranstaltung ab. In der Tabelle 24 sehen Sie Richtwerte, die Sie natürlich an Ihre individuellen Gegebenheiten anpassen müssen.

Tabelle 24: Länge der Abschlusssitzung

Lehrveranstaltungs-Format	Länge der Veranstaltung	Länge der Abschlussphase
Einmalige Veranstaltung	90 Minuten	10 Minuten
Wöchentliche Veranstaltung	12 Sitzungen à 90 Minuten	45 Minuten
Blockseminar	3 Tage	45 Minuten
Virtuelle Lernergänzungen zur Präsenzlehre	Mehrere Präsenz- und Online-Phasen im Wechsel	30 Minuten

Sehen wir uns die einzelnen Elemente einer Abschlussphase genauer an:

Zeit für offene Fragen

Sicherlich hatten Ihre Studierenden während der gesamten Lehrveranstaltung immer wieder die Möglichkeit, Fragen zu stellen. Dennoch ist es wichtig, dass am Ende eine Schlussfragerunde eingeplant wird. Häufig sind sich die Studierenden mitten im Seminar nicht sicher, ob eine Frage inhaltlich gerade passend ist und stellen sie zurück. Des Weiteren kann es passieren, dass ein Inhalt, der am Anfang der Lehrveranstaltung durchgenommen wurde, nach der Vermittlung weiterer Inhalte neue Fragen aufwirft. Häufig deckt das Lernen für die bevorstehende Klausur gegen Ende des Semesters ungeklärte Aspekte auf, so dass Sie im Falle einer schriftlichen Lernzielkontrolle besonders viel Zeit für Fragen einräumen sollten. Nicht zu vergessen ist auch, dass Studierende mit unterschiedlichen Erwartungen in die Vorlesung bzw. in das Seminar gehen. Nun ist die letzte Gelegenheit, dass die Studierenden Nachfragen stellen und offene Punkte ansprechen, so dass sich ihre Erwartungen erfüllen und die Studierenden zufrieden Ihre Veranstaltung verlassen.

Tipps & Tricks
Kündigen Sie die Fragerunde schon einige Zeit vorher an, so dass sich die Studierenden im Voraus Fragen notieren können.

Besprechen weiterer Schritte

In der Abschlussphase sollten Sie auf eventuell getroffene Abmachungen zurückkommen. Haben Sie im Laufe der Veranstaltung Fotos gemacht oder Dokumente erstellt, die den Studierenden zugänglich gemacht werden müssen? Klären Sie an dieser Stelle, bis wann die Studierenden die Fotos bzw. Dokumente auf welche Weise erhalten. Dies soll nicht bedeuten, dass Sie im Nachhinein noch viel Arbeit damit haben müssen. Sie können auch vereinbaren, dass eine Studentin die Fotos an alle Kommilitonen weiterleitet und ein Student die Dokumente sammelt und auf eine allen zugängliche Plattform hochlädt etc. Ihre Aufgabe ist es jedoch, dafür zu sorgen, dass dies auch zum vereinbarten Zeitpunkt geschieht.

Kommunizieren Sie hier noch einmal, welche Anforderungen in der Prüfung an die Studierenden gestellt werden und wie die Leistungszielkontrolle genau ablaufen wird (vgl. Kapitel 10.2). Erklären Sie ob, wie und in welchen Fällen Sie für die Studierenden weiterhin zu erreichen sind: Bis wann sind Sie bereit, schriftliche oder mündliche Nachfragen zu beantworten?

Feedbackrunde

In Kapitel 4.2 haben Sie das +AVIVA+-Schema kennengelernt. Zu der letzten Phase „Ausrichten" wurde bereits behandelt, dass kurze Feedbackeinheiten am Ende einer jeden Sitzung helfen, um im Verlauf einer Veranstaltung mit der konzeptuellen Planung nachzusteuern. Am Ende der Lehrveranstaltung nehmen Sie sich nun Zeit für ein ausführliches Feedback. In der Feedbackrunde erhalten Sie eine persönliche Rückmeldung Ihrer Studierenden sowohl zu der Gestaltung Ihrer Vorlesung bzw. Ihres Seminars als auch zu Ihrem Auftreten als Lehrperson. Durch die Rückmeldungen erfahren Sie, was bei den Studierenden besonders gut angekommen ist und was Sie beim nächsten Mal verbessern könnten. In Kapitel 5 haben Sie bereits einige interaktive Lehr-/Lernmethoden kennengelernt, mit denen Sie Feedback erfragen können. Hier zur Erinnerung drei Möglichkeiten:

1) Blitzlicht

Ablauf: Alle Studierenden geben zu einer Fragestellung ein kurzes Statement ab, das nicht bewertet wird. So erhalten alle gleichberechtigt die Gelegenheit, ihren Beitrag zu kommunizieren und ein schnelles Gruppenmeinungsbild wird eingeholt. Als Fragestellung ist im Prinzip alles möglich, was in wenigen Sätzen zu beantworten ist: Vom persönlichen Erfahrungshintergrund, über das Generieren von Ideen bis hin zum Feedback zur Sitzung.
Effekte: Die Meinung der Studierenden ist gefragt, das kommt gut an!
Beispielfrage: „Wie hat Ihnen unser Seminar gefallen?"
Material: Kein Material erforderlich.
Großgruppe: Für die Anwendung in Großgruppen geeignet. Es wird eine beliebige Hörsaalreihe ausgewählt, in der das Blitzlicht durchgeführt wird.
Zeitaufwand: bei einer Gruppe bis 15 Personen wenige Minuten. Bei größeren Gruppen kann man das Blitzlicht z.B. nur bei einer Tischreihe durchführen.

2) One-Minute-Paper

Ablauf: Die Studierenden beantworten auf einem Blatt Papier zwei Fragen zur Veranstaltung. Die Zettel werden anschließend eingesammelt.
Effekte: Auf der einen Seite reflektieren die Studierenden den Lernprozess. Auf der anderen Seite erhält die/der Lehrende eine Rückmeldung.
Beispiel: „Bitte beantworten Sie auf einem Blatt Papier die folgenden zwei Fragen:
1. Was nehme ich aus dieser Vorlesung als wichtigste Erkenntnis mit?
2. Was hätte ich mir noch gewünscht?"

Material: Papier und Stift.
Großgruppe: Für die Anwendung in Großgruppen geeignet.
Zeitaufwand: Eine Minute zur Beantwortung des One-Minute-Papers. Je nach Gruppengröße etwas mehr Zeit für die Lehrende, den Lehrenden zur Auswertung nach der Sitzung.

3) Punktabfrage

Ablauf: Auf einem vorgegebenen Raster dürfen alle Teilnehmenden eine festgesetzte Anzahl von Punkten für die persönlichen Favoriten kleben. Wichtig ist, die Studierenden gleichzeitig punkten zu lassen, um eine gegenseitige Meinungsbeeinflussung zu verringern.

Effekte: Eine thematische Gewichtung wird sichtbar und damit eine Entscheidung im Sinne der Gruppe möglich.

Beispiel: „Wie hat Ihnen dieses Seminar gefallen? Bitte geben Sie einen Punkt ab auf den zwei Dimensionen: interessant vs. langweilig sowie hilfreich vs. überflüssig."

Großgruppe: Für die Anwendung in Großgruppen geeignet. Die Studierenden können ihre Punkte beim Verlassen des Hörsaals auf die Tafel kleben.

Material: Flipchart und Klebepunkte oder eine Tafel, auf die mit Kreide Punkte gezeichnet werden.

Tipps & Tricks
Gestalten Sie das Plakat, auf dem das Feedback gepunktet werden soll, ansprechend. Sie können zum Beispiel ein Stimmungsbarometer oder eine zum Thema passende Visualisierung erstellen.

Feedback zu geben erfordert von den Studierenden Mut und Offenheit. Deshalb ist es wichtig, im Vorfeld eine vertrauensvolle Atmosphäre zu schaffen und als Lehrperson zu zeigen, dass Sie für Anregungen und Verbesserungsvorschläge offen sind. Die Studierenden sollten das Gefühl haben, dass Sie ein echtes Interesse an ihrer Rückmeldung haben und dass Sie negative Antworten konstruktiv aufnehmen, indem Sie beispielsweise bei Kritik die Ehrlichkeit loben und für die wertvollen Anregungen danken. Ein Beispiel:

> *(Studierender) „Mir hat es hier gut gefallen, gerade die Strukturgleichungsmodelle hätte ich aber gerne noch mehr geübt."*
> *(Lehrende) „Es freut mich, dass es Ihnen gefallen hat. Sie haben Recht, die Strukturgleichungsmodelle kann man nur verinnerlichen, wenn man sich auch intensiv damit beschäftigt. Ich werde mir überlegen, wie ich die Einheit beim nächsten Mal gestalte, damit Sie mehr Zeit zum Üben haben. Vielen Dank für Ihre Rückmeldung!"*

Reflexion 19: Abschlussfeedback
Auf welche Aspekte bezüglich Ihrer Lehrveranstaltung und Ihres Auftretens wünschen Sie sich Feedback von Ihren Studierenden? Formulieren Sie die Einstiegsfrage, um Feedback einzuholen.

Persönlicher Abschluss

Alle offenen Fragen wurden geklärt, weitere Abmachungen wurden getroffen und Sie haben ein konstruktives Feedback von Ihren Studierenden erhalten. Nun fehlt nur noch ein stimmiger Abschluss. Binden Sie in Ihre letzten Worte ein kurzes Resümee, einen Wunsch an die Studierenden, eventuell einen Ausblick auf das nächste Semester und einen Dank ein.

Tabelle 25: Formulierung des Abschlusses

Abschlussideen	**Beispiel**
Kurzes Resümee, wie Sie die Gruppe erlebt haben	*„Obwohl der Stoff nicht immer einfach war, haben Sie mich als Gruppe sehr motiviert. Sie haben toll mitgearbeitet und bei den Gruppenarbeiten sind wirklich gute Ergebnisse herausgekommen."*
Wunsch, den Sie den Studierenden mit auf den Weg geben	*„Nun wünsche ich Ihnen viel Erfolg in der Klausur und dass Sie das, was Sie hier gelernt haben, sicher anwenden können."*
Ausblick auf das nächste Semester	*„Im kommenden Semester wird ein Aufbau-Seminar zu diesem Thema angeboten. Ich würde mich freuen, wenn ich den ein oder anderen von Ihnen dann wiedersehe."*
Dank und Abschied	*„Ich danke Ihnen für Ihre konstruktiven Beiträge und wünsche Ihnen viel Erfolg bei der Prüfung. Bis bald!"*

Übung 24: Abschluss formulieren
Formulieren Sie Ihren persönlichen Abschluss mit einem kurzen Resümee, einem Wunsch an die Studierenden, einem Ausblick und dem Abschied.

Der folgende Abschnitt behandelt die Gestaltung von Prüfungen. Es sei darauf hingewiesen, dass es sinnvoll ist, die Prüfung bereits vor der letzten Sitzung vorzubereiten!

10.2 Prüfungen gestalten

Eine gewiss sehr anspruchsvolle Aufgabe von Lehrenden ist das Gestalten der Leistungszielkontrolle. Der folgende Abschnitt soll Sie darin unterstützen, dem Anspruch eine faire Prüfung zu gestalten, gerecht zu werden.

In Prüfungssituationen haben Sie als Prüfende eine gewisse Macht über die Studierenden, die Sie fair nutzen sollten. Sie als Lehrperson gestalten die Regeln des Zusammenspiels in der Prüfung. Sie bestimmen das Prüfungsformat, stellen Prüfungsfragen unterschiedlicher Komplexität und setzen Ihre Bewertungsmaßstäbe zur Korrektur an. Eine Prüfung, auf die sich die Studierenden gut vorbereiten können, ist nicht nur für die Studierenden motivierend, auch Ihnen wird es mehr Spaß machen, gute als leistungsschwache Arbeiten zu beurteilen.

Die Prüfung vorbereiten

Fair ist eine Prüfung inhaltlich dann, wenn die darin gestellten Fragen möglichst präzise das Erreichen der Lernziele widerspiegeln. Ihre vorab festgesetzten Lernziele steuerten Sie bereits bei der Wahl interaktiver Lehr-/Lernmethoden. Nun müssen Sie die Prüfungsfragen auf die Lernziele abstimmen.

Lehr- und Prüfungskonzepte, in denen Lernziele, Methoden und Prüfungsfragen gut aufeinander abgestimmt sind, werden auch als „constructive aligned“ bezeichnet („Constructive Alignment“ nach Biggs und Tang). Erstellen Sie zu diesem Zweck eine Lernziel-Prüfungsmatrix, indem Sie Ihre Lernziele nach den Wissensstufen nach Bloom kategorisieren (vgl. Kapitel 4.1) und formulieren Sie Fragen, die genau das Erreichen dieser Lernziele fokussieren. Die Lernziel-Prüfungsmatrix hilft, die Fähigkeiten und Kompetenzen des Prüfungskandidaten leichter zu diagnostizieren und zu bewerten. Die Tabelle 26 stellt ein Beispiel dar.

Tabelle 26: Lernziel-Prüfungsmatrix

Wissensstufe und Verarbeitungstiefe	Beispiel formuliert als Tätigkeit	Prüfungsfrage
Erschaffen	Die Studierenden finden im Zuge ihrer Forschungsarbeit neue Lösungswege, um die Reliabilität ihres Fragebogens zu verbessern.	*„Sie kennen die Formel zur Berechnung der Reliabilität nicht. Wie können Sie vorgehen, um dennoch die vorliegende Skala auf Zuverlässigkeit zu testen?"*
Beurteilen	Die Studierenden bestimmen, ob die Reliabilität in ihrer Forschungsarbeit ungenügend ist und decken Fehler im Prozess auf.	*„Schätzen Sie im obigen Datensatz ein, welchen Skalen Sie aufgrund einer ausreichenden Reliabilität trauen."*
Analysieren	Die Studierenden finden selbständig heraus, warum in ihrer Forschungsarbeit die Reliabilität noch ungenügend ist.	*„Welches Item würden Sie ausschließen, um die Reliabilität der Skala zu verbessern? Begründen Sie."*
Anwenden	In ihrer Forschungsarbeit berechnen Studierende die Reliabilität des Fragebogens.	*„Berechnen Sie anhand der hier dargestellten Werte die Reliabilität für die Skala ‚Motivation'"*.
Verstehen	Studierende erklären anderen Studierenden, was „Reliabilität" bedeutet.	*„Erläutern Sie, warum es notwendig ist bei der Bildung von Skalen die Reliabilität zu berechnen."*
Kennen	Studierende definieren den Begriff „Reliabilität".	*„Definieren Sie den Begriff ‚Reliabilität'"*.

Übung 25: Lernziel-Prüfungsmatrix
Erstellen Sie zu Ihrem Stoffgebiet eine Lernziel-Prüfungsmatrix nach der Bloom-Taxonomie.

Je mehr Informationen die Studierenden zum Format der Prüfung haben, desto besser können sie sich auf die Prüfungssituation einstellen und sich inhaltlich darauf vorbereiten. Machen Sie die Prüfungsordnung, das Prüfungsformat, den Prüfungsprozess, die zeitliche Dauer, zugelassene Hilfsmittel und weitere Prüfungsmodalitäten frühzeitig so transparent wie möglich. Nur durch ein hohes Maß an Transparenz stellen Sie sicher, dass in Ihrer Prüfung auch wirklich die Leistung gemessen wird und nicht etwa die Selbstsicherheit der Prüflinge oder ihre Stressbewältigungskompetenz.

Reflexion 20: Prüfungsanforderungen
Notieren Sie Anforderungen und Rahmenbedingungen Ihrer Prüfung. Planen Sie diese Anforderungen den Studierenden transparent zu kommunizieren.

Formulieren Sie also nicht nur die Lernziele von Beginn an klar, sondern thematisieren Sie auch explizit die Anforderungen, die in der Prüfung an die Studierenden gestellt werden. Besonders hilfreich ist für Ihre Studierenden eine Probeklausur bzw. eine Probeprüfung, die bereits im Semester durchgeführt werden kann.

Leistungszielkontrollen durchführen

Manchmal ist das Prüfungsformat vorgegeben, manchmal können Sie selbst entscheiden, welche Prüfungsart Sie nutzen. Als Lehrende können Sie grundsätzlich überlegen, ob Sie Leistungskontrollen semesterbegleitend oder zu Semesterabschluss durchführen. Als semesterbegleitendes Prüfungsformat hat sich das Referat bewährt, Prüfungen zu Semesterabschluss sind häufig schriftliche Klausuren, mündliche Prüfungen oder Hausarbeiten.

Bestimmt jede Studentin, jeder Student hat es selbst mindestens einmal erlebt: langweilige **Referats**seminare, in denen die Kommilitoninnen und Kommilitonen Lerninhalte fragwürdig aufbereiten, ohne Didaktik und Präsentationskompetenz herunterleiern und die Lehrperson zu selten eingreift. Der Nachteil von Referaten liegt auf der Hand: Studierende bereiten mitunter qualitativ schlechte Referate vor, die anderen Studierenden verstehen die Inhalte nicht und es bleibt wenig hängen.

Referate bieten jedoch auch eine Vielzahl an Vorteilen. Studierende setzen sich sehr intensiv mit einem Thema auseinander. Außerdem fördert das Präsentieren den Erwerb von Schlüsselkompetenzen und im besten Fall werden Sie als Lehrende, Lehrender entlastet und sparen damit Ressourcen.

Befolgen Sie ein paar einfache Ratschläge, damit Referatsseminare qualitativ hochwertig und didaktisch lebendig werden:

- Geben Sie Ihren Studierenden zu Beginn des Semesters eine Checkliste zur Hand, die sie bei der Referatsgestaltung beachten sollen. Beispielsweise können Sie strukturelle Vorgaben machen, einige Tipps zum rednerischen Ausdrucksverhalten und zum Aufbereiten zuhörerorientierter Präsentationen geben (viele Ideen dafür finden Sie ja in diesem Handbuch).
- Lassen Sie sich einige Tage vor dem Referat von den Studierenden ein Thesenpapier zuschicken, um dem Problem mangelnder inhaltlicher Qualität zu begegnen.

- Außerdem sollten Sie die Länge der Referate auf 30 bis 45 Minuten beschränken. Gestalten Sie die zweite Hälfte der Seminarsitzung, um weitere Inhalte zu vermitteln, Diskussionen zu leiten und eventuelle Misskonzepte auszuräumen.
- Geben Sie Ihren Studierenden im Anschluss an die Referatssitzung Feedback, um die Qualität zukünftiger Referate zu verbessern.

Schriftliche Klausuren sind wohl das an der Hochschule am häufigsten eingesetzte Prüfungsformat. Hier stehen Sie vor der Entscheidung, ob Sie die schriftliche Leistungskontrolle mit offenen Fragen oder Multiple-Choice-Fragen gestalten, also aus mehreren vorgegebenen Antworten die richtige bzw. die richtigen Antworten von den Studierenden auszuwählen sind.

Klausuren mit offenen Fragen erfordern von den Studierenden eine stärkere Reproduktionsleistung, bei Multiple-Choice-Fragen zählen die Selektions- und Wiedererkennungsleistung. Sie als Lehrperson prüfen also auf unterschiedlicher Verstehenstiefe und haben auf der anderen Seite natürlich einen unterschiedlich großen Aufwand bei der Korrektur.

Machen Sie die Entscheidung an zwei Kriterien fest: der Studierendenzahl und dem Wissensniveau. Wenn es Ihr Ziel ist, zu prüfen, ob die 15 Studierenden Ihres Seminars hohe Analysekompetenzen und kritisches Denken erworben haben, dann sind Klausuren mit offenen Fragen sehr gut geeignet. Für Prüfungsfragen am Ende einer Vorlesung mit 500 Erstsemestern auf dem Niveau der Kenntnis oder des Verständnisses sind Multiple-Choice-Klausuren hervorragend einzusetzen.

Hinweise für das Gestalten von **Klausuren mit offenen Fragen**:

- Orientieren Sie sich beim Formulieren der Fragen an Ihren Lernzielen, kategorisiert nach der Bloom-Taxonomie und bemühen Sie sich um größtmögliche Klarheit, z.B.:
  - Vergleichen Sie A und B im Hinblick auf das Kriterium C.
  - Stellen Sie Argumente für und gegen eine bestimmte Position dar.
  - Erläutern Sie, inwieweit die Theorie D das Fallbeispiel E erklärt.
  - Erläutern Sie bei Fallbeispiel F Ursache und Wirkung.
  - Beschreiben Sie, inwieweit das Prinzip G im Bereich H angewendet wird.
  - Welche Schlussfolgerungen können Sie aus den vorliegenden Daten ziehen?
  - Beschreiben Sie den Zusammenhang I im Ereignis J.
  - Analysieren Sie die Situation und diskutieren Sie die konstituierenden Elemente.
- Stellen Sie nicht zu viele, aber auch nicht zu wenige Aufgaben. Werden zu viele Fragen gestellt, müssen sich die Studierenden immer wieder neu in ein Stoffgebiet eindenken. Sind zu wenige Fragen formuliert, so besteht für die Prüflinge die Gefahr, dass sie zu viele Punktezahlen verlieren, falls sie eine Aufgabe gar nicht beantworten können.

- Stellen Sie Fragen zu verschiedenen Themen, denn jede Studentin, jeder Student hat andere Interessen und Vorlieben, welche sich nicht durch ein einziges Thema abbilden lassen.
- Lassen Sie direkt nach dem Aufgabentext Platz für die Lösung. Die Prüflinge erkennen an dem vorgesehenen Platz, wie umfangreich die Lösung ausfallen soll.
- Geben Sie zur Orientierung pro Frage entweder an, wieviel Zeit für die Antwort verwendet werden sollte oder wieviel Punkte mit Beantwortung der Frage zu erreichen sind.

Hinweise für das Gestalten von Klausuren mit **Multiple-Choice-Fragen**:

- Jede Frage sollte die gleiche Anzahl an vorgegebenen Antworten haben.
- Es sollte jeweils nur eine richtige Antwort geben.
- Bewerten Sie falsche Antworten mit Punktabzügen, denn wenn falsche Antworten keinen Punkteverlust zur Folge haben, besteht die beste Strategien darin, alle Fragen nach dem Zufallsprinzip zu beantworten.
  Beispiel für ein Bewertungsmuster:
  - 3 Punkte für das Ankreuzen der richtigen Antwort
  - 0 Punkte für jede unbeantwortete Frage
  - -1 Punkt für falsch angekreuzte Antworten
- Jede Frage muss in sich geschlossen, d.h., von anderen Fragen unabhängig sein.
- Vermeiden Sie Negativsätze bzw. heben Sie Verneinungen fett hervor.
- Alle Antworten sollten etwa gleich lang formuliert sein.
- Alle Antworten müssen plausibel sein.
- Falsche Antworten müssen eindeutig falsch sein.
- Variieren Sie die Position der richtigen Antwort nach dem Zufallsprinzip.

Abbildung 59: Multiple-Choice-Prüfung

Erinnern Sie die Prüflinge während der Klausur, wie viel Zeit ihnen noch verleibt, z.B. nach der Hälfte, 15 Minuten vor Schluss sowie drei Minuten vor Ende der Bearbeitungszeit.

Die **mündliche Prüfung** bzw. das Prüfungsgespräch sollte in der Regel 30 bis 45 Minuten andauern. In dieser Zeit beantwortet der Prüfling die Fragen des Prüfenden. Als Alternative kann auch vereinbart werden, dass die Studierenden zu Beginn des Prüfungsgesprächs einen Kurzvortrag zu einem Thema präsentieren. Eine weitere Option ist, dass die Prüflinge eine Frage direkt vor der Prüfung erfahren und 15 Minuten Zeit haben, um die ausführliche Beantwortung dieser

Frage vorzubereiten. Bei beiden Alternativen macht das vorbereitete Thema nur einen Teil der Gesamtprüfung aus. Die zweite Hälfte der Prüfung besteht immer in der Beantwortung spontaner offener Fragen des Dozierenden.

Rufen Sie sich als Prüferin, Prüfer vor der Prüfung den Namen des Prüflings, vereinbarte Prüfungsthemen oder auch vergangene Projektarbeiten in Ihr Gedächtnis, um sich optimal auf den Prüfling einzustellen. Wählen Sie als Sitzposition einen 90° Winkel zwischen Ihnen und Ihrem Prüfling. Die Studierenden können so beim Überlegen Ihrem Blick ausweichen ohne unhöflich zu wirken. Das Prüfungsgespräch sollte wie folgt ablaufen:

- Sie begrüßen den Prüfling zum Einstieg, stellen die Protokollantin, den Protokollanten vor und wiederholen kurz den Prüfungsablauf.
- Starten Sie mit leichten Fragen, zu denen die Prüflinge erzählen können, damit sie Nervosität abbauen können. Außerdem gewähren Ihnen längere Antworten einen besseren Einblick in das Kompetenzspektrum der Studierenden.
- Stellen Sie leichte und schwere Fragen. Falls der Prüfling auf eine Frage nicht antworten kann, so geben Sie Zeit, formulieren die Frage um oder kommen Sie dem Prüfkandidaten zu Hilfe, indem Sie einen Denkanstoß oder Impuls in die richtige Richtung geben.
- Achten Sie auf stimmliche und körpersprachliche Signale des Prüflings. Wenn Studierende beispielsweise anfangen zu stottern, ihnen der Schweiß ausbricht oder sie plötzlich unruhig hin- und her rutschen, dann können Sie mit einer leichten Frage oder einem Tipp die Situation entschärfen.
- Bedanken Sie sich zum Abschluss bei Ihrem Prüfling und bitten Sie sie oder ihn kurz vor die Tür, bis die Bewertung und Notengebung abgeschlossen ist.
- Erläutern Sie Ihrem Prüfling im Anschluss, aufgrund welcher Beurteilungskriterien Sie zu der Note gekommen sind.

Tipps & Tricks
Nehmen Sie sich Ihre Lernziel-Prüfungsmatrix mit in das Prüfungsgespräch, so dass Sie einen Fragenfundus aus leichten, mittleren und schweren Fragen zur Hand haben.

Eine Möglichkeit, Zeit zu sparen, ist übrigens das Durchführen von Gruppenprüfungsgesprächen.

Mit **Hausarbeiten** bzw. Seminararbeiten beantworten Studierende eine fachliche Fragestellung nach wissenschaftlichen Kriterien. Diese Prüfungsform ist ein sehr anspruchsvolles Instrument und trainiert die Studierenden am besten im Hinblick auf das wissenschaftliche Arbeiten. Durch das Anfertigen von Seminararbeiten sollten Studierende lernen, logische Gliederungen zu erstellen, nachvollziehbare Argumentationsstrukturen aufzubauen, verwendete Theorien kritisch zu hinterfragen und Konsequenzen auf die jeweilige Praxis abzuleiten.

Studierende schätzen Hausarbeiten, da sie hier sehr eigenständig arbeiten können. Ein Nachteil dieser Prüfungsform ist der hohe Korrekturaufwand für die Lehrperson. Qualitativ hochwertige Hausarbeiten erfordern von Seiten der Studierenden zudem eine gewisse zeitliche Strukturierung. Es ist leicht nachzuvollziehen, dass der Lerneffekt von in letzter Minute erstellten Arbeiten äußerst gering ist. Stellen Sie daher sicher, dass die Studierenden frühzeitig mit ihrer Seminararbeit starten. Lassen Sie sich beispielsweise vier Wochen vor dem Abgabedatum eine grobe Gliederung vorlegen.

Erstellen Sie sich für die Korrektur ein Bewertungsraster mit Kriterien. Mögliche Kriterien sind die Form (Standards der Hochschule, Rechtschreibung & Grammatik, Layout), die Sprache (Angemessene Wortwahl, Satzbau) und der Inhalt (Korrektheit, Nachvollziehbarkeit, Verarbeitungstiefe, Argumentation, etc.). Auf weitere Maßnahmen, die bei der Korrektur zu beachten sind, wird im folgenden Abschnitt eingegangen.

Prüfungen bewerten

Prüfungsergebnisse sollten den Leistungsstand der Studierenden objektiv, valide und reliabel widerspiegeln. Ein zweiter Korrektor sollte also zu dem gleichen Ergebnis kommen (objektiv), die Ergebnisse sollten das bewerten, was sie vorgeben zu bewerten (valide) und die Ergebnisse sollten zuverlässig sein (reliabel).

Manche Prüfungsergebnisse, wenn sie nicht gerade im Multiple-Choice-Format durchgeführt werden, erfüllen diese Kriterien jedoch leider nicht. Die Bandbreite der vergebenen Punkte kann für ein und dieselbe Leistung zum Teil recht weit auseinandergehen. Dies kann beispielsweise an der Tagesform der Korrektorin, des Korrektors liegen oder an Reihenfolge-Effekten (z.B. wird nach einer besonders hochwertigen Arbeit die Nachfolgende schlechter bewertet, als wenn die vorherige Arbeit mangelhaft war).

Bei der Beurteilung von Arbeiten können unterschiedliche Bezugssysteme angesetzt werden:

- Im sozialen Bezugssystem wird die Leistung des Prüflings mit der Leistung der anderen Studierenden verglichen.
- Im individuellen Bezugssystem wird die Leistung des Prüflings mit ihren/seinen früheren Leistungen verglichen.
- Die kriterienbezogene bzw. sachliche Bewertung erfolgt nach zuvor festgelegten Kriterien.

Im Hinblick auf die Gütekriterien Objektivität, Validität und Reliabilität ist das kriterienbezogene bzw. sachliche Bezugssystem den anderen beiden Formen vorzuziehen. Erstellen Sie daher vor jeder Korrektur ein präzises Bewertungsraster, das möglichst so exakt ist, dass ein zweiter Korrektor zu denselben Ergebnissen kommen würde. Ein weiterer Vorteil dabei ist, dass Sie diese Kriterien ihren Studierenden vorab transparent erläutern können.

Zur Erstellung eines Kriterienkatalogs können Sie wieder Ihre Lernziel-Prüfungsmatrix heranziehen. Ergänzen Sie bei jeder Frage die zu erzielende Punkteanzahl. Beispielsweise wird die richtige Beantwortung der Aufgabe „die Studierenden definieren den Begriff Reliabiliät" mit einem Punkt bewertet. Eine Frage auf dem Verstehensniveau könnte beispielsweise einen Punkt für die Nennung richtiger Begrifflichkeiten und einen weiteren Punkt für den richtigen logischen Argumentationsschluss mit sich bringen.

Korrigieren Sie blind, also ohne die Namen der Studierenden zu lesen, um eine mögliche Voreingenommenheit zu vermeiden. Bewerten Sie zunächst alle Arbeiten zu einer Frage, korrigieren dann die zweite Frage bei allen Tests usw. Mischen Sie den Stapel der Arbeiten nach jeder Frage durch, um Reihenfolgeeffekte zu minimieren. Planen Sie lieber mehrere kürzere Korrekturphasen, als einen langen Bewertungsmarathon einzulegen, denn so vermeiden Sie Müdigkeit, Anspannung und daraus resultierende qualitative Einbußen.

Begründen Sie Ihren Studierenden bei Referaten, Hausarbeiten, mündlichen Prüfungen und schriftlichen Prüfungen, wie Sie zu der jeweiligen Note gekommen sind. Ihre Studierenden werden Sie für faire Bewertungen respektieren und werden anhand Ihres Feedbacks aus ihren Fehlern viel lernen.

10.3 Aus eigenen Erfahrungen lernen

Ihre Lehrveranstaltung und die Prüfung liegen nun hinter Ihnen und möglicherweise stehen bereits die Termine der Veranstaltungen, die Sie im kommenden Semester halten werden. Sie haben Ihre Lehrveranstaltung gründlich durchdacht und vielleicht sind dennoch Situationen aufgetreten, die schwierig einzuordnen sind. Mit der letzten Stunde und der Prüfung ist zwar das Semester abgeschlossen, jedoch lohnt es sich, die vergangene Zeit noch einmal Revue passieren zu lassen. Dies wird es Ihnen erleichtern, das nächste Seminar bzw. die nächste Vorlesung gleich gut oder noch besser, vor allem jedoch mit wesentlich weniger Vorbereitungszeit durchzuführen. Die folgende Tabelle führt alle relevanten Bereiche auf und bietet Ihnen Fragen an, die Sie sich zur Abschlussreflexion stellen können. Wählen Sie die Fragen aus, deren Beantwortung für Sie wertvoll erscheint.

Tabelle 27: Rückblick auf die Lehrveranstaltung

Meine Lehrveranstaltung im Rückblick	
Über-greifend	Wie zufrieden bin ich rückblickend mit meinem Konzept? Wie zufrieden bin ich mit der Umsetzung des Konzepts? Was würde ich beim nächsten Mal anders machen? Was würde ich genauso wieder machen? Welche Tipps würde ich anderen Lehrenden geben, die nach mir diese Aufgabe übernehmen? Was habe ich selbst in meinem Seminar, in meiner Vorlesung gelernt?
Rolle	Was habe ich über mich als Lehrperson gelernt? Wie leicht oder schwer ist es mir gefallen, diese Rolle auszufüllen? Woran lag das? Sind Rollenkonflikte aufgetreten? Wie bin ich damit umgegangen? Wie hätte ich mich anders verhalten können? Wie kann ich meine Leitsätze nach meinen Erfahrungen anpassen, damit sie noch besser zu mir passen?
Lernziele	Wurden die gesetzten Lernziele erreicht? Bei Unsicherheiten zu dem einen oder anderen Ziel – wie hätte ich das Lernziel überprüfen können? Musste ich Lernziele auf dem Weg korrigieren? Welche waren das?
Ablauf	Wie gut haben Planung und Realität zusammengepasst? (Vergleichen Sie Ihre Ablaufpläne mit der tatsächlichen Durchführung) Inwiefern gab es Abweichungen? An welchen Stellen muss ich beim nächsten Mal mehr Zeit einplanen und welche Einheiten kann ich kürzer kalkulieren?
Methoden-einsatz	Welche Methoden haben gut funktioniert und würde ich sofort wieder verwenden? Welche Abwandlungen von Methoden habe ich gefunden? Welche Methoden sind anders verlaufen als geplant? Woran lag das? Was würde ich beim nächsten Mal in einer derartigen Situation anders machen? Was würde ich genauso wieder tun?
Medien-einsatz	Waren meine Visualisierungen zuhörerfreundlich aufbereitet? Inwiefern kann ich noch zielführender Medien einsetzen? Waren alle Materialien zur Hand? Gab es technische Probleme, die ich beim nächsten Mal verhindern kann?
Ausdrucks-verhalten	War meine Sprache verständlich? War meine Stimme kräftig? Hat meine Körpersprache das Gesagte gut unterstützt?

Gruppen-leitung	Wie ist es mir im Umgang mit den Studierenden ergangen? Konnte ich lebhafte Diskussionen anstoßen? Wenn ja, was habe ich dazu beigetragen? Wenn nein, was hat gefehlt, was mache ich beim nächsten Mal anders? Wie gut konnte ich auf Fragen eingehen? Auf was habe ich hinsichtlich meiner Gesprächsführung bewusst geachtet? Wie hat es sich ausgewirkt?
Prüfung	War das gewählte Prüfungsformat die geeignete Leistungskontrolle? Habe ich den Studierenden rechtzeitig Informationen zur Prüfung geliefert? Waren die Prüfungsfragen auf die Lernziele abgestimmt? Kann ich mein Bewertungsraster zur Korrektur noch optimieren, um die Leistungen der Studierenden fair zu beurteilen?

Mit diesem Fragenkatalog reflektieren Sie alle wichtigen Bereiche, um für sich wesentliche Erkenntnisse aus Ihrer Lehrerfahrung zu behalten.

Auch wir reflektieren immer wieder, wie wir unsere Veranstaltungen und Konzepte verbessern können. Daher freuen wir uns über Ihre Erfahrungsberichte mit diesem Buch und über Ihr Feedback: Schreiben Sie uns an antosch-bardohn@sprachraum.org.

Zum Schluss hoffen wir, dass wir Sie bei der Gestaltung Ihrer Vorlesung, Ihres Seminars in vielerlei Hinsicht unterstützen konnten und wünschen Ihnen für die Zukunft viele gelingende und lehrreiche Lehrveranstaltungen!

Empfehlungen zum Weiterlesen

Brauer, M. (2014): *An der Hochschule lehren: Praktische Ratschläge, Tricks und Lehrmethoden*. Springer-Verlag.

Macke, G.; Hanke, U.; Viehmann, P. (2016): *Hochschuldidaktik. Lehren, vortragen, prüfen*; [CD-ROM: mit Methodensammlung „Besser lehren"]. Weinheim, Basel: Beltz (Pädagogik).

Stelzer-Rothe, T. (Hrsg.). (2005): *Kompetenzen in der Hochschullehre: Rüstzeug für gutes Lehren und Lernen an Hochschulen*. Rinteln: Merkur-Verlag.

Checkliste für Kapitel 10

Füllen Sie die Checkliste aus um das Semester abzuschließen.

Gestaltung der Abschlusssitzung

- Ich nehme mir .... Minuten Zeit für die Abschlussphase.
- Ich habe .... Minuten für offene Fragen eingeplant.
- Mit folgender Methode führe ich die Feedbackrunde durch:

  ....
- Auf folgende Aspekte möchte ich konkret Feedback erhalten:

  ....
- Mit folgenden Worten schließe ich meine Lehrveranstaltung ab:

  ....

Vorbereitung der Prüfung

- Angestrebtes Prüfungsformat: ....

Erstellen Sie eine Lernziel-Prüfungsmatrix ☐

Erstellen Sie ein Bewertungsraster für Ihre Korrekturphase ☐

Beantworten Sie zum Abschluss des Semesters die Reflexionsfragen von Tabelle 27. ☐

Literaturverzeichnis

Allhoff, D.; Allhoff, W. (2016): *Rhetorik & Kommunikation: Ein Lehr- und Übungsbuch.* Ernst Reinhardt Verlag.

Alt, J.A. (1994): *Miteinander diskutieren. Eine Einführung in die Praxis vernünftiger Argumentation.* Frankfurt/Main.

Anderson, J. R. (2000): *Learning and memory: An integrated approach.* John Wiley & Sons Inc.

Anderson, L. W.; Krathwohl, D. R. (2001): *A taxonomy for learning, teaching, and assessing. A revision of Bloom's taxonomy of educational objectives.* Complete ed. New York: Longman.

Antosch-Bardohn, J., Beege, B., & Primus, N. (2016): *Tutorien erfolgreich gestalten: Ein Handbuch für die Praxis.* UTB.

Antosch-Bardohn, J. (2018): *Nicht-intentionale Lernprozesse im Alltag von Studierenden. Einflussfaktoren auf nicht-intentionale Lernprozesse in Zusammenhang mit studentischem Wissenserwerb.* Logos Verlag.

Argyle, M. (2005): *Körpersprache und Kommunikation.* Paderborn: Junfermann.

Arnold, P., Kilian, L., Thillosen, A., & Zimmer, G. M. (2018): *Handbuch E-Learning: Lehren und Lernen mit digitalen Medien.* UTB.

Gordalla, C.; Baumann, M. (2014): *Gruppenarbeit: Methoden–Techniken–Anwendungen.* UTB.

Beck, H. (2013): *Biologie des Geistesblitzes – Speed up your mind!* Berlin: Springer Berlin (Sachbuch).

Brauer, M. (2014): *An der Hochschule lehren: Praktische Ratschläge, Tricks und Lehrmethoden.* Springer-Verlag.

Brinker, T.; Stelzer-Rothe, T. (2008): *Kompetenzen in der Hochschullehre. Rüstzeug für gutes Lehren und Lernen an Hochschulen.* 2., aktualisierte. Aufl. Rinteln: Merkur-Verl. (Das Kompendium).

Bremer, C. (2007): *Qualität in der Lehre durch eLearning – Qualität im eLearning.* In: Horst H. Ehlert (Hg.): eLearning nach Bologna. Düsseldorf, S. 60–74.

Bohne, M. (2008): *Klopfen gegen Lampenfieber: Sicher vortragen, auftreten, präsentieren. Energetische Psychologie praktisch.* Reinbek: Rowohlt Verlag GmbH.

Böss-Ostendorf, A.; Senft, H. (2018): *Einführung in die Hochschul-Lehre. Ein Didaktik-Coach.* UTB.

Butterworth, B.; Hadar, U. (1989): *Gesture, Speech, and Computional Stages: A Reply to McNeill.* Psychological Review, Volume 96. S.168-174.

Christenfeld, N.; Schachter, S.; Bilous, F. (1991): *Filled Pauses and Gestures: It's not coincidence.* Journal of psycholinguistic research, Volume 20(1). S.1-10.

Cienki, A. (1998): *Metaphoric Gestures and Some of Their Relations to Verbal Metaphoric Expressions.* In Koenig, Jean-Pierre (Hrsg.): Discourse and Cognition. Center for the study of language and information. Stanford, California.

Cohen, P. A.; Kulik, J.A.; Kulik, C.-L. C. (19): *Educational Outcomes of Tutoring: A Meta-analysis of Findings.* In: American Educational Research Journal 1982 (2), S. 237–248.

Csikszentmihalyi, M. (2010): *Das Flow-Erlebnis.* 11. Auflage. Klett-Cotta Verlag.

Deci E. L./Ryan R. M. (1993): *Die Selbstbestimmungstheorie der Motivation und ihre Bedeutung für die Pädagogik.* In: Zeitschrift für Pädagogik 39 (2).

Doran, G. T. (1981): *There's a S.M.A.R.T. way to write management's goals and objectives.* In: Management Review 70 (11), S. 35–36.

Dietrich, C. (2004): *Rhetorik. Die Kunst zu überzeugen und sich durchzusetzen.* Berlin.

Dittmann, A. T. & Llewellyn, L. G. (1969): *Body Movement and Speech rhythm in social conversation.* In: Journal of Personality and Social Psychology 11. S.98-106.

Eberhart, S., & Hinderer, M. (2015): *Stimm-und Sprechtraining für den Unterricht: ein Übungsbuch.* UTB.

Eder, F., & Scholkmann, A. (2011): *Lehrende als Coaches: Lernbegleitung von Studierenden am Beispiel des Tutoring im problem-based learning (PBL).* Journal Hochschuldidaktik, 22(2), 6-10.

Einstein, G. O., Mullet, H. G., & Harrison, T. L. (2012): *The Testing Effect: Illustrating a Fundamental Concept and Changing Study Strategies.* Teaching of Psychology, 39(3), 190–193. https://doi.org/10.1177/0098628312450432.

Ekmann, P. (1975): *Universals and Cultural Differences in Facial Expressions of Emotion.* In: J. Cole (Hrsg.): Nebraska Symposium on Motivation 1971. Bd. 19, University of Nebraska Press, Lincoln.

Gerick, J., Sommer, A., & Zimmermann, G. (Eds.). (2017): *Kompetent Prüfungen gestalten: 53 Prüfungsformate für die Hochschullehre.* UTB.

Goldin- Meadow, S. (2003): *Hearing gestures.* Cambridge, Massachusetts, London: The Belknap Press of Harvard University.

Gullberg, M. (1998): *Gesture as a Communication Strategy in Second Language Discourse.* Lund: University Press.

Maier-Häfele, K., & Häfele, H. (2005): *101 e-le@rning Seminarmethoden.* Manager-Seminare Verlags GmbH, Bonn.

Hammer, S. (2012): *Stimmtherapie mit Erwachsenen.* In: Thiel, Monika und Frauer, Caroline (Hrsg): *Was Stimmtherapeuten wissen sollten* (5. Auflage). Heidelberg: Springer.

Kalt, M. (2010): *Lernprozesse von Gruppen begleiten.* In: Christoph Negri (Hg.): Angewandte Psychologie für die Personalentwicklung. Berlin, Heidelberg: Springer, S. 225–249.

Kendon, A. (1998): *Die wechselseitige Einbettung von Geste und Rede.* In Schmauser, Caroline; Noll, Thomas (Hrsg.): Körperbewegungen und ihre Bedeutungen. Berlin: Berlin Verlag A. Spitz.

Kendon, A. (2004): *Gesture: Visible Action as Utterance.* Cambridge: Universtiy Press.

Leutner, D., & Klauer, K. J. (2007): *Lehren und lernen: Einführung in die Instruktionspsychologie.* 1. Aufl., Weinheim [ua]: Beltz, PVU, 2007.

Krapp, A.; Seidel, T. (2014): *Pädagogische Psychologie.* Mit Online-Materialien. 6., vollst. überarb. Aufl. Weinheim [u.a.]: Beltz.

Kück, A. (2014): *Unterrichten mit dem Flipped-Classroom-Konzept: das Handbuch für individualisiertes und selbstständiges Lernen mit neuen Medien.* Verlag an der Ruhr.

Kunter, M.; Trautwein, U. (2013): *Psychologie des Unterrichts.* Ferdinand Schöningh <Paderborn>.

Lehmann, G. (1998): *Gestalten kommunikativer Situationen.* Frankfurt/Main.

Lehner, M. (2012): *Didaktische Reduktion.* Ein Praxisbuch. Stuttgart: UTB.

Lehner, M. (2013): *Viel Stoff – wenig Zeit: Wege aus der Vollständigkeitsfalle.* Haupt.

Leutner, D.; Klauer, K.J. (2012): *Lehren und Lernen. Einführung in die Instruktionspsychologie.* 2. Aufl. Weinheim: Julius Beltz (Psychologie 2012).

Loehr, D.P. (2004): *Gesture and Intonation.* Dissertation. Georgetown University.

Macke, G.; Hanke, U.; Viehmann, P. (2016): *Hochschuldidaktik. Lehren, vortragen, prüfen*; [CD-ROM: mit Methodensammlung „Besser lehren“]. Weinheim, Basel: Beltz (Pädagogik).

Martens, T. (2012): http://www.welt.de/wissenschaft/article108835441/Lustloses-Lernen-hat-einen-enorm-hohen-Preis.html (abgerufen, 03.08.2015).

McNeill, D. (2005): *Gesture and Thought.* Chicago: The University of Chicago Press.

Mehrabian, A.; Wiener, M. (1967): *Decoding of Inconsistent Communications.* In: Journal of Personality and Social Psychology. 6, (1967), Nr. 1, S. 109–114.

Mehrabian, A.; Ferris, S. (1967): *Inference of Attitudes from Nonverbal Communication in Two Channels.* In: Journal of Consulting and Clinical Psychology. 31, Nr. 3, S. 248–252.

Meyer, B.E. (2014): *Rhetorik für Lehrerinnen und Lehrer.* Weinheim und Basel: Beltz Verlag.

Meyer B.E./Tretter T./Englisch U. (2015): *Praxisleitfaden auffällige Schüler und Schülerinnen: Basiswissen und Handlungsmöglichkeiten.* Beltz

Müller, C. (1998): *Beredete Hände. Theorie und Sprachvergleich redebegleitender Gesten.* In Schmauser, Caroline; Noll, Thomas (Hrsg.): Körperbewegungen und ihre Bedeutungen. Berlin: Berlin Verlag A. Spitz.

Paas, F.; Renkl, A.; Sweller, J. (2004): *Cognitive Load Theory: Instructional Implications of the Interaction between Information Structures and Cognitive Achitecture.* In: Instructional science 32, S. 1–8.

Pekrun, R. (2006): *The Control-Value Theory of Achievement Emotions: Assumptions, Corollaries, and Implications for Educational Research and Practice.* Educational Psychology Review, 18(4), 315–341. https://doi.org/10.1007/s10648-006-9029-9.

Phelps, R. P. (2012): *The Effect of Testing on Student Achievement, 1910–2010.* International Journal of Testing, 12(1), 21–43. https://doi.org/10.1080/15305058.2011.602920.

Pink, R. (2002): *Souveräne Gesprächsführung und Moderation.* Frankfurt/Main.

Poggi, I. (2007): *Minds, Hands, Face and Body.* Berlin: Weidler Buchverlag.

Rachow, A., & Sauer, J. (2018): *Der Flipchart-Coach. Profi-Tipps zum Visualisieren und Präsentieren.* Bonn, managerSeminare Verlag.

Reitzer, C. (2014): *Erfolgreich lehren: Ermutigen, motivieren, begeistern.* Berlin: Springer VS.

Roediger, H. L., & Butler, A. C. (2011): *The critical role of retrieval practice in long-term retention.* Trends in cognitive sciences, 15(1), 20–27.

Röhner, J., & Schütz, A. (2015): *Psychologie der Kommunikation.* Springer-Verlag.

Rózsa, J. (2016): *Aktivierende Methoden für den Hochschulalltag. Lernen und Lehren nach dem CORE-Prinzip.* SRH Hochschulverlag, Heidelberg.

Schulze-Seeger, J. (2013): *Schwarzer Gürtel für Trainer: Vom Meistern schwieriger Seminarsituationen.* Weinheim: Beltz.

Schwarz V. (2001): *Betrachtungen zum therapeutischen Standort in der Logopädie.* Forum Logopädie 6:24-29.

Städeli, C. (2013): *Kompetenzorientiert unterrichten. Das AVIVA-Modell.* 2. Aufl. Bern: hep, der Bildungsverl. (Praxis).

Stelzer-Rothe, T. (Ed.). (2005): *Kompetenzen in der Hochschullehre: Rüstzeug für gutes Lehren und Lernen an Hochschulen.* Merkur-Verlag.

Sweller, J. (2011): *Cognitive load theory.* In: Psychology of learning and motivation (Vol. 55, pp. 37-76). Academic Press.

Thomann, G.; Pawelleck, A. (2013): *Studierende beraten.* Stuttgart: UTB

Waldherr, F.; Walter, C. (2014): *didaktisch und praktisch. Ideen und Methoden für die Hochschullehre.* Stuttgart: Schäffer-Poeschel.

Wecker, C. (2012): *Slide presentations as speech suppressors: When and why learners miss oral information.* Computers & Education, 59(2), 260-273.

Weidenmann , B. (2006): *Gesprächs- und Vortragstechnik: Für alle Trainer, Lehrer, Kursleiter und Dozenten.* 4. Auflage. Weinheim.

Weisbach, C.-R. (1994): *Professionelle Gesprächsführung. Ein praxisnahes Lese- und Übungsbuch.* München.

Will, H. (2016): *Mini-Handbuch Training und Seminar.* Beltz Verlag.

Woolfolk, A.; Schönpflug, U. (2008): *Pädagogische Psychologie.* 10. Aufl. München, Boston [u.a.]: Pearson Studium (Psychologie).

Wörner A. (2008): *Lehren an der Hochschule. Eine praxisbezogene Anleitung.* 2. Auflage. VS Verlag. S. 96ff.

Zumbach, J. (2010): *Lernen mit neuen Medien: instruktionspsychologische Grundlagen.* Kohlhammer Verlag.

Reflexions- und Übungsverzeichnis

Tabellenverzeichnis

Abbildungsverzeichnis

Die Autorinnen

Dr. Jana Antosch-Bardohn ist Kommunikations- und Hochschuldidaktiktrainerin und promovierte Psychologin und Pädagogin. Seit mehr als 12 Jahren arbeitet sie als Trainerausbilderin, Trainerin und Koordinatorin in der Personalqualifikation PROFiL der LMU München sowie dem Münchner Weiterbildungsinstitut Sprachraum. Thematische Schwerpunkte sind interaktive Lehr-/Lernmethoden, Motivation, Moderations-, Kreativitäts- und Inkubationsprozesse.

Barbara Beege M.A. ist Kommunikations- und Hochschuldidaktiktrainerin. An der LMU München berät sie in der Personalqualifikation PROFiL seit mehreren Jahren Dozierende bei der Gestaltung ihrer Hochschullehre. Ihre Trainingsschwerpunkte bilden die Themen Rhetorik und Körpersprache, Aktivierungsmethoden und der Umgang mit schwierigen Lehrsituationen. Aktuell erforscht sie die Förderung von Lerntransfer in hochschuldidaktischen Weiterbildungsveranstaltungen.

Nathalie Primus M.A. ist Kommunikationstrainerin, Moderatorin und Mediatorin. Sie war 12 Jahre an der LMU München in der hochschuldidaktischen Weiterbildung als Dozentin tätig. Heute begleitet sie Gruppen in Workshops, unterstützt bei Konfliktlösungen und ist Trainerin in der M2 Mediationsausbildung sowie in der Sprachraum Trainerausbildung. Die persönliche Entwicklung von Menschen steht im Zentrum ihres beruflichen Wirkens – seit Januar 2018 bietet sie im Seminarhaus Holzmannstett einen besonderen Ort zum Lernen und zum Verweilen.

Die Autorinnen haben gemeinsam an der LMU München Psycholinguistik und Sprechwissenschaft studiert, dort die intensive Ausbildung zur Kommunikationstrainerin durchlaufen und sind nun seit mehr als 12 Jahren in der Erwachsenenbildung als Trainerinnen, Moderatorinnen und Coaches tätig. Neben der Tätigkeit in der Hochschuldidaktik der LMU, bieten sie mit ihren Kolleginnen und Kollegen der Sprachraum eG (www.sprachraum.org) vielfältige Seminare rund um das Thema Kommunikation und Didaktik im akademischen und privatwirtschaftlichen Bereich an.

Register